AF538193

Mehr als Geld

Vitalik Buterin, geb. 1994, ist ein russisch-kanadischer Programmierer und Autor, der 2011 das *Bitcoin Magazine* mitbegründete. 2014 schuf er mit Ethereum die Grundlage für die nach Bitcoin erfolgreichste Kryptowährung der Welt: Ether. 2021 wurde er vom *TIME Magazine* als eine der einflussreichsten Personen des Jahres ausgezeichnet.

Nathan Schneider ist Assistenzprofessor für Medienwissenschaft an der University of Colorado in Boulder und Autor von *Everything for Everyone: The Radical Tradition that Is Shaping the Next Economy*.

Vitalik Buterin

MEHR ALS GELD

Die Entstehung von Ethereum und die Zukunft von Blockchains

Herausgegeben von Nathan Schneider

Aus dem Englischen von Thorsten Schmidt

Campus Verlag
Frankfurt/New York

Die englische Originalausgabe erschien 2022 bei Seven Stories Press unter dem Titel *Proof of Stake: The Making of Ethereum and the Philosophy of Blockchains*
Copyright © 2022 by Vitalik Buterin
Introductions and notes copyright 2022 © by Nathan Schneider.
All rights reserved.

ISBN 978-3-593-51679-0 Print
ISBN 978-3-593-45326-2 E-Book (PDF)
ISBN 978-3-593-45327-9 E-Book (EPUB)

Das Werk einschließlich aller seiner Teile ist urheberrechtlich geschützt. Jede Verwertung ist ohne Zustimmung des Verlags unzulässig. Das gilt insbesondere für Vervielfältigungen, Übersetzungen, Mikroverfilmungen und die Einspeicherung und Verarbeitung in elektronischen Systemen. Trotz sorgfältiger inhaltlicher Kontrolle übernehmen wir keine Haftung für die Inhalte externer Links. Für den Inhalt der verlinkten Seiten sind ausschließlich deren Betreiber verantwortlich.
Copyright © 2023. Alle deutschsprachigen Rechte bei Campus Verlag GmbH, Frankfurt am Main.
Redaktion: Britta Fietzke
Umschlaggestaltung: Guido Klütsch, Köln nach einem Entwurf von Seven Stories Press
Satz und Innengestaltung: Oliver Schmitt, Mainz
Gesetzt aus der Minion und Avenir
Druck und Bindung: Beltz Grafische Betriebe, Bad Langensalza
Beltz Grafische Betriebe ist ein klimaneutrales Unternehmen (ID 15985-2104-1001).
Printed in Germany.

www.campus.de

INHALT

Für meine Mutter und meinen Vater,
tolle und liebevolle Eltern, Unternehmer
und Internet-Meme-Lords

EINLEITUNG

Von Nathan Schneider

Bevor er im Alter von 19 Jahren damit anfing, eine neue ökonomische Infrastruktur für das Internet aufzubauen, bevor er zum Milliardär wurde, der auf der Couch von Freund:innen schläft, wollte Vitalik Buterin bereits eins: schreiben. Er interessierte sich auf Anregung seines Vaters hin, mit dem er als Kind von Russland nach Kanada ausgewandert war, für Bitcoin. Er hat seine ersten Coins aber nicht etwa gekauft, geliehen oder geschürft, vielmehr fragte er 2011 in einem Onlineforum, ob ihn wohl jemand mit Bitcoin bezahlen würde, wenn er darüber schriebe.

Jemand tat es. Und Buterin machte das Schreiben weiterhin Spaß, so sehr, dass er das *Bitcoin Magazine* mitbegründete, ein als Print und digital verfügbares Magazin, das die neuesten Entwicklungen einer damals noch äußerst kleinen und unbekannten Subkultur festhält. Dieses neue, nicht gerade benutzerfreundliche Internetgeld fesselte Buterins Aufmerksamkeit mehr als das College im ersten Jahr. Seit er sich einst selbst zum Reporter ernannte, entwickelte er seine Ideen in fortgesetztem Gespräch mit anderen. In den diversen Schriften, die er im Laufe der Jahre breit gestreut in Blogs, Foren sowie als Tweets veröffentlichte, trat immer deutlicher eine unverwechselbare Stimme hervor, und – zum Teil wegen dieser Stimme – hat er ein Publikum für sich gewonnen, das fast schon hingerissen alles verfolgt, was er über seine Erfindung, Ethereum, zu Papier bringt. Wenn Ethereum und seinesgleichen jedoch zu jener Art allgegenwärtiger Infrastruktur werden, wie sie es laut ihrer Erfinder sollen, müssen die Ideen von einer breiteren Öffentlichkeit verstanden – und kritisch hinterfragt – werden.

Dieses Buch führt in die Schriften Vitalik Buterins ein.

Als die unter dem Pseudonym Satoshi Nakamoto firmierende Person 2008 – inmitten der Turbulenzen der Weltfinanzkrise – den Bitcoin-Prototyp ankündigte, wollte man eine Währung erschaffen, die von kryptografischen Computernetzwerken statt von Regierungen oder Banken verwaltet werden sollte. Sie wurde »Kryptowährung« genannt. Libertäre Goldhamster und Techie-Cypherpunks schwelgten in den Metaphern des Systems: digitales Mining (Schürfen), begrenztes Angebot, bargeldartige Transaktionen, die sicher und vertraulich sein konnten. Buterin hatte die gleichen Instinkte wie dieses frühe Zielpublikum. Im Zuge seiner immer näheren Beschäftigung mit Bitcoin erkannte er aber gegen Ende 2013 allmählich, dass die Bitcoin zugrunde liegende Blockchain-Technologie die Basis für etwas Größeres sein könnte: ein Tool, um im Internet heimische Organisationen, Unternehmen und ganze Wirtschaftssysteme zu erschaffen. Also schrieb er darüber. Das *Ethereum Whitepaper* – das Gründungsdokument, das Sie auf der Campus-Website herunterladen können – elektrisierte die noch immer kleine Welt der Kryptowährungen, als es gegen Ende des Jahres erschien. Statt von den gängigen Unternehmen, Investor:innen und Gesetzen, die die Server kontrollierten, abhängig zu sein, würde Ethereum standardmäßig von den Usern verwaltet. Anstatt den Bitcoin-Metaphern von Gold und Minen, folgte die Ethereum-Kultur der Ästhetik von Buterins Lieblings-T-Shirts, mit Robotern, Einhörnern und Regenbogen als bevorzugte Maskottchen.

Seit Ethereums Onlinegang 2015 wurden viele weitere, konkurrierende Blockchains entwickelt, die jeweils auf andere Weise Ähnliches leisten können. Ethereum bleibt jedoch die größte unter ihnen. Obgleich seine Währung, »Ether« (ETH) genannt, im Vergleich zu Bitcoin bezüglich ihrer Gesamtkapitalisierung nur abgeschlagen auf dem zweiten Platz landet, hat Ethereum, wenn man den Wert sämtlicher Produkte und Community-Token, die aus der Basis von Ethereum entwickelt wurden, zusammennimmt, den größten Anteil an diesem fremdartigen neuen Wirtschaftssystem. Während der ersten Testläufe des Projekts wurde Buterin immer mehr zum »wohlwollenden Diktator« Ethereums – ob es ihm nun gefiel oder nicht –, nicht kraft einer offiziell bekleideten Position, sondern aufgrund des von ihm eingeflößten Vertrauens. Die hier versammelten Schriften sind von zentraler Bedeutung für den Aufbau dieses Vertrauens gewesen.

Hierbei ist Buterins eigene Position von Widersprüchen geprägt. Einerseits zeigt er völlig neue Wege für die Selbstorganisation von Menschen auf, andererseits enthält er sich jeglicher Meinungsäußerung bezüglich der Nutzung dieser Macht durch Menschen. Wie einer der nachstehenden Aufsätze erläutert, ist »glaubwürdige Neutralität« ein Grundsatz des Systemdesigns, aber auch eine Beschreibung der Rolle, die er als eine Führungsperson mittlerweile einnimmt – von den frühesten Personalentscheidungen für die *Ethereum Foundation* bis zu den jüngsten risikoreichen Software-Updates. Obwohl er alles in seiner Macht Stehende dagegen unternahm, ließ sich seine führende Rolle kaum von Ethereum selbst trennen. Während Ethereum und vergleichbare Systeme auf der Annahme basieren, dass Menschen egoistisch seien, ist er der Asketiker, der – abgesehen von dem Wunsch, einer zukünftigen Krypto-Welt den Weg zu ebnen – für sich selbst nichts Besonderes zu wollen scheint.

Es gibt jedoch keine Garantien dafür, dass dies eine wünschenswerte Zukunft ist. Als Buterin auf einer Bitcoin-Konferenz in Miami Anfang 2014 Ethereum erstmals auf der Bühne vorstellte, beendete er seinen Vortrag, nach einer langen Auflistung all der wunderbaren Sachen, die sich damit verwirklichen ließen, mit einem Paukenschlag: der Erwähnung von Skynet, die künstliche Intelligenz in den *Terminator*-Filmen, die sich gegen ihre menschlichen Erfinder wendet. Es war ein Scherz, den er später wiederholen sollte, aber wie so viele abgedroschene Scherze enthielt er auch eine Warnung. Ethereum birgt in sich das Potenzial sowohl zu einer utopischen als auch einer dystopischen Gesellschaft – sowie auch für alles dazwischen:

- Es erzeugt eine künstliche Knappheit, indem es die Verfügbarkeit hergestellter Token begrenzt; aber diese ermöglichen Communitys die Generierung großer Mengen an gezielt einsetzbarem und kontrollierbarem Kapital.
- Es schließt Menschen aus, die riskantes Internetgeld nicht kaufen und nicht handeln können oder wollen; es beflügelte auch die Erfindung

neuartiger Governance-Systeme, die mit nie dagewesener Inklusion die Macht aufteilen.

- Über viele Jahre hinweg verbrauchte es riesige Mengen an Energie nur für die Aufrechterhaltung des Betriebs; zugleich ermöglicht es eine neue Art der Bepreisung von Kohlenstoff und umweltverschmutzenden Aktivitäten, während sich Regierungen diesem Aspekt weiterhin verweigern.
- Es hat Neureiche hervorgebracht, die dafür verrufen sind, einen verschwenderischen Lebensstil zu führen, sich in Steueroasen zu versammeln und bereit zu sein, so hohe Preise zu zahlen, dass die Einheimischen verdrängt werden. Es ist auch ein grenzenloses Finanzsystem im Besitz seiner User, das für jeden mit Smartphone in der Hand zugänglich ist.
- Es belohnt eine technikaffine Elite von Early Adopters; zugleich bietet es eine echte Chance, die dominanten Technologiekonzerne zu untergraben.
- Es hat ein spekulatives Finanzsystem geschaffen, bevor es eine Realwirtschaft nützlicher Produkte hervorgebracht hat; aber viel mehr als auf einem Aktienmarkt liegt das Eigentum bei den Wert schaffenden Menschen.
- Es hat den Besitzer:innen digitaler Sammlerobjekte von augenscheinlich nur geringem Wert enorme Gewinne beschert; in der Folge entstand ein neues Geschäftsmodell, das den Aufbau und das Sharing innerhalb einer Open-Access-Kultur unterstützt.
- Es verspricht, frühzeitige User auf Kosten zukünftiger Generationen reich zu machen; es gibt diesen Generationen eine Reihe von Bausteinen an die Hand, die diese als Bauende völlig frei verwenden können.

Die Leser der folgenden Aufsätze müssen sich dieser Widersprüche bewusst sein und sich mit ihnen auseinandersetzen, um für sich selbst und ihre Communitys herauszufinden, welche Optionen sich durchsetzen sollten. Die Widersprüche können ärgerlich, aber auch motivierend sein. Sie sind noch frisch genug, um sich formen zu lassen.

Im Zentrum jedes Systems auf Blockchain-Basis wie Bitcoin oder Ethereum steht der Konsens, einem Prozess, mithilfe dessen sich Rechner auf einen gemeinsamen Datensatz einigen und diesen vor Manipulation schützen – unabhängig davon, ob es sich dabei um eine Liste von Transaktionen, wie bei Bitcoin, oder den Zustand des Ethereum-Weltrechners handelt. Die Erreichung eines Konsenses ist ohne eine zentrale Autorität keine leichte Angelegenheit. Bitcoin nutzt einen als »Arbeitsnachweis« (»Proof of Work«) bezeichneten Ansatz, was bedeutet, dass viele Computer eine Menge Energie für die Lösung mathematischer Aufgaben aufwenden, mit denen wiederum der Nachweis erbracht wird, dass sie sich ernsthaft um die Sicherheit des Systems bemühen. Die Menschen hinter diesen Rechnern, die sogenannten »Miner« (Schürfer:innen), werden dafür bezahlt und haben dabei ungefähr den gleichen Elektrizitätsverbrauch wie ein ganzes Land, wobei sie auch dem Verbrauchsniveau entsprechende Kohlenstoffemissionen erzeugen. In Ermangelung einer passenden Alternative übernahm Ethereum ebenfalls das Proof-of-Work-Verfahren, aber schon vor der Onlineschaltung sprach Buterin über die Umstellung auf einen anderen Mechanismus, die erfolgen sollte, sobald sein Team die damit verbundenen Probleme gelöst hätte: den »Proof of Stake« (»Anteils- oder Einsatznachweis«). Beim Proof of Stake beweisen User mithilfe von Token-Guthaben statt von Rechenleistung ihr berechtigtes Interesse am Prozess. Der Energieverbrauch ist minimal. Wenn Token-Besitzer:innen das System zu korrumpieren versuchen, verlieren sie die »gestaketen« Token. Im September 2022 hat Ethereum schließlich den Umstieg auf Proof of Stake abgeschlossen.

Konsensmechanismen sind hier sowohl Metaphern als auch Systemdesigns, denn sie sind eine Erinnerung an die in diesen Essays beschriebene geleistete Arbeit, den Einsatz, den Glauben dahinter und die Koordination des Ganzen. Sie verdeutlichen auch die Widersprüche: Innovation und Verschwendung, Demokratie und Plutokratie, pulsierende Gemeinschaft und unablässiges Misstrauen. Diese Metaphern widersetzen sich wie die Mechanismen selbst der idealistischen Überhöhung und verweisen auf die notwendigen Kompromisse, um auch nur Teile einer erhofften Welt in der realen Welt überleben zu lassen.

Die Aufsätze in diesem Buch, die zusammen mit Buterin ausgewählt wurden, zeigen eine besondere Seite von ihm: den Gesellschaftstheoretiker und Aktivisten, eine Person, die ihr Handeln reflektiert und die sich dabei der Konsequenzen bewusst wird. Das weitgehend junge, männliche und privilegierte Milieu der Krypto-Kultur scheint oftmals jener Probleme, die ihre User vorgeblich lösen wollen, selbst ganz enthoben zu sein. In Buterin spiegelt sich diese Kultur wider: Mitunter schreibt er recht technisch, hier aber weniger als in anderen Schriften, von denen sich viele ausschließlich an andere Entwickler:innen richteten. Die technischen Teile belohnen die Mühen, die man für ein Verständnis auf sich nehmen muss; selbst bei Formeln bemüht er sich um eine klare, verständliche und auch witzige Darstellung.

Die Aufsätze wurden im Interesse stilistischer Einheitlichkeit leicht redigiert. Verweise auf Hyperlinks, die in einem gedruckten Buch nicht direkt aufgerufen werden können, wurden entfernt. Da sie ursprünglich für das Publikum einer gemeinsamen Subkultur geschrieben wurden, enthalten die Aufsätze gelegentlich nachträglich eingefügte Anmerkungen zu Anspielungen, die vielleicht außerhalb der Krypto-Sphäre nicht direkt verständlich sind.

Jetzt, da Krypto sich langsam einen Weg in das gewöhnliche Wirtschaftsleben bahnt, wird immer heftiger darüber diskutiert, ob dieser Geist wieder in die Flasche gesperrt werden sollte – sofern dies noch möglich ist. Die Lektüre dieses Buches könnte diejenigen, die sich zunächst über das *Ob* den Kopf zerbrachen, dazu bringen, sich den stetig wachsenden Fragen um das *Wie* zuzuwenden. Wenn dies wirklich der Anfang einer neuen sozialen Infrastruktur ist, werden die politischen und kulturellen Gewohnheiten, die wir heute in Bezug auf die Krypto-Technologie entwickeln, später weitreichende Folgen haben. Buterins Betrachtungen verdeutlichen, dass das *Wie* noch eine weitgehend offene Frage bleibt.

TEIL 1
PRE-MINING

Buterin berichtet in einem Blog-Eintrag im Januar 2014, er habe das *Ethereum Whitepaper* »an einem kalten Novembertag in San Francisco geschrieben, als krönenden Abschluss monatelangen Nachdenkens und oftmals frustrierender Arbeit«.[1] In jenen Monaten war er halb Chronist (für das *Bitcoin Magazine*) und halb Erbauer (er packte bei mehreren Bitcoin-Start-ups mit an); er besuchte Libertäre in New Hampshire, Expats in Zürich, Codierer in Tel Aviv und die Bewohner:innen Calafous, einer »postkapitalistischen Kolonie« in einem verfallenden Fabrikkomplex nahe Barcelona. Bitcoin wurde erstmals in einem Whitepaper angekündigt und es wurden seither andere Krypto-Projekte in der gleichen Form öffentlich vorgestellt: Stelle noch vor dem Software-Release ein Dokument öffentlich, das zugleich Manifest und technische Spezifikation ist. Dieses Genre passte gut zu Buterins eigenem Werdegang als Schriftsteller und Erfinder im Jahr 2013. »Ethereum: Eine Kryptowährung der nächsten Generation und eine dezentrale Anwendungsplattform« ist eine hervorragende Zusammenfassung des vollständigen Whitepapers. Schon anderthalb Jahre vor der Erstveröffentlichung von Ethereum macht er sich Gedanken über Ethereum 2.0 und das Proof-of-Stake-Verfahren, das erst im Jahr 2022 eingeführt werden sollte.

»Pre-Mining« bezeichnet den Prozess der Token-Schöpfung vor der Veröffentlichung einer Blockchain. Durch den Verkauf von »vorgeschürfter (also vor der Markteinführung)« (»premined«) ETH auf der Basis des *Ethereum Whitepapers* nahmen Buterin und seine frühen Mitstreiter Bitcoin im Wert von über 18 Millionen Dollar ein. Damit stellten sie einen Rekord als das bis dato größte Online-Crowdfunding auf – der seitdem vor allem von Crowdfunding-Projekten auf Ethereum selbst überboten wurde. Trotz des Drucks seitens älterer, erfahrener Projektmitarbeiter, die ein kommerzielles Unternehmen gründen wollten, bestand Buterin darauf, Ethereum über eine gemeinnützige Stiftung aufzubauen. Das geschah jedoch nicht aus reiner Wohltätigkeit heraus, denn er und seine Mitgründer könnten mit ihren premined Token bei einem Erfolg erkleckliche Gewinne einfahren.

Diese Aufsätze zeichnen Buterins Wandlung von einem cyberlibertären »Widerstandskämpfer« zu einem pragmatischen, ein breites Spektrum abdeckenden Infrastruktur-Erbauer nach. Zuerst jubelte er damals aufkommenden Bitcoin-bezogenen Projekten zu, von denen nur sehr wenige überlebt haben. Der spätere, nachdenklichere Essay *Über Silos* zeigt, dass Buterin keine Antworten von einem einzelnen Projekt erwartet. Um Menschen zu befähigen, ihre Gesellschaftsverträge von Grund auf umzuschreiben, so Buterin, bedürfe es eines Instrumentariums ohne bestimmte Ideologie.

Im Vorfeld der Ethereum-Veröffentlichung fragt sich Buterin selbst: »Wozu ist es letzten Endes überhaupt von Nutzen?« Er skizzierte eine Theorie des Wandels, die weniger auf großartigen Disruptionen als auf der Lösung eher randständiger Probleme beruht. Die Überzeugungen, die die Entwickler:innen dieser Technologie motivierten, so sagt er voraus, würden sich in dem zeigen, was wiederum andere damit erschaffen würden. Während er sich auf die öffentliche Einführung vorbereitet, drehen sich seine Überlegungen zunehmend um das, was niemand wissen oder kontrollieren könne.

– N. S.

MÄRKTE, INSTITUTIONEN UND WÄHRUNGEN: EINE NEUE METHODE DER SOZIALEN INCENTIVIERUNG

Bitcoin Magazine, 10. Januar 2014

Bisher gab es vor allem zwei Lösungskategorien für das Problem, Anreize für produktive Aktivitäten zu schaffen: Märkte und Institutionen. Märkte sind in ihrer reinen Form vollständig dezentralisiert; sie bestehen aus einer fast grenzenlosen Anzahl von Agenten, die jeweils miteinander in Zweierinteraktionen treten, die wiederum beide Parteien jeweils besserstellen. Institutionen andererseits sind ihrem Wesen nach hierarchisch (»top-down«) geordnet, sie haben eine Governance-Struktur, die bestimmt, was zu jedem beliebigen Zeitpunkt die nützlichsten Aktivitäten sind, und die Menschen eine Belohnung für die Ausführung zuweist. Zentralisierung erlaubt es einer Institution, Anreize für die Produktion öffentlicher Güter zu schaffen, von denen Tausende oder sogar Millionen von Menschen profitieren, auch wenn der Nutzen für jede einzelne Person außerordentlich gering sein mag. Andererseits bringt Zentralisierung, wie wir alle wissen, wiederum eigene Risiken mit sich. In den letzten 10 000 Jahren waren diese beiden Optionen im Wesentlichen die einzige Auswahl. Mit dem Aufkommen von Bitcoin und seiner Abkömmlinge könnte sich dies jedoch schon bald ändern, und vielleicht erleben wir gerade den Beginn einer dritten Form der Incentivierung: Währungen.

Die Kehrseite der Medaille

Üblicherweise werden einer Währung drei grundlegende gesellschaftliche Funktionen zugeschrieben: Sie dient einerseits als Tauschmittel, das es Menschen erlaubt, Güter gegen Geld zu (ver-)kaufen, sodass man nicht dazu gezwungen wird, jemanden zu finden, der zur selben Zeit das hat, was man selbst haben will, und der oder die genau das braucht, was man selbst hat, um mit dieser Person dann ein Tauschgeschäft einzugehen. Geld dient außerdem als Wertspeicher, sodass wir zu unterschiedlichen Zeitpunkten produzieren und konsumieren können, und als Rechnungseinheit oder Maßstab, mit dem wir eine konstante »Produktmenge« messen können. Viele Menschen wissen jedoch nicht, dass Geld noch eine vierte Rolle spielt, deren Bedeutung im Verlauf der Geschichte größtenteils verheimlicht wurde: Seigniorage.

Seigniorage, der Geldschöpfungsgewinn, lässt sich formal definieren als die Differenz zwischen dem Marktwert einer Währung und ihrem intrinsischen (Material-)Wert – das heißt dem Wert, den sie hätte, wenn niemand sie als Währung benutzen würde. Bei sehr alten Währungen wie Getreide war die Seigniorage im Wesentlich gleich null, aber mit zunehmender Komplexität von Wirtschaftssystemen und Währungen sollte dieser von Geld scheinbar aus dem Nichts erschaffene »Phantomwert« immer mehr gesteigert werden. Schließlich erreichte er den Punkt, an dem die Seigniorage (wie im Fall moderner Währungen wie dem Dollar und Bitcoin) den gesamten Wert der Währung ausmacht.

Aber was geschieht mit der Seigniorage? Im Fall von Währungen, die auf natürlichen Ressourcen wie etwa Gold basieren, geht ein Großteil des Wertes einfach verloren. Jedes einzelne Gramm Gold entsteht durch die Arbeit eines Bergarbeiters, der es gewinnt; zunächst machen einige Goldgräber einen Gewinn, aber auf einem effizienten Markt sind alle leichten Gelegenheiten (für lukrative Geschäfte) bald erschöpft, und die Produktionskosten nähern sich dem Ertrag. Natürlich gibt es intelligente Methoden, um trotzdem aus Gold eine Seigniorage herauszuholen; in antiken Gesellschaften zum Beispiel prägten Könige Goldmünzen, die mehr wert waren als gewöhnliches Gold, weil die Münzen das unausgesprochene Versprechen seitens des Königs beinhalteten, dass sie nicht gefälscht waren. Im Allgemeinen aber floss der Wert niemand Bestimmtem zu. Beim US-Dollar sahen wir eine geringfügige Verbesserung: Ein Teil der Seigniorage floss der US-Regierung zu. Dies war in vielerlei Hinsicht ein großer Schritt nach vorn, aber in anderer Hinsicht auch eine bis zuletzt unvollständige Revolution – nachdem Geld die Vorteile einer zentralisierten Seigniorage erlangt hatte, lastete es sich auch deren Risiken auf, indem es sich ins Herz einer der größten zentralisierten Institutionen der Menschheitsgeschichte einbettete.

Bitcoin betritt die Bühne

Vor fünf Jahren kam eine neue Art von Geld auf: Bitcoin. Wie beim Dollar besteht auch beim Bitcoin der Geldwert zu 100 Prozent aus Seigniorage, denn ein Bitcoin hat keinen Materialwert. Wohin aber fließt die Seigniorage? Ein Teil fließt den Minern (Schürfer:innen) als Gewinn zu, während der Rest die Schürfausgaben finanziert – Ausgaben für die Absicherung des Bitcoin-Netzwerks. In diesem Fall haben wir folglich eine Währung, deren Seigniorage direkt in die Finanzierung eines öffentlichen Gutes fließt: die Sicherheit des Bitcoin-Netzwerks selbst. Die Bedeutung dieses Aspekts wird massiv unterschätzt: Wir haben es hier mit einem dezentralisierten Prozess der Incentivierung zu tun – ohne Autorität oder Kontrolle –, der zugleich ein öffentliches Gut produziert, all dies aus dem ätherischen »Phantomwert«, der irgendwie von Menschen erzeugt wird, weil sie Bitcoin untereinander als Tausch- und Wertaufbewahrungsmittel nutzen.

Anschließend gab es die Einführung von Primecoin, der ersten Währung, die ihre Seigniorage für einen über sie selbst hinausgehenden Zweck nutzen wollte: Statt Miner letztlich nutzlose SHA256-»Hashes« berechnen zu lassen, verlangt Primecoin von den Minern, dass sie Cunningham-Ketten aus Primzahlen finden. Damit unterstützt die Kryptowährung eine enge Kategorie wissenschaftlicher Berechnungen und schafft zugleich einen Anreiz für Computerhersteller, herauszufinden, wie sich Schaltkreise besser für arithmetische Berechnungen optimieren lassen. Sie verzeichnete schnelle

Wertsteigerungen und steht auch heute noch auf der Beliebtheitsskala auf dem elften Rang – auch wenn ihr größter praktischer Nutzen für einzelne User – die »Block Time« von 60 Sekunden (durchschnittliche Zeit für das Schürfen eines neuen Blocks) – von vielen anderen, weitaus unbekannteren Währungen geteilt wird.

Ein paar Monate später, im Dezember, erlebten wir den Aufstieg einer Währung, die noch exzentrischer und deren Erfolg noch überraschender ist: Dogecoin. Dogecoin, mit dem Währungssymbol DOGE, ist eine Währung, die aus technischer Sicht fast völlig identisch zu Litecoin ist – lediglich wird die maximale Versorgung 100 Milliarden statt 84 Millionen Coins betragen. Schon jetzt aber hat die Währung eine maximale Marktkapitalisierung von 14 Millionen Dollar erreicht, was sie zur sechstgrößten der Welt macht, und *Business Insider* und *Vice* eine Erwähnung wert war. Was also ist so besonders an DOGE? Im Wesentlichen das Internet-Meme. »Doge«, ein Slang-Wort für »Dog«, das erstmals im Jahr 2005 in der *Homestar Runner*-Cartoon-Serie auftauchte, ist seither zu einem weltweiten Phänomen geworden, begleitet von der Praktik, Ausdrücke wie »wow«, »so style« und »such awesome« in bunter Comic-Sans-Schriftart über einen Shiba Inu im Bildhintergrund zu schreiben. Dieses Meme repräsentiert das gesamte Branding des Dogecoin; die Doge-Ikonografie prangt auf all seinen Community-Websites und Foren einschließlich der offiziellen Dogecoin-Website, des obligatorischen Launch-Threads auf Bitcointalk[2] und der Subreddits /r/dogecoin und /r/dogecoinmarkets. Mehr bedurfte es nicht, um einen Litecoin-Klon auf einen Wert von 14 Millionen Dollar zu bringen.

Ein drittes Beispiel kommt schließlich von außerhalb des Kryptowährungsraums: Ven, eine eher traditionelle, zentralisierte Währung, die mit einem Korb voller Güter unterlegt ist, zu denen Rohstoffe, Währungen und »Futures« (Terminkontrakte) gehören. Vor Kurzem erweiterte Ven seinen Korb noch um Kohlenstoff-Futures, was es zur ersten Währung machte, die in gewisser Weise »mit der Umwelt verbunden« ist. Der Grund dafür ist ein kluger ökonomischer Hack, denn die Kohlenstoff-Futures unterlegen den Wert des Ven auf negative Weise, das heißt, der Währungswert steigt, wenn die Gesellschaft kohlendioxidärmer produziert und Kohlendioxidemissionszertifikate weniger lukrativ werden. Folglich hatten alle Ven-Besitzer:innen einen – wenn auch nur geringen – ökonomischen Anreiz, einen umweltfreundlichen Lebensstil zu unterstützen. Das Interesse der Menschen an Ven liegt zumindest teilweise an diesem Merkmal.

Insgesamt zeigen diese Beispiele, dass alternative Währungen in hohem Maße auf Graswurzel-Marketing angewiesen sind, damit sie auf breiter Front übernommen werden; niemand nimmt Bitcoin, Primecoin, Dogecoin oder Ven von Verkäufer:innen an, die Klingelputzen betreiben oder Händler:innen dazu überreden, sie zu akzeptieren, und nicht nur die technische Überlegenheit einer Währung entscheidet über ihre Popularität – Ideale spielen eine ebenso große Rolle. Es waren die Ideale Bitcoins, die WordPress, Mega und jetzt Overstock dazu bewogen, Bitcoin anzunehmen, und aus dem gleichen Grund dürfte wohl Ripple, ungeachtet seiner technischen Überlegenheit gegenüber Bitcoin für Händler:innen (insbesondere aufgrund seiner Bestätigungszeit von fünf Sekunden), als Zahlungsmethode bislang keine große Zugkraft entfaltet haben – seine Natur als ein halb-zentralisiertes Protokoll, hinter dem ein Unternehmen steht, das 100 Prozent der Geldversorgung an sich selbst ausgab, macht es unattraktiv für viele Kryptowährungsfans, denen an Fairness und Dezentralisierung liegt. Und heute sind es die Ideale Primecoins und Dogecoins – die Unterstützung der Wissenschaft einerseits beziehungsweise eine »Währung mit Spaß« andererseits –, die beide Währungen am Leben halten.

Krypto-Coins als ökonomische Demokratie

Aus diesen vier Beispielen lässt sich zusammen mit dieser Idee des Seigniorage-Phantomwertes ein mögliches Modell für eine neue Art »ökonomischer Demokratie« ableiten: Es ist möglich, Währungen aufzulegen, deren Seigniorage beziehungsweise Emission gewisse Anliegen unterstützt, und Menschen können für diese Anliegen stimmen, indem sie in ihren Firmen gewisse Währungen annehmen. Wenn man keine eigene Firma hat, kann man sich stattdessen an den Marketingbemühungen beteiligen und auf Unternehmen zur Annahme der Währung einwirken. Jemand könnte SocialCoin kreieren – eine Währung, die allen Menschen auf der Erde jeden Monat 1000 Einheiten schenkt, und wenn die Idee genügend Menschen gefällt und sie diese Währung annehmen, dann besteht plötzlich ein globales Dividendenprogramm für Bürger:innen ohne zentralisierte Finanzierung. Wir können auch Währungen mit Anreizen für die medizinische Forschung, die Erkundung des Weltalls oder künstlerische Betätigungen erschaffen; tatsächlich gibt es Künstler:innen, Podcaster:innen und Musiker:innen, die inzwischen darüber nachdenken, genau zu diesem Zweck ihre eigenen Währungen aufzulegen.

Im Fall eines besonderen öffentlichen Gutes, des »Computational Research« (wissenschaftliches Rechnen), können wir sogar noch weitergehen und den Distributionsprozess automatisieren. Computational Research kann durch einen Anreizmechanismus gefördert werden, der bislang in der realen Welt noch nicht in nennenswertem Umfang angewendet, jedoch vom Peercoin- und Primecoin-Erfinder Sunny King theoretisch begründet wurde: »Proof of Excellence« (sinngemäß »Vorzüglichkeitsnachweis«). Diesem Gedanken liegt folgende Idee zugrunde: Die Größe des Anteils einer Person an dem dezentralisierten Stimmrechtspool der Währung und ihre Belohnung richtet sich nicht nach ihrer Rechenleistung oder der Anzahl der bereits besessenen Münzen, sondern nach ihrer Fähigkeit, Lösungen für komplexe mathematische oder algorithmische Probleme zu finden, von denen die gesamte Menschheit profitieren würde. Wenn man zum Beispiel Forschungen auf dem Gebiet der Zahlentheorie durch Anreize fördern will, kann man die »RSA Integer Factoring Challenges« in die Währung einbetten und festlegen, dass die Währung der ersten Person mit einer Lösung für das Problem automatisch 50 000 Einheiten plus gegebenenfalls das Recht, über gültige Blocks im Miningprozess abzustimmen, gewährt. Theoretisch könnte diese sogar zu einem Standardelement im Emissionsmodell jeder Währung werden.

Selbstverständlich ist die Idee, Währungen so zu nutzen, nicht neu – »soziale Währungen«, die auf kommunaler Ebene gelten, gibt es seit über 100 Jahren. In den letzten Jahrzehnten hat aber die Bewegung der sozialen Währungen gegenüber ihrem Höhepunkt zu Beginn des 20. Jahrhunderts etwas an Bedeutung verloren, hauptsächlich weil soziale Währungen immer nur eine äußerst begrenzte lokale Reichweite hatten und weil sie nicht von den Effizienzen des Bankensystems profitierten, die etablierteren Währungen wie dem US-Dollar zugutekamen. Bei Kryptowährungen fallen diese Einwände jedoch nun weg – sie sind ihrem Wesen nach global und profitieren von einem unglaublich leistungsfähigen digitalen Bankensystem, das direkt in ihren Quellcode eingebrannt ist. Daher könnte jetzt der perfekte Zeitpunkt für ein kraftvolles, technologie-gestütztes Comeback der sozialen Währungen sein, und sie könnten sogar weit über ihre Rolle im 19. und 20. Jahrhundert hinauswachsen und zu einer starke Mainstream-Kraft in der Weltwirtschaft werden.

Wie also wird es weitergehen? Dogecoin hat der Öffentlichkeit bereits gezeigt, wie leicht die Erschaffung einer eigenen Währung ist. Tatsächlich hat der Bitcoin-Entwickler Matt Corallo auch eine Site – coingen.io – erstellt, mit deren Hilfe User durch ein paar kleine Parameteränderungen schnell ihre eigenen Bitcoin- oder Litecoin-Klone erschaffen können. Ungeachtet der begrenzten Auswahl an Optionen, die die Site gegenwärtig hat, hat sie sich als recht populär erwiesen: Mithilfe dieses Service wurden trotz der Gebühr von 0,05 BTC Hunderte Coins erschaffen. Sobald Coingen es Usern erlaubt, auch das Proof-of-Excellence-Mining anzuwenden, ihnen die Option bietet, einen Teil der Emission einer bestimmten Organisation oder einem Fonds zukommen zu lassen, und weitere Optionen für ein maßgeschneidertes Branding anbietet, werden wir vielleicht erleben, dass Tausende von Kryptowährungen aktiv im Internet in Umlauf gebracht werden.

Werden Währungen ihr Versprechen einlösen? Also eine dezentralere und demokratischere Art des Poolens unseres Geldes und der Unterstützung öffentlicher Projekte und Aktivitäten, die uns der Gesellschaft, die wir uns wünschen, näher bringen? Vielleicht, aber vielleicht auch nicht. Jetzt jedoch, da fast jeden Tag eine neue Kryptowährung veröffentlicht wird, sind wir verlockend nahe daran, es herauszufinden.

ETHEREUM: EINE KRYPTOWÄHRUNG DER NÄCHSTEN GENERATION UND EINE DEZENTRALE ANWENDUNGSPLATTFORM

Bitcoin Magazine, 23. Januar 2014

Im Lauf des letzten Jahres wurde zunehmend über sogenannte Bitcoin-2.0-Protokolle diskutiert – alternative kryptografische Netzwerke, die von Bitcoin inspiriert wurden, aber die zugrunde liegende Technologie für Zwecke weit über Währungen hinaus nutzbar machen wollen. Die früheste Implementierung dieser Idee war Namecoin, eine Bitcoin-ähnliche Währung aus dem Jahr 2010, die für die dezentrale Registrierung von Domain-Namen genutzt wurde. Seit Neuestem erleben wir das Aufkommen von Colored Coins, die es Usern erlauben, im Bitcoin-Netzwerk ihre eigenen Währungen zu erschaffen, sowie fortgeschrittener Protokolle wie Mastercoin, BitShares und Counterparty, die Leistungen wie Finanzderivate, Spar-Wallets und dezentrale Börsentransaktionen anbieten.

Allerdings waren alle bisher erfundenen Protokolle spezialisiert, das heißt, sie bemühten sich, detaillierte Feature-Sets für spezifische Wirtschaftszweige beziehungsweise – in der Regel finanzielle – Anwendungen maßzuschneidern. Jetzt aber schlägt eine Gruppe von Entwickler:innen, zu denen auch ich gehöre, ein Projekt mit umgekehrter Herangehensweise vor: ein Kryptowährungsnetzwerk, das so generalisiert wie möglich sein und allen Usern erlauben soll, darauf aufbauend spezielle Anwendungen für alle erdenklichen Zwecke zu entwickeln. Das Projekt: Ethereum.

Kryptowährungsprotokolle sind wie Zwiebeln …

Eine verbreitete Designphilosophie vieler 2.0-Protokolle von Kryptowährungen ist die Auffassung, dass Kryptowährungen, wie das Internet, am besten so designt werden sollten, dass sich ihre Protokolle in verschiedene Layers (Schichten) aufspalten. Gemäß dieser Auffassung sollte man sich Bitcoin als eine Art TCP/IP(Transmission Control Protocol/Internet Protocol)-Netzwerkprotokoll des Kryptowährungsökosystems vorstellen, auf dessen Grundlage andere Protokolle der nächsten Generation erstellt werden können, ganz ähnlich wie SMTP für E-Mail, http für Webseiten und XMPP für Chats – alle aufbauend auf TCP als einer gemeinsamen zugrunde liegenden Datenschicht.

Bislang sind Colored Coins, Mastercoin und Counterparty die drei wichtigsten Protokolle, die sich an diesem Modell orientiert haben. Die Funktionsweise des Colored-Coins-Protokolls ist einfach: Um Colored Coins zu erschaffen, markieren User zunächst einmal spezifische Bitcoins mit einer besonderen Bedeutung – wenn Bob zum Beispiel ein Goldemittent ist, möchte er vielleicht einen Satz Bitcoins »taggen« (auszeichnen), und er sagt, dass jeder Satoshi 0,1 Gramm Gold repräsentiert und bei ihm eingelöst werden kann. Das Protokoll spürt dann diese Bitcoins in der Blockchain auf, was es möglich macht, jederzeit die Besitzer:innen zu berechnen.

Mastercoin und Counterparty sind etwas abstrakter, denn sie nutzen die Bitcoin-Blockchain für die Datenspeicherung. Eine Mastercoin- oder Counterparty-Transaktion ist also eine Bitcoin-Transaktion, aber die Protokolle interpretieren diese auf ganz unterschiedliche Weise. Man kann zwei Mastercoin-Transaktionen haben, bei denen einmal 1 MSC und einmal 100 000 MSC gesendet werden, aber aus der Sicht der Bitcoin-User, die nicht wissen, wie dieses Mastercoin-Protokoll funktioniert, sehen beide aus wie kleine Transaktionen, bei denen jeweils 0,0006 BTC versendet wurden. Die Mastercoin-spezifischen Metadaten sind in den Transaktionsergebnissen encodiert. Anschließend muss ein Mastercoin-Client die Bitcoin-Blockchain nach Mastercoin-Transaktionen durchsuchen, um die aktuelle Bilanz zu ermitteln.

Ich hatte das Privileg, mich direkt mit vielen der Erfinder:innen des Colored-Coins- und Mastercoin-Protokolls unterhalten zu können, und war in erheblichem Maße an der Entwicklung beider Projekte beteiligt. Im Verlauf der rund zweimonatigen intensiven Mitarbeit wurde mir jedoch schließlich bewusst, dass die zugrunde liegende Idee, solche höheren Protokolle auf tieferschichtigen Protokollen aufzubauen, zwar lobenswert sei, die gegenwärtigen Implementierungen jedoch grundlegende Mängel aufwiesen, die wohl verhindern würden, dass die Projekte jemals mehr als nur eine geringe Resonanz finden werden.

Das liegt nicht daran, dass die den Protokollen zugrunde liegenden Ideen selbst schlecht wären. Mitnichten, denn die Ideen sind hervorragend und allein die Reaktion der Community beweist hinlänglich, dass sie sich um etwas dringend Benötigtes bemühen. Vielmehr liegt es daran, dass das tiefschichtige Protokoll, auf dem sie ihre höheren Protokolle aufsetzen wollen – also Bitcoin –, für die Aufgabe schlicht ungeeignet ist. Dies soll nicht heißen, dass Bitcoin schlecht oder keine revolutionäre Erfindung wäre; als Protokoll für die Wertspeicherung und -übertragung ist sie hervorragend. Allerdings ist sie für ein effektives tiefschichtiges Protokoll zu wenig leistungsfähig; Bitcoin gleicht weniger einem TCP, auf dem man HTTP aufbauen kann, sondern mehr einem SMTP: ein Protokoll, das die ihm zugedachten Aufgaben gut erledigt (im Fall von SMTP E-Mail, im Fall von Bitcoin Geld[-schöpfung]), sich daher aber nicht besonders gut als Grundlage von allem anderen eignet.

Bitcoin hat jedoch eine große Schwachstelle: Skalierbarkeit. Bitcoin selbst ist so skalierbar, wie es eine Kryptowährung nur sein kann; selbst wenn die Größe der Blockchain auf über ein Terabyte in die Höhe schießen sollte, gibt es ein im *Bitcoin-Whitepaper* beschriebenes, als »vereinfachte Zahlungsverifizierung« (SPV) bezeichnetes Protokoll, das »Light Clients« mit nur ein paar Megabytes Bandbreite und Speicherplatz erlaubt, sicher herauszufinden, ob sie Transaktionen empfangen haben oder nicht. Mit Colored Coins und Mastercoin verschwindet diese Möglichkeit jedoch. Aus folgendem Grund: Um herauszufinden, welche Farbe ein Colored Coin hat, muss man nicht nur die vereinfachte Zahlungsverifizierung von Bitcoin nutzen, um dessen Existenz zu beweisen, sondern man muss ihn auch bis zu seinem Ursprung zurückverfolgen und unterwegs bei jedem Schritt eine

SPV-Überprüfung durchführen. Manchmal muss der rückwärtsgerichtete Scan eine exponenziell wachsende Anzahl Transaktionen prüfen, und bei Metacoin-Protokollen muss man sogar jede einzelne Transaktion prüfen, um etwas herauszufinden.

Genau das will Ethereum korrigieren. Es will kein Protokoll im Stil eines Schweizer Armeemessers sein, mit Hunderten von Features für jedes Bedürfnis. Vielmehr strebt Ethereum danach, ein überlegenes Basisprotokoll zu sein, auf dem – als Alternative zu Bitcoin – andere dezentrale Anwendungen aufbauen können. Es bietet mehr Tools an, mit denen gearbeitet werden kann, und verschafft sämtliche Vorteile der Skalierbarkeit und Effizienz von Ethereum.

Kontrakte, nicht nur über Differenzen

Als Ethereum gerade entwickelt wurde, bestand ein großes Interesse an der Zulassung von Finanzkontrakten auf Basis von Kryptowährungen – der Grundtyp dessen ist ein »Differenzkontrakt« (CFD). Bei einem solchen erklären sich zwei Parteien zur Investition eines gewissen Geldbetrags bereit und sie erhalten einen Erlös, dessen Höhe proportional zu dem Wert eines zugrunde liegenden Vermögenswertes ist. So könnte zum Beispiel Alice bei einem CFD 1000 Dollar investieren, während Bob ebenfalls 1000 Dollar einsetzt. Nach 30 Tagen würde die Blockchain dann automatisch an Alice 1000 Dollar plus 100 Dollar für jeden Dollar, um den der LTC(Lightcoin)/ USD-Kurs in diesem Zeitraum gestiegen ist, auszahlen, während Bob den Rest erhalten würde. Diese Kontrakte ermöglichen es, ohne zentrale Börse mit großer Hebelwirkung auf Vermögenswerte zu spekulieren beziehungsweise sich gegen die Schwankungsanfälligkeit von Kryptowährungen abzusichern, indem man ihr Wertänderungsrisiko ausschaltet.

Jetzt ist allerdings klar, dass Differenzkontrakte ein Sonderfall eines allgemeineren Konzepts sind: Formelkontrakte. Statt eines Kontrakts, der x Dollar von Alice und y Dollar von Bob einnimmt und x Dollar plus zusätzlicher z Dollar für jeden Dollar, um den ein bestimmter Kurs steigt, auszahlt, sollte ein Kontrakt Alice einen Kapitalbetrag zurückzahlen können, der sich nach einer mathematischen Formel berechnet – dies würde Kontrakte beliebiger Komplexität erlauben. Wenn die Formel Zufallsdaten als Eingaben zulässt, können diese verallgemeinerten CFDs sogar zur Implementierung einer Art Peer-to-Peer-Glücksspiel genutzt werden.

Ethereum greift diese Idee auf und geht weiter: Statt Vereinbarungen zwischen zwei Parteien zu sein, die einen Anfang und ein Ende haben, sind Kontrakte in Ethereum eine Art autonomer Agent, der von der Blockchain simuliert wird. Jeder Ethereum-Kontrakt hat seinen eigenen Skriptcode, und dieser wird jedes Mal bei einer an ihn gesendeten Transaktion aktiviert. Die Skriptsprache hat Zugriff auf den Transaktionswert, den Absender und optionale Datenfelder sowie auf einige Blockdaten und ihren eigenen internen Speicher als Eingaben. Zudem kann sie Transaktionen senden. Um einen CFD zu erstellen, würde Alice einen Kontrakt erstellen und ihn mit einer Kryptowährung im Wert von 1000 Dollar unterlegen. Dann würde sie warten, bis Bob den Kontrakt annimmt, indem er ebenfalls 1000 Dollar senden würde. Der Kontrakt würde so programmiert, dass er einen Zeitmesser starten würde, sodass Alice oder Bob nach 30 Tagen eine kleine Transaktion an den Kontrakt senden könnten, um die Gelder freizugeben.

Code-Beispiel eines Ethereum-Währungskontrakts, geschrieben in einer höherschichtigen Sprache:

```
if tx.value < 100 * block.basefee:
stop
if contract.memory[1000]:
from = tx.sender
to = tx.data[0]
value = tx.data[1]
if to <= 1000:
stop
if contract.memory[from] < value:
stop
contract.memory[from] = contract.memory[from] - value
contract.memory[to] = contract.memory[to] + value
else: contract.memory[mycreator] = 10000000000000000
contract.memory[1000] = 1
```

Abgesehen von diesem eng gefassten Differenzkontraktmodell skizziert das Whitepaper jedoch noch viele andere Transaktionstypen, die mit Ethereum-Skripting möglich werden, von denen einige die Folgenden sind:

- **Multisignatur-Treuhandabwicklung:** Von der Konzeption her vergleichbar mit dem Bitcoin-Schlichtungsservice Bitrated, aber mit komplexeren Regeln. Die Unterzeichner:innen sind etwa nicht gezwungen, teilweise unterzeichnete Transaktionen manuell herumzureichen; Menschen können eine Abhebung über die Blockchain asynchron, nacheinander autorisieren und die Transaktion automatisch zum Abschluss bringen lassen, sobald sie von genügend Personen autorisiert wurde.
- **Sparkonten:** Ein interessantes Set-up funktioniert folgendermaßen: Angenommen, Alice möchte einen großen Geldbetrag speichern, will aber nicht den Verlust von allem riskieren, wenn ihr privater Schlüssel verloren geht oder gestohlen wird. Sie schließt einen Kontrakt mit Bob, einer halbwegs vertrauenswürdigen Bank, mit den folgenden Regeln ab: Alice darf bis zu eine Geldeinheit pro Tag abheben, aber mit Bobs Zustimmung kann Alice jeden beliebigen Betrag abheben, und Bob selbst kann bis zu 0,05 pro Tag abheben. Normalerweise braucht Alice jeweils immer nur kleine Beträge, wenn sie aber mehr will, kann sie Bob ihre Identität beweisen und die Abhebung durchführen. Wenn Alice' privater Schlüssel gestohlen werden sollte, kann sie zu Bob gehen und das Geld auf einen anderen Kontrakt übertragen, bevor der Dieb sich mit mehr als einer Einheit der Ersparnisse davonmacht. Wenn Alice ihren privaten Schlüssel verlieren sollte, wird Bob über kurz oder lang in der Lage sein, ihr Geld wiederzuerlangen. Falls sich dabei aber herausstellen sollte, dass Bob unlauter ist, kann Alice ihre Ersparnisse 20-mal schneller abheben als er. Kurzum: Man bekommt die gesamte Sicherheit des traditionellen Bankwesens, aber braucht so gut wie nichts von dessen Vertrauen.
- **Peer-to-Peer-Glücksspiel:** Jede Art von Peer-to-Peer-Glücksspielprotokoll kann auf Basis von Ethereum implementiert werden. Ein überaus einfaches Protokoll wäre ein Differenzkontrakt über Zufallsdaten wie etwa einen Block-Hash-Wert, also den Berechnungswert.

- **Seine eigene Währung kreieren:** Mithilfe des internen Speichers von Ethereum kann man innerhalb dessen eine völlig neue Währung erschaffen. Diese können so konstruiert werden, dass sie miteinander wechselwirken, einen dezentralen Handelsplatz oder beliebige andere fortgeschrittene Features haben.

Dies ist der Vorteil von Ethereum-Code: Da die Skriptsprache so erstellt wurde, dass sie, abgesehen von einem Gebührensystem, keine Einschränkungen hat, können praktisch völlig beliebige Regeln in ihr kodiert werden. Sogar ein ganzes Unternehmen kann seine Rücklagen auf der Blockchain verwalten, mit einem Kontrakt, der zum Beispiel bestimmt, dass 60 der gegenwärtigen Aktionäre eines Unternehmens jeder Übertragung von Geldern zustimmen müssen (und dass 30 von ihnen maximal eine Einheit pro Tag transferieren können). Es sind auch andere, weniger traditionelle kapitalistische Strukturen möglich – eine Idee bezieht sich zum Beispiel auf eine demokratische Organisation, deren einzige Regel lautet, dass zwei Drittel der bestehenden Mitglieder einer Gruppe der Aufnahme eines neuen Mitglieds zustimmen müssen.

Jenseits der Finanzen

Die Finanzanwendungen kratzen allerdings nur an der Oberfläche dessen, was Ethereum und kryptografische Protokolle auf Basis von Ethereum leisten können. Während die Finanzanwendungen von Ethereum das sein mögen, was viele Leute in der Kryptowährungs-Community zunächst begeistert, dürfte das langfristige Potenzial wohl eher in der möglichen Zusammenarbeit von Ethereum mit anderen, nichtfinanziellen Peer-to-Peer-Protokollen liegen. Eines der bislang größten Probleme nichtfinanzieller Peer-to-Peer-Protokolle sind fehlende Anreize – das heißt, anders als bei zentralisierten, gewinnorientierten Plattformen gibt es keinen finanziellen Grund für die Beteiligung. In einigen Fällen ist diese in gewisser Weise ihre eigene Belohnung – weshalb weiterhin Leute Open-Source-Software schreiben, Wikipedia Beiträge liefern, Kommentare in Foren abgeben und

Blog-Posts schreiben. Im Rahmen von Peer-to-Peer-Protokollen ist aber die Mitarbeit oft keine »Spaß«-Aktivität im relevanten Sinne; vielmehr besteht sie darin, eine große Menge an Ressourcen einzubringen, einen Daemon im Hintergrund laufen zu lassen (der möglicherweise viel CPU-Kapazität und Batteriestrom »frisst«) und das dann wieder zu vergessen.

So gibt es zum Beispiel schon seit Langem Datenprotokolle wie etwa Freenet, die im Grunde allen Usern dezentrales, unzensierbares Hosting von statischem Content anbieten. In der Praxis ist Freenet aber äußerst langsam und nur wenige steuern Ressourcen bei. Filesharing-Protokolle kranken alle am gleichen Problem: Auch wenn der Altruismus der Teilnehmenden genügt, um populäre kommerzielle Blockbuster zu verbreiten, wird er bei weniger mainstreamigen Präferenzen deutlich ineffektiver. Daher ist es – paradoxerweise – durchaus möglich, dass die Peer-to-Peer-Natur des Filesharing tatsächlich der Zentralisierung der Unterhaltungs- und Medienproduktion Vorschub leistet, statt sie zu behindern. All diese Probleme lassen sich jedoch möglicherweise mithilfe von Anreizsystemen lösen – das heißt dadurch, dass wir es Menschen ermöglichen, durch die Teilnahme an dem Netzwerk nicht nur gemeinnützige Nebenprojekte zu realisieren, sondern auch Firmen zu gründen und Einkommen zu erzielen.

- **Incentivierte Datenspeicherung:** Im Grunde ist das eine dezentrale Dropbox. Die Idee funktioniert folgendermaßen: Wenn jemand will, dass das Netzwerk eine Sicherungskopie einer 1 Gigabyte großen Datei erstellt, würde man aus den Daten eine »Hash-Baum« genannte Datenstruktur konstruieren, um dann die Wurzel des Baums, zusammen mit 10 Ether, in einen Kontrakt einzufügen und die Datei in ein anderes spezialisiertes Netzwerk hochzuladen, dessen Knoten, im Bestreben, den eigenen Festplatten-Speicherplatz zu vermieten, auf weitere Nachrichten lauschen würden. Jeden Tag würde der Kontrakt automatisch zufallsabhängig einen Zweig des Baumes auswählen (zum Beispiel »links → rechts → links → links → links → rechts → links«), bei einem Block der Datei aufhören und dem ersten Knoten, der diesen Zweig anbietet, 0,01 Ether bezahlen. Knoten würden die gesamte Datei speichern, um ihre Chancen auf Belohnung zu maximieren.

- **Bitmessage und Tor:** Bitmessage ist ein E-Mail-Protokoll der nächsten Generation, das sowohl vollkommen dezentral als auch verschlüsselt ist, sodass jeder sicher Nachrichten an jeden anderen Bitmessage-User versenden kann, ohne – mit Ausnahme des Netzwerks – auf Dritte angewiesen zu sein. Allerdings ist Bitmessage alles andere als nutzerfreundlich: Statt Nachrichten an einfache, namensbasierte E-Mail-Adressen zu senden, wie etwa »meinName@E-Mail«, muss man diese an verstümmelte Bitmessage-Adressen aus 34 Zeichen senden (wie »BM-BcbRqcFFSQUUmXFKsPJgVQPSiFA3Xash«). Ethereum-Kontrakte bieten dafür eine Lösung an: Menschen können ihre Namen in einem speziellen Ethereum-Kontrakt registrieren lassen, und Bitmessage-Clients können eine Anfrage an die Ethereum-Blockchain stellen, um die Bitmessage-Adresse aus den 34 Zeichen zu erhalten, die im Background mit dem jeweiligen Namen verbunden ist. Das anonymisierende Online-Netzwerk Tor krankt an den gleichen Problemen und kann daher ebenfalls von dieser Lösung profitieren.
- **Identitäts- und Reputationssysteme:** Sobald Sie Ihren Namen in der Blockchain registrieren können, liegt der logische nächste Schritt auf der Hand: ein Vertrauensnetz über die Blockchain aufbauen. Vertrauensnetze sind ein essenzieller Teil einer effektiven Peer-to-Peer-Kommunikationsinfrastruktur: Man will nicht einfach nur wissen, dass ein bestimmter öffentlicher Schlüssel auf eine bestimmte Person verweist, sondern auch, ob die Person überhaupt vertrauenswürdig ist. Die Lösung liegt in der Nutzung sozialer Netzwerke: Wenn Sie A vertrauen, A wiederum B vertraut und B wiederum C vertraut, dann können Sie, zumindest bis zu einem gewissen Grad, wahrscheinlich ebenfalls C vertrauen. Ethereum kann als die Datenschicht für ein vollständig dezentrales Ansehenssystem – und möglicherweise letztlich für einen vollständig dezentralen Marktplatz – dienen.

Viele der bereits erwähnten Anwendungen bestehen aus Peer-to-Peer-Protokollen und -Projekten, die in ihrer Entwicklung bereits weit fortgeschritten sind. In diesen Fällen wollen wir Partnerschaften mit möglichst vielen dieser Projekte eingehen und sie als Gegenleistung für die Einbringung ihres Wertes in das Ethereum-Ökosystem finanziell unterstützen. Wir wollen nicht nur der Kryptowährungs-Community helfen, sondern auch der Peer-to-Peer-Community insgesamt, einschließlich Filesharing, Torrents, Datenspeicherung und Mesh-Networking. Unserer Meinung nach können insbesondere im nichtfinanziellen Bereich viele Projekte profitieren, die wiederum einen großen Nutzen für die Community haben, für deren Entwicklung jedoch nicht ausreichend Finanzmittel bereitgestellt werden, eben weil sie keine finanzielle Komponente einführen können. Vielleicht ist Ethereum ja das Tool, das letztlich Dutzende dieser Projekte auf die nächsthöhere Stufe heben kann.

Warum sind all diese Anwendungen auf Basis von Ethereum möglich? Die Antwort liegt in der internen Programmiersprache der Währung. Man kann hier einen Vergleich zum Internet ziehen: Damals, im Jahr 1996, basierte das Netz vollständig auf HTML, womit man nur statische Webseiten auf Sites wie GeoCities erstellen konnte. Dann gelangten Entwickler:innen zu der Erkenntnis, dass Menschen gern Formulare in HTML einreichen können würden, daher wurde HTML um eine Formularfunktion ergänzt. Dies war das Äquivalent zu Colored Coins von Webprotokollen: Der Versuch, ein spezifisches Problem zu lösen, aber auf Grundlage eines schwachen Protokolls, ohne sich um das größere Ganze zu kümmern. Aber schon bald wurde JavaScript entwickelt, eine Programmiersprache innerhalb des Webbrowsers. Und es löste das Problem: Weil JavaScript eine universelle, Turing-vollständige Programmiersprache ist, die zur Entwicklung von Apps mit beliebiger Komplexität genutzt werden kann – Gmail, Facebook und sogar Bitcoin-Wallets wurden alle mit dieser Sprache erstellt. Dies geschah aber nicht deshalb, weil die JavaScript-Entwickler:innen wollten, dass Menschen Gmail, Facebook und Bitcoin-Wallets erstellen würden, sondern weil sie einfach eine Programmiersprache wollten. Was wir dann mit einer Sprache machen, bleibt unserer Fantasie überlassen. Mit genau dieser Einstellung wollen wir auch an Ethereum herangehen: Ethereum will nicht allen Innovationen auf dem Gebiet der Kryptowährungen ein Ende setzen, sondern versteht sich vielmehr als deren Anfang.

Weitere Innovationen

Neben seinem Hauptfeature einer Turing-vollständigen, universellen Skriptsprache wird Ethereum gegenüber bestehenden Krypotwährungen noch eine Reihe weiterer Verbesserungen mit sich bringen:

- **Gebühren:** Ethereum-Kontrakte werden seine Turing-vollständige Funktionalität regeln und missbräuchliche Transaktionen wie etwa Speicherfresser und Endlosschleife-Skripte verhindern, indem sie für jeden Rechenschritt einer Script-Ausführung eine Transaktionsgebühr einführen. Aufwändigere Operationen wie Speicherzugänge und kryptografische Operationen werden mit höheren Gebühren belegt, zudem wird es eine Gebühr für jedes Kontrakt ausfüllende Speicherelement geben. Um zu fördern, dass Kontrakte von selbst hinter sich aufräumen, wird eine negative Gebühr berechnet, wenn der Kontrakt weniger Speicherplatz beansprucht als geplant – in der Tat gibt es einen speziellen SUICIDE-Befehlscode zur Löschung eines Kontrakts, der sämtliche Gelder und die deftigen negativen Gebühren an die Urheber:innen zurücksendet.
- **Mining-Algorithmen:** Es besteht ein großes Interesse an der Entwicklung von Kryptowährungen, deren Mining gegen spezielle Hardware resistent ist, sodass auch gewöhnliche User mit gängiger Hardware ohne zusätzlichen Kapitaleinsatz mitmachen können, was einer Zentralisierung entgegenwirkt. Bislang ist das wichtigste Gegenmittel Scrypt gewesen, ein Mining-Algorithmus, der viel Rechenleistung und Speicherplatz erfordert. Allerdings ist es nicht hinreichend speicherhart und es gibt Unternehmen, die spezielle Geräte dafür bauen. Wir haben Dagger entwickelt, einen prototypischen Proof of Work, der sogar noch speicherhärter ist als Scrypt, sowie prototypische Proof-of-Stake-Algorithmen wie etwa Slasher, die das Mining-Problem gänzlich umgehen. Über kurz oder lang möchten wir jedoch einen Wettbewerb veranstalten, ähnlich denen, bei denen die Standards für AES und SHA3 festgelegt wurden, zu denen wir Forschungsgruppen von Universitäten

aus aller Welt einladen wollen, um den bestmöglichen Mining-Algorithmus für gewöhnliche Hardware zu konzipieren.

- **Ghost:** Ghost ist ein neues Blockpropagations-Protokoll, das von Aviv Zohar und Yonatan Sompolinsky entwickelt wurde und das die Blockbestätigungszeiten von Blockchains erheblich verkürzt hat (idealerweise auf zwischen drei bis 30 Sekunden), kommt jedoch ohne die Probleme der Zentralisierung und hoher Verfallsquoten, die normalerweise mit schnellen Blockbestätigungen verbunden sind, aus. Ethereum ist die erste größere Kryptowährung, die als Teil ihres Protokolls eine vereinfachte, einschichtige Version von GHOST in sich integriert.

Der Plan

Ethereum ist potenziell ein gewaltiges, weitreichendes Projekt, dessen Entwicklung Monate dauern wird. In Anbetracht dessen wird die Währung in mehreren Etappen eingeführt werden: Die erste Etappe, die Veröffentlichung des Whitepapers, ist bereits über die Bühne gegangen. Foren, ein Wiki und ein Blog sind eingerichtet worden, und jede:r kann sie besuchen, einen Account eröffnen und in den Foren Kommentare abgeben. Am 25. Januar 2014 wird auf der Konferenz in Miami der Startschuss zu einer 60-tägigen Spendenaktion erfolgen, während der jede:r Ether, die interne Währung von Ethereum, gegen BTC kaufen kann, ähnlich wie bei der Mastercoin-Spendenaktion. Der Preis wird 1000 Ether für eine Bitcoin betragen, wobei frühe Investor:innen für das erhöhte Risiko, das sie als Early Adopter eingehen, eine doppelte Vergünstigung erhalten. Die Teilnehmenden an der Spendenaktion bekommen eine Reihe an Belohnungen, wie Freikarten für Konferenzen, einen Ort, um 32 Bytes in den Genesisblock einzufügen, und für die höchsten Spender sogar das Recht, drei Untereinheiten der Währung zu benennen (das Pendant zum »Mikrobitcoin« in Bitcoin).

Die Verteilung von Ethereum wird nicht nach einem einzelnen Mechanismus erfolgen; vielmehr wird es einen Kompromissmechanismus geben, der die Vorteile mehrerer Vorgehensweisen verknüpft. Das Verteilungsmodell wird folgendermaßen funktionieren:

Ether werden bei einer Spendenaktion zum Preis von 1 000 bis 2 000 Ether pro Bitcoin ausgegeben, wobei frühzeitigere Spender:innen einen besseren Preis erhalten, um sie für die erhöhte Unsicherheit der Teilnahme in einer frühen Phase zu entschädigen. Der Mindestfinanzierungsbetrag wird bei 0,01 Bitcoin liegen. Angenommen, x Ether werden auf folgende Weise ausgegeben:

- 0,225x Ether werden den treuhänderischen Mitgliedern und frühzeitigen Spender:innen zugeteilt, die sich vor dem Beginn der Spendenaktion in erheblichem Umfang an dem Projekt beteiligten. Dieser Anteil wird in einem Kontrakt mit Zeitschloss gespeichert, wonach rund 40 Prozent nach einem Jahr, 70 Prozent nach zwei Jahren und 100 Prozent nach drei Jahren ausgegeben werden können.
- 0,05x Ether werden einem Fonds zugewiesen, aus dem Ausgaben und Belohnungen in Ether zwischen dem Beginn der Spendenaktion und der Währungseinführung finanziert werden.
- 0,225x Ether werden einem langfristigen Rücklagenpool zugewiesen, aus dem nach der Einführung der Währung Ausgaben, Gehälter und Belohnungen in Ether bezahlt werden.
- 0,4x Ether werden ab diesem Zeitpunkt unbefristet jährlich geschürft.

Es besteht ein wichtiger Unterschied zu Bitcoin und den meisten anderen Kryptowährungen: Hier ist die Geldmenge langfristig unbegrenzt. Das Modell der »permanenten linearen Inflation« soll sicherstellen, dass Ether weder inflatorisch noch deflatorisch wirkt. Das Fehlen einer Versorgungsobergrenze soll einige der spekulativen und Vermögensungleichheitseffekte bestehender Währungen dämpfen, aber gleichzeitig bedeutet das lineare Inflationsmodell – statt des traditionellen exponentiellen Modells –, dass die effektive Inflationsrate im Lauf der Zeit gegen null tendiert. Da die anfängliche Geldversorgung nicht bei null beginnen wird, wird zudem die Geldversorgung in den ersten acht Jahren langsamer wachsen als bei Bitcoin. Dies gibt Teilnehmenden der Spendenaktion und Early Adopters die Chance, mittelfristig in erheblichem Umfang zu profitieren.

Irgendwann im Februar dieses Jahrs werden wir ein zentrales Testnetz starten – einen Server, den jede:r nutzen kann, um Transaktionen zu senden und Kontrakte zu erstellen. Bald darauf wird das dezentrale Testnetz kommen, mit dem wir verschiedene Mining-Algorithmen testen und sicherstellen werden, dass der Peer-to-Peer-Daemon funktioniert und sicher ist. Außerdem werden wir Messungen vornehmen, um nach Möglichkeiten zur Optimierung der Skriptsprache zu suchen. Sobald wir von der Sicherheit des Protokolls und des Clients überzeugt sind, werden wir den Genesisblock veröffentlichen und das Mining starten.

Ausblick

Da Ethereum eine Turing-vollständige Skriptsprache beinhaltet, lässt sich mathematisch beweisen, dass es im Wesentlichen all das leisten kann, was eine Bitcoin-ähnliche Kryptowährung auf Blockchain-Basis potenziell leisten kann. Es gibt aber noch immer Probleme, die das Protokoll nach jetzigem Stand der Dinge ungelöst lässt. Zum Beispiel bietet Ethereum keine Lösung für das grundlegende Problem der Skalierbarkeit bei allen Kryptowährungen auf Blockchain-Basis – also die Tatsache, dass jeder vollständige Knoten die gesamte Bilanz speichern und jede Transaktion überprüfen muss. Das Ethereum-Konzept eines getrennten »Zustandsbaums« und einer »Transaktionsliste«, die von Ripple entlehnt ist, entschärft dies bis zu einem gewissen Grad, aber bislang ist hier kein grundlegender Durchbruch gelungen. Dafür wird eine Technologie wie Eli Ben-Sassons Secure Computational Integrity and Privacy (SCIP), die gegenwärtig entwickelt wird, notwendig sein.

Außerdem bietet Ethereum keine Verbesserungen gegenüber dem traditionellen Proof-of-Work-Mining mit all seinen Schwächen, und der Proof of Excellence sowie ein ähnlicher Konsensmechanismus wie bei Ripple werden nicht auf ihre Tauglichkeit geprüft. Falls sich herausstellt, dass Proof of Stake oder ein anderer Proof-of-Work-Algorithmus eine bessere Lösung sein könnten, dann werden zukünftige Kryptowährungen stattdessen Proof-of-Stake-Algorithmen wie MC2 und Slasher verwenden. Falls es Raum für ein Ethereum 2.0 gibt, werden hier die Möglichkeiten der Verbesserung liegen. Letztlich ist Ethereum ein zeitlich unabschließbares Projekt – sollte es ausreichend finanzielle Unterstützung erhalten, werden wir vielleicht selbst diejenigen sein, die Ethereum 2.0 releasen. Dabei werden die ursprünglichen Kontosalden auf ein noch weiter verbessertes Netzwerk übertragen. Wie in unserem Slogan für die Währung selbst steht uns letztlich nur unsere Fantasie im Weg.

SELBSTAUSFÜHRENDE KONTRAKE UND FACTUM-RECHT

Ethereum Blog, 24. Februar 2014

Viele der Konzepte, die wir im Ethereum-Land promoten, mögen unglaublich futuristisch, vielleicht sogar mitunter beängstigend anmuten. Wir sprechen über sogenannte »Smart Contracts«, die sich selbst ausführen, ohne dass ein Mensch eingreifen könnte, sich irgendwie daran beteiligen müsste oder überhaupt die Gelegenheit dazu hätte. Und wir reden über Menschen, die Skynet-ähnliche »dezentrale autonome Organisationen« (DAOs) bilden, die gänzlich in der Cloud leben und doch mächtige finanzielle Ressourcen kontrollieren und Menschen Anreize dafür geben können, in der physischen Welt Reales zu tun. Wir reden über dezentrale »Mathematik-basierte Gesetze« und eine scheinbar utopische Suche mit dem Ziel, eine Art vollständig »vertrauensfreie« Gesellschaft zu erschaffen. Die uninformierten User und insbesondere jene, die noch nicht einmal vom guten alten Bitcoin gehört haben, können eventuell nur schwer nachvollziehen, dass all dies überhaupt möglich ist, und, falls sie es doch können, sich dann fragen, warum dies wünschenswert sein sollte. Es ist der Zweck dieser Reihe, diese Ideen detailliert zu analysieren und genau zu erklären, was wir unter jeder einzelnen verstehen, indem wir ihre Eigenschaften, Vorteile und Begrenzungen erörtern.

In der ersten Folge dieser Reihe werden wir über sogenannte »Smart Contracts« sprechen. Smart Contracts sind eine Idee, die bereits seit mehreren Jahrzehnten existiert, aber erst im Jahr 2005 von Nick Szabo benannt und erstmals nachdrücklich an die (kryptografisch interessierte) Öffentlichkeit herangetragen wurde. Ein Smart Contract lässt sich leicht definieren: Es ist ein sich selbst ausführender Kontrakt. Während also klassische Verträge auf einem Stück Papier (beziehungsweise in jüngerer Zeit in einem PDF-Dokument) stehen und Text enthalten, der unausgesprochen eine:n Richter:in ersucht, eine der Parteien anzuweisen, unter bestimmten Bedingungen Geld (oder einen anderen Vermögensgegenstand) an eine andere Partei zu schicken, ist ein Smart Contract ein Computerprogramm, das man auf Hardware ablaufen lassen kann und das sich unter diesen Bedingungen automatisch ausführt. Nick Szabo führt einen Verkaufsautomaten als Beispiel an:

> Ein kanonisches Beispiel aus dem realen Leben, das wir als den primitiven Vorläufer von Smart Contracts ansehen könnten, ist der einfache Verkaufsautomat. Innerhalb eines begrenzten potenziellen Verlustbetrags (der Betrag in der Kasse sollte geringer sein als die Kosten für das Durchbrechen des Mechanismus) nimmt die Maschine Münzen an, und über einen einfachen Mechanismus, der eine Aufgabe für Informatikstudent:innen im ersten Semester bezüglich des Designs von endlichen Automaten wäre, gibt sie entsprechend dem angezeigten Preis Wechselgeld und Produkt aus. Der Verkaufsautomat ist ein Vertrag mit dem/der Besitzer:in: Alle, die Münzen haben, können sich an einem Tauschgeschäft mit dem Automaten beteiligen. Die Geldkassette und andere Sicherheitsmechanismen schützen die vorrätig gehaltenen Münzen und Artikel hinlänglich vor Angreifer:innen, was eine gewinnbringende Aufstellung von Verkaufsautomaten in unterschiedlichen Gebieten ermöglicht.

Smart Contracts sind die Anwendung dieses Konzepts auf vieles. So können wir smarte Finanzkontrakte erstellen, die auf Basis gewisser Formeln und Bedingungen automatisch Gelder bewegen, smarte Verkaufsaufträge für Domainnamen, die die Domain denjenigen geben, die als als Erste 200 Dollar überwiesen haben, vielleicht sogar smarte Versicherungsverträge, die Bankkonten kontrollieren und basierend auf einer (oder mehrerer) vertrauenswürdigen Quelle(n), die Daten über Ereignisse in der realen Welt bereitstellt, automatische Auszahlungen tätigen.

Smart Property

An dieser Stelle ergibt sich jedoch eine naheliegende Frage: Wie werden diese Verträge durchgesetzt? So wie traditionelle Verträge, die das beschriebene Papier nicht wert sind – es sei denn es gibt Richter:innen mit gesetzlicher Befugnis, sie durchzusetzen – müssen Smart Contracts für eine bindende Wirkung an ein System »angeschlossen« werden. Die naheliegendste und älteste Lösung ist Hardware – eine Idee, die auch unter dem Namen »Smart Property« firmiert. Der Verkaufsautomat Nick Szabos ist hier das kanonische Beispiel. Im Innern des Automaten gibt es eine Art Proto-Smart-Contract, der eine Reihe von Computercode-Zeilen enthält, die ungefähr wie folgt aussehen:

```
wenn Taste_gedrückt = = »Coca Cola« und Geld_eingeworfen
>= 1.75:
freigeben(»Coca Cola«)
herausgeben_Wechselgeld(Geld_eingeworfen – 1.75)
sonst wenn Taste_gedrückt = = »Aquafina Water« und Geld_
  eingeworfen
>= 1.25:
freigeben(»Aquafina Water«)
herausgeben_Wechselgeld(Geld_eingeworfen – 1.25)
sonst wenn …
```

Der Vertrag hat vier »Schnittstellen« mit der Außenwelt: Die Variablen »gedrückte Taste« und »eingeworfenes Geld« als Inputs, und die Befehle »Freigeben« und »Wechselgeld herausgeben« als Outputs.

Alle vier hängen von der Hardware ab, allerdings konzentrieren wir uns auf die letzten drei, weil der menschliche Input im Allgemeinen als triviales Problem angesehen wird. Wenn der Vertrag auf einem Android-Handy von 2007 ablaufen würde, wäre er nutzlos, denn es hat keine Möglichkeit, herauszufinden, wie viel Geld in einen Schlitz geworfen wurde, und kann keine Coca-Cola-Flaschen frei- oder Wechselgeld herausgeben. Bei einem

Verkaufsautomaten besitzt der Vertrag andererseits eine gewisse »Kraft«, unterstützt durch den Vorrat an Coca-Cola-Flaschen im Innern des Automaten und seine physischen Schutzvorkehrungen, die Menschen davon abhalten, sich ohne Einhaltung der Vertragsregeln an der Coca-Cola zu bedienen.

Eine weitere, futuristische Anwendung von Smart Property ist die Autovermietung: Stellen Sie sich eine Welt vor, in der jede:r auf dem Smartphone einen eigenen privaten Schlüssel hat, und in der ein Auto, nachdem man 100 Dollar an eine gewisse Adresse gesendet hat, automatisch auf Befehle antwortet, die mit dem eigenen privaten Schlüssel für einen Tag verbunden sind. Dieses Prinzip lässt sich auch auf Häuser anwenden. Sollte sich das für Sie arg weit hergeholt anhören, dann bedenken Sie bitte, dass Bürogebäude bereits jetzt weitgehend Smart Property sind: Der Zugang wird durch Zugangsausweise kontrolliert, und die Frage, für welche (wenn überhaupt) Türen jede Karte gültig ist, wird von einem mit einer Datenbank verbundenen Computercode bestimmt. Und wenn das Unternehmen ein Personalverwaltungssystem hat, das Arbeitsverträge automatisch verarbeitet und Zugangskarten neuer Mitarbeitenden aktiviert, dann ist dieser Arbeitsvertrag in einem geringfügigen Ausmaß ein Smart Contract.

Smart Money und Factum-Gesellschaft

Allerdings hat physisches Eigentum nur äußerst begrenzte Nutzungsmöglichkeiten, physisches Eigentum hat nur ein limitiertes Maß an Sicherheit, sodass man mit einem Smart-Property-Set-up mit mehr als ein paar Zehntausend Dollar praktisch nichts Interessantes tun kann. Und letztlich geht es bei den interessantesten Kontrakten um die Geldübertragung. Wie können wir aber dafür sorgen, dass das funktioniert? Gegenwärtig können wir das im Grunde nicht. Theoretisch können wir Kontrakten die Login-Details zu unseren Bankkonten geben und dann dafür sorgen, dass der Kontrakt unter bestimmten Bedingungen Geld sendet, aber das Problem ist, dass diese Kontraktart nicht »selbstausführend« ist. Die Partei, die den Kontrakt erstellt, kann den Kontrakt einfach ausschalten, bevor die Zahlung fällig wird, ihr Bankkonto räumen oder schlicht das dazugehörige Passwort ändern. Es ist unwichtig, wie gut der Kontrakt in das System integriert ist, denn es hat letztlich immer jemand die Fähigkeit, ihn auszuschalten.

Wie können wir das Problem lösen? Letztlich ist die Antwort für die breite Masse der Gesellschaft eine radikale, aber in der Welt von Bitcoin ist sie völlig normal: Wir brauchen eine neue Art Geld. Bislang vollzog sich die Entwicklung von Geld in drei Etappen: Warengeld, mit Waren unterlegtes Geld und Fiatgeld. Ersteres ist leicht erklärt: Es ist Geld, das seinen Wert der Tatsache verdankt, dass es zugleich eine Ware ist, die einen »intrinsischen« Gebrauchswert besitzt. Silber und Gold sind perfekte Beispiele, aber in traditionelleren Gesellschaften wurde dafür auch Tee, Salz (etymologische Anmerkung: das englische Wort »salary« – Gehalt – leitet sich von »salt«, Salz, ab), Muscheln und Ähnliches genutzt. Als nächstes kam das mit Waren unterlegte Geld: Banken geben Zertifikate aus, die deshalb Wert besitzen, weil sie gegen Gold eingelöst werden können. Und als Letztes haben wir das Fiatgeld. Das »Fiat« in Fiatgeld bedeutet das Gleiche wie das »Fiat« im Satz »Fiat Lux« – nur dass nun nicht Gott »Es werde Licht« sagt, sondern der Staat »Es werde Geld«. Geld hat vor allem deshalb einen Wert, weil der Staat, der es ausgibt, *nur* dieses Geld als Zahlungsmittel für Steuern und Gebühren – neben einigen anderen gesetzlichen Privilegien – annimmt.

Mit Bitcoin haben wir jetzt eine neue Art von Geld: Factumgeld. Der Unterschied zwischen Fiatgeld und Factumgeld ist Folgender: Während Ersteres von einer Regierung (oder, theoretisch, einer anderen Behörde) geschaffen und gemanagt wird, ist dies bei Letzterem nicht der Fall. Factumgeld ist einfach eine Bilanzaufstellung mit ein paar Regeln darüber, wie diese Bilanz aktualisiert werden kann. Zudem ist dieses Geld unter den Usern, die es annehmen, gültig. Bitcoin ist das erste Beispiel, aber es gibt noch weitere. Zum Beispiel kann man eine alternative Regel aufstellen, die besagt, dass nur Bitcoins, die aus einer gewissen »Genesistransaktion« hervorgehen, als Teil der Bilanz gelten, sogenannte Colored Coins sind ebenfalls eine Art Factumgeld (es sei denn, diese Colored Coins sind mit Fiatgeld oder Waren unterlegt).

Der größte potenzielle Vorteil, den Factumgeld in Aussicht stellt, ist die

Tatsache, dass es sehr gut zu Smart Contracts passt. Deren hauptsächliches Problem ist die Durchsetzung: Wenn ein Kontrakt besagt, dass 200 Dollar an Bob gesendet werden sollen, wenn X geschieht, wie stellt man dann sicher, dass tatsächlich 200 Dollar an Bob gesendet werden? Die Lösung mit Factumgeld ist überaus elegant: *Die Definition des Geldes* beziehungsweise, genauer gesagt, die Definition der aktuellen Bilanz ist das Ergebnis der Ausführung sämtlicher Kontrakte. Wenn X geschieht, wird daher jede:r zustimmen, dass Bob die zusätzlichen 200 Dollar erhalten soll, und wenn X nicht geschieht, dann wird jede:r zustimmen, dass Bob exakt das hat, was er zuvor hatte.

Tatsächlich ist dies eine viel revolutionärere Entwicklung, als Sie vielleicht zunächst denken, denn mit Factumgeld existiert nun eine Möglichkeit, wie Kontrakte – und vielleicht das Rechtssystem im Allgemeinen – funktionieren und effektiv sein können, ohne zu ihrer Durchsetzung auf einen Mechanismus angewiesen zu sein. Sie wollen eine Geldbuße von 100 Dollar für das Wegwerfen von Müll einführen? Dann definieren Sie eine Währung, sodass Sie 100 Einheiten weniger besitzen, wenn Sie Müll wegwerfen, und bringen Sie Menschen dazu, dies zu akzeptieren. Nun ist dieses besondere Beispiel weit hergeholt und ohne ein paar gewichtige Einschränkungen, die wir unten diskutieren werden, wahrscheinlich unpraktikabel, aber es zeigt das allgemeine Prinzip, und es gibt viele weitere, moderatere Beispiele für dieses Prinzip, die eindeutig funktionieren können.

Wie smart genau sind Smart Contracts?

Smart Contracts eignen sich offensichtlich hervorragend für jede Art von Finanzanwendung oder, allgemeiner gesagt, jede Art von Tausch zwischen zwei verschiedenen Factum-Assets. Ein Beispiel ist ein Verkauf eines Domainnamen: Eine Domain wie google.com ist ein Factum-Asset, da sie von einer Datenbank auf einem Server unterlegt ist, die nur deshalb von Bedeutung ist, weil wir sie akzeptieren – offensichtlich kann also auch Geld ein Factum sein. Gegenwärtig ist der Verkauf einer Domain ein komplizierter Prozess, der oft spezielle Dienstleistungen erfordert. In Zukunft werden Sie also vielleicht ein Verkaufsangebot in einen Smart Contract packen und in der Blockchain speichern können, und wenn jemand es annimmt, erfolgen beide Seiten der Transaktion automatisch – es existiert keine Betrugsmöglichkeit. Wenn man in die Welt der Währungen zurückkehrt, dann ist der dezentrale Tausch ein weiteres Beispiel, und wir können auch Finanzkontrakte realisieren wie etwa Absicherungsgeschäfte und Leverage Trading (Wertpapierhandelsgeschäfte mit Hebel).

Allerdings gibt es Bereiche, in denen Smart Contracts weniger geeignet sind. Nehmen wir zum Beispiel den Fall eines Arbeitsvertrags: A erklärt sich bereit, eine gewisse Aufgabe für B zu erledigen, für die er im Gegenzug x Einheiten der Währung C ausgezahlt bekommt. Der Zahlungsteil lässt sich leicht in einem Smart Contract unterbringen. Es gibt jedoch einen Teil, bei dem dies weniger leicht ist: die Überprüfung, dass die Arbeit tatsächlich ausgeführt wurde. Wenn die Arbeit in der physischen Welt stattfindet, ist dies fast unmöglich, da Blockchains keinen Zugang zur physischen Welt haben. Selbst wenn es sich aber um eine Website handelt, ergibt sich nach wie vor die Frage, wie deren Qualität beurteilt wird, und obgleich Computerprogramme mithilfe von Algorithmen des maschinellen Lernens solche Merkmale in gewissen Fällen recht akkurat beurteilen können, ist es unglaublich schwierig, dies in einem öffentlichen Vertrag zu tun, ohne den Mitarbeitenden die Möglichkeit zum »Austricksen des Systems« zu geben. Manchmal ist eine von Algorithmen gesteuerte Gesellschaft einfach nicht ausreichend gut.

Zum Glück gibt es eine mittlere Lösung, die das Beste beider Welt in sich vereint: Richter:innen. An einem gewöhnlichen Gericht haben sie weitgehend unbegrenzte Machtbefugnisse und der Prozess der Urteilsfindung hat keine besonders gute Schnittstelle, denn Menschen müssen eine Klage einreichen, ziemlich lange auf den Prozess warten, bis dann schließlich der Richter ein Urteil fällt, das vom Rechtssystem durchgesetzt wird – das selbst kein Musterbeispiel an Schnelligkeit ist. Private Schlichtung ist oftmals billiger und schneller als der Rechtsweg, aber auch hier sind die Probleme dieselben. Ein Smart Contract für ein Beschäftigungsverhältnis könnte folgendermaßen aussehen:

```
if says(B,»A hat die Arbeit erledigt«) or says(J, »A hat
   die Arbeit erledigt”):
send(200, A)
else if says(A,«A hat die Arbeit nicht erledigt”) or
   says(J,»A hat die Arbeit nicht erledigt«):
send(200, B)
```

`says` ist ein Signatur-Überprüfungsalgorithmus, `says(P,T)` checkt im Wesentlichen, ob jemand eine Nachricht mit Text T und eine digitale Signatur, die wiederum checkt, ob Ps öffentlicher Schlüssel verwendet wurde, übermittelt hat. Wie also funktioniert dieser Kontrakt? Zunächst einmal würde der/die Arbeitgeber:in 200 Währungseinheiten an den Vertrag schicken, wo sie treuhänderisch verwahrt würden. In den meisten Fällen sind Arbeitgeber:innen und Mitarbeitende ehrlich, sodass entweder A kündigt und das Geld zur Rückerstattung an B freigibt, indem Letztere:r eine Nachricht mit »A hat die Arbeit nicht erledigt« unterschreibt, oder A erledigt die Arbeit, B überprüft, dass A die Arbeit erledigt hat, und der Kontrakt gibt daraufhin das Geld an A frei. Wenn A allerdings die Arbeit erledigt und B anderer Meinung ist, dann obliegt es Richter:in J, zu entscheiden, ob A die Arbeit erledigt oder nicht erledigt hat.

Beachten Sie, dass Js Macht eng begrenzt ist: J hat das Recht, festzustellen, ob A die Arbeit erledigt oder nicht erledigt hat. Ein komplexerer Kontrakt würde J vielleicht auch das Recht geben, Urteile in dem Bereich zwischen den beiden Extremen zu fällen. J hat nicht das Recht zu sagen, dass A eigentlich 600 Währungseinheiten verdienen würde oder dass das ganze Verhältnis rechtswidrig sei und J die 200 Einheiten bekommen sollte, oder irgendetwas anderes, was außerhalb der klar definierten Zuständigkeit liegt. Und Js Macht wird per Factum durchgesetzt – der Vertrag enthält Js öffentlichen Schlüssel, folglich geht das Geld in Abhängigkeit von den Grenzen (der Zuständigkeit) automatisch an A oder an B. Der Vertrag kann sogar – übereinstimmende – Nachrichten zweier von drei Richter:innen verlangen, oder kann verschiedene Richter:innen über verschiedene Aspekte der Arbeit urteilen lassen und ausgehend von diesen Beurteilungen

Bs Arbeit automatisch einen Qualitäts-Score zuweisen. Jeder Kontrakt kann jede:n Richter:in genau in jener Weise einbeziehen, wie es gewollte ist – sei es, um die (Un-)Wahrheit einer spezifischen Behauptung zu beurteilen, eine Variable zu messen oder als eine die Vereinbarung unterstützende Partei.

Inwiefern dürfte dies dem gegenwärtigen System überlegen sein? Kurzum: Dadurch werden »Richter:innen als eine Dienstleistung« eingeführt. Heute muss man, um »Richter:in« zu werden, von einem privaten Streitschlichtungsunternehmen oder einem staatlichen Gericht eingestellt werden oder sein eigenes Unternehmen gründen. In einem Factum-Rechtssystem auf kryptografischer Basis muss man für das Amt als Richter:in lediglich einen öffentlichen Schlüssel und einen Computer mit Internetzugang zur Verfügung haben. Auch wenn es sich kontraintuitiv anhört, müssen nicht alle Richter:innen profunde juristische Kenntnisse besitzen. Einige können sich zum Beispiel auf die Beurteilung der Frage konzentrieren, ob ein Produkt ordnungsgemäß versendet wurde (idealerweise würde dies das Postsystem tun). Andere Richter:innen können überprüfen, ob Arbeitsverträge erfüllt wurden. Wieder andere würden die Höhe des zu zahlenden Schadensersatzes bei Versicherungsverträgen abschätzen. Es würde den Verfasser:innen der Kontrakte obliegen, Richter:innen jedes beliebigen Typs an den geeigneten Stellen im Kontrakt einzusetzen, und der Teil des Kontakts, der rein mithilfe eines Computercodes definiert werden kann, wird dies auch werden.

Und damit hat es sich.

ÜBER SILOS

Ethereum-Blog, 31. Dezember 2014

Viele Menschen haben am gegenwärtigen Zustand des Kryptowährungsraums u. a. kritisiert, dass es zu einer immer stärkeren Fragmentierung komme. Was früher vielleicht einmal eine enger verbundene Community war, die darauf eine gemeinsame Bitcoin-Infrastruktur entwickeln wollte, sei heute in zunehmendem Maße eine Sammlung von Silos, unverbundenen Projekten, die an ihren jeweils eigenen Themen arbeiteten. Es gibt eine Reihe von Entwickler:innen und Forscher:innen, die entweder für Ethereum oder als Freiwillige an Ideen arbeiten und die viel Zeit mit dem Austausch mit der Ethereum-Community verbringen. Sie sind zu einer Gruppe zusammengewachsen, die sich um die Weiterentwicklung unserer speziellen Vision bemüht. Ein anderes, quasi-dezentrales Kollektiv, BitShares, fokussiert sich auf eine eigene Vision, wobei es mit seiner speziellen Kombination aus DPOS[3], marktgebundenen Vermögenswerten und einer Vision der Blockchain als dezentrale autonome Körperschaft politische Ziele eines marktwirtschaftlichen Libertarismus und einer vertragsfreien Gesellschaft verwirklichen will. Blockstream, das Unternehmen hinter »side chains«, hat in ähnlicher Weise eine Gruppe Leute angezogen, die ihre eigenen Visionen und Agenden verfolgen – was auch für Truthcoin, MaidSafe, NXT und viele andere gilt. Von Bitcoin-Maximalist:innen und Sidechains-Anhänger:innen wird oft das Argument vorgebracht, dass diese Fragmentierung dem Kryptowährungs-Ökosystem schade – statt, dass jede:r einen eigenen Weg gehe und um User konkurriere, sollten wir alle zusammenarbeiten und unter dem gemeinsamen Bitcoin-Banner kooperieren. Fabian Brian Crain fasst es folgendermaßen zusammen:

> Ein aktuelles Ereignis, das die Diskussion noch weiter angefacht hat, ist die Veröffentlichung des Side-Chain-Proposal. Sidechains liegt die Idee zugrunde, die vertrauensfreie Innovation von Altcoins zu erlauben, während man ihnen die gleiche monetäre Basis, Liquidität und Miningkapazität wie dem Bitcoin-Netzwerk anbietet.
>
> Für die Befürworter:innen dieser Idee stellt dies ein äußerst wichtiges Unterfangen dar, um das Kryptowährungs-Ökosystem hinter seinem erfolgreichsten Projekt zu versammeln und auf der bereits vorhandenen Infrastruktur und dem Ökosystem aufbauen zu können, statt die Kräfte in 100 verschiedene Richtungen zu zerstreuen.

Selbst diejenigen, die den Bitcoin-Maximalismus ablehnen, sehen darin ein vernünftiges Argument, aber auch wenn die Kryptowährungs-Community sich nicht geschlossen hinter dem Banner »Bitcoin« scharen sollte, könnte man behaupten, dass wir alle irgendwie zusammenstehen und auf ein einheitlicheres Ökosystem hinarbeiten sollten. Wenn Bitcoin nicht hinreichend leistungsfähig ist, um ein langfristig tragfähiges Grundgerüst für unsere Lebensgestaltung, die Krypto-Welt und den Rest bereitzustellen, warum sollten wir dann nicht einen besseren und skalierbareren dezentralen Computer konstruieren und alles darauf aufbauen? Hypercubes *scheinen* so leistungsfähig zu sein, dass man mit guten Gründen ein Maximum von ihnen erwarten kann, wenn man die Sorte Mensch ist, die Konzepte des Typs »ein X, um sie alle zu steuern« intuitiv ansprechend findet. Die Mitglieder von BitShares, Blockstream und anderen Silos denken oft das Gleiche von ihren eigenen speziellen Lösungen, unabhängig davon, ob sie auf Merged Mining, DPOS plus BitAssets oder was auch immer basieren.

Warum also nicht? Wenn es tatsächlich einen Konsensmechanismus gibt, der am besten funktioniert, warum sollten wir dann nicht die verschiedenen Projekte zusammenführen, den besten dezentralen Computer entwickeln, um ihn als Basis für die Krypto-Ökonomie zu nutzen und gemeinsam unter einem einheitlichen System weiterzumachen? In mancher

Hinsicht erscheint dies ein nobler Gedanke, denn eine »Fragmentierung« hat zweifellos unerwünschte Effekte. Gleichzeitig ist es nur natürlich, dass »Zusammenarbeit« als etwas Positives angesehen wird. Tatsächlich aber ist mehr Kooperation zwar zweifellos nützlich – und dieser Blog-Post wird später beschreiben, wie und warum –, aber Wünsche nach einer extremen Konsolidierung oder einer »der Gewinner bekommt alles«-Vorgehensweise sind zum größten Teil *genau das Falsche*. Denn Fragmentierung ist nicht *nur* schlecht, sie ist unvermeidlich und vermutlich der einzige Weg, wie sich dieser Raum einigermaßen gut entwickeln kann.

Sich mit anderen Meinungen abfinden

Wie kam es zur Fragmentierung und warum sollten wir sie weiterhin zulassen? Die Antwort auf die erste und zugleich die zweite Frage ist einfach: Wir fragmentieren, weil wir nicht derselben Meinung sind. Nehmen wir insbesondere die folgenden Standpunkte, von denen ich selbst überzeugt bin, die aber in vielen Fällen deutlich von den Philosophien vieler anderer Menschen und Projekte abweichen:

- Ich halte schwache Subjektivität[4] für kein großes Problem. Mit viel höheren Graden von Subjektivität und intrinsischer Abhängigkeit von sozialem Konsens außerhalb von Protokollen fühle ich mich nach wie vor unwohl.
- Ich halte es für eine ökologische und ökonomische Tragödie, dass Bitcoin für seinen Proof-of-Work-Mechanismus jedes Jahr Strom im Wert von 600 Millionen Dollar verschwendet.
- Ich glaube, dass ASICs[5] ein ernstes Problem sind und dass Bitcoin wegen ihnen in den letzten beiden Jahren qualitativ unsicherer geworden ist.
- Meines Erachtens ist Bitcoin (beziehungsweise jede andere Währung mit festgelegter Versorgung) auf eine unverbesserliche Weise zu schwankungsanfällig, als dass die Währung jemals eine stabile Rechnungseinheit werden könnte Ich glaube außerdem, dass der beste Weg zu preisstabilen Kryptowährungen darin bestünde, mit intelligent konzipierten,

flexiblen geldpolitischen Maßnahmen zu experimentieren (also gerade *nicht* »dem Markt« oder »der Bitcoin-Zentralbank«). Allerdings bin ich nicht daran interessiert, die Kryptowährungsgeldpolitik irgendeiner zentralen Kontrolle zu unterwerfen.

- Ich bin erheblich anti-institutioneller/libertärer/anarchistischer eingestellt als einige andere, aber wiederum deutlich weniger als manch andere (und ich bin, im Übrigen, kein österreichischer Ökonom). Grundsätzlich glaube ich, dass die »Wahrheit« bei kontroversen Themen in der Mitte liegt, und ich bin fest davon überzeugt, dass Diplomatie und Zusammenarbeit die Welt zu einem besseren Ort machen können.
- Ich bin nicht dafür, dass es in der Krypto-Ökonomie oder anderorts eine »allesbeherrschende« Währung geben sollte.
- Ich denke, Token-Verkäufe sind ein ausgezeichnetes Tool für eine dezentrale Protokoll-Monetisierung und alle, die das Konzept direkt angreifen, erweisen der Gesellschaft einen Bärendienst, weil sie damit Gefahr laufen, eine »schöne Sache« zu zerstören. Allerdings stimme ich zu, dass das Modell so, wie es von uns und anderen Gruppen bislang implementiert wurde, seine Mängel hat, und dass wir aktiv mit verschiedenen Modellen experimentieren sollten, die Anreizsysteme schlüssiger gestalten wollen.
- Meines Erachtens ist »Futarchie«[6] hinreichend vielversprechend, um es auszuprobieren, insbesondere in einem Blockchain-Governance-Kontext.
- Wirtschaftswissenschaften und Spieltheorie sind meines Erachtens ein Schlüsselelement Krypto-ökonomischer Protokollanalyse, und die größte akademische Schwäche der Kryptowährungs-Community sind, wie ich finde, fehlende Kenntnisse nicht in fortgeschrittener Informatik, sondern in Wirtschaftswissenschaften und Philosophie. Wir sollten öfter lesswrong.com[7] konsultieren.
- Einer der Hauptgründe dafür, dass Menschen in der Praxis dezentrale Technologien (Blockchains, Whisper, DHTs) übernehmen, ist die einfache Tatsache, dass Software-Entwickler:innen faul sind und sich nicht mit den Komplexitäten der Pflege einer zentralen Website herumschlagen wollen.

- Ich halte die »Blockchain als dezentrale autonome Körperschaft«-Metapher für nützlich, aber nicht grenzenlos nutzbar. Insbesondere bin ich der Auffassung, dass wir als Kryptowährungsentwickler:innen diese vielleicht kurze Zeitspanne, in der Kryptowährungen noch eine von Idealist:innen kontrollierte Branche sind, für die Konzeption von Institutionen nutzen sollten, die nutzenbasierte Kennzahlen der gesellschaftlichen Wohlfahrt maximieren, nicht den Gewinn (und nein, sie sind nicht äquivalent).

Es gibt wahrscheinlich äußerst wenige Menschen, die mit mir in sämtlichen gelisteten Punkten einer Meinung sind. Und nicht nur ich selbst habe meine ureigenen Überzeugungen. Betrachten wir, als weiteres Beispiel, die Tatsache, dass der CTO von Open Transactions, Chris Odom, Sätze wie die Folgenden sagt:

> Auf Vertrauen basierende Entitäten müssen notwendigerweise durch Systeme kryptografischer Beweise ersetzt werden. Jede Entität in der Bitcoin-Community, der man Vertrauen entgegenbringen muss, wird verschwinden, wird nicht mehr existieren … Satoshis Traum war es, [vertrauensbasierte] Entitäten vollständig zu beseitigen, Risiken entweder vollständig auszuschalten oder die Risiken so zu verteilen, dass sie praktisch eliminiert werden.

Unterdessen verspüren manch andere das Bedürfnis, Sätze wie diese zu sagen:

> Anders formuliert, müssen kommerziell tragfähige Netzwerke mit verminderter Vertrauensanforderung die Welt nicht vor Plattformbetreiber:innen schützen, sondern vielmehr müssen die Plattformbetreiber:innen zum Wohle der Plattform-User vor der Welt beschützt werden.

Wenn Sie den hauptsächlichen Nutzen von Kryptowährungen in der Abwendung staatlicher Regulierung sehen, dann ergibt auch das zweite Zitat Sinn, jedoch unterscheidet sich dieser grundlegend von der ursprünglichen

Aussageintention seines Urhebers – aber auch dies zeigt nur einmal mehr, wie verschieden die Meinungen sind. Manche sehen in Kryptowährungen eine kapitalistische Revolution, andere sehen darin eine Revolution der Gleichheit und wieder andere sehen darin alles Mögliche dazwischen. Manche halten den Konsens zwischen Menschen für etwas Fragiles und Korrumpierbares, und Kryptowährungen für ein Hoffnungszeichen, das Konsens durch faktenbasierte Mathematik ersetzen kann; andere halten den Konsensmechanismus bei Kryptowährungen für eine bloße Erweiterung des menschlichen Konsenses, der durch Technologien effizienter gemacht wurde. Einige sind der Meinung, der beste Weg zum Erhalt von Krypto-Assets mit Dollar-Parität seien Programme für Dual-Coin-Finanzderivate; andere halten es für einfacher, in Blockchains Ansprüche auf reale Vermögenswerte zu repräsentieren (und wieder andere denken, Bitcoin werde über kurz oder lang aus eigener Kraft stabiler als der Dollar sein). Manche sind der Meinung, Skalierbarkeit werde am besten durch »Aufskalierung« erreicht, während wiederum andere »Ausskalierung« für die letztlich überlegene Option ansehen.

Selbstverständlich sind viele dieser Fragen ihrem Wesen nach politischer Natur und manche betreffen öffentliche Güter; in diesen Fällen ist »leben und leben lassen« nicht immer eine praktikable Lösung. Wenn eine bestimmte Plattform negative Externalitäten ermöglicht oder droht, die Gesellschaft suboptimal aus dem Gleichgewicht zu bringen, dann kann man nicht einfach mithilfe einer eigenen Plattform aus dem Ganzen »aussteigen«. In diesen Fällen mag irgendeine Art von Netzwerkeffekt-getriebene beziehungsweise in Extremfällen eine vom 51-Prozent-Angriff getriebene Zensur notwendig sein.[8] In manchen Fällen beziehen sich Meinungsverschiedenheiten auf private Güter, und sie sind hauptsächlich eine Frage empirischer Überzeugungen. Wenn ich glaube, dass der SchellingDollar der beste Plan für Preisstabilität ist, aber andere Seigniorage Shares oder NuBits vorziehen, dann wird sich nach ein paar Jahr(zehnt)en zeigen, dass ein Modell besser funktioniert; es wird die Konkurrenz verdrängen und damit hat es sich.

In anderen Fällen jedoch werden die Meinungsverschiedenheiten auf andere Weise beigelegt: Es wird sich herausstellen, dass die Eigenschaften einiger Systeme besser für einige Anwendungen geeignet sind, während andere Systeme besser für andere Anwendungen geeignet sind – alles wird sich auf natürliche Weise auf jene Anwendungsfälle spezialisieren, bei denen es am besten funktioniert. Eine Reihe von Kommentator:innen hat darauf hingewiesen, dass Banken ein von anonymen Knoten gesteuertes Netzwerk für dezentrale Konsensanwendungen in der Mainstream-Finanzwelt wahrscheinlich nicht akzeptieren werden, da dürfte also etwas Ähnliches wie Ripple nützlicher sein. Für Silk Road 4.0 ist jedoch die entgegengesetzte Vorgehensweise der einzig richtige Weg – und für alles dazwischen ist es immer wieder eine Kosten-Nutzen-Analyse. Wenn sich User Netzwerke wünschen, die spezifische Funktionen hoch effizient ausführen können, dann wird es Netzwerke dafür geben, und wenn User ein Universalnetzwerk mit einem hohen Netzwerkeffekt zwischen On-Chain-Anwendungen wollen, dann wird es auch dieses geben. David Johnston weist darauf hin, dass Blockchains Programmiersprachen gleichen: Sie haben jeweils ihre besonderen Eigenschaften, und nur wenige Entwickler:innen halten mit quasi religiöser Überzeugung ausschließlich an einer Sprache fest – vielmehr wird jeweils die genutzt, die sich am besten für die konkreten Fälle eignet.

Raum für Kooperation

Wie bereits erwähnt bedeutet dies jedoch nicht, dass wir einfach unseren eigenen Weg gehen und versuchen sollten, alle anderen zu ignorieren oder – schlimmer noch – aktiv zu sabotieren. Selbst wenn sich all unsere Projekte notwendigerweise auf verschiedene Ziele spezialisieren, gibt es trotzdem vielfältige Gelegenheiten für die Reduktion von doppelt getaner Arbeit und für mehr Kooperation. Dies gilt für zahlreiche Ebenen. Schauen wir uns zunächst ein Modell des Kryptowährungs-Ökosystems an – beziehungsweise eine Vision dessen, wie es vielleicht in ein bis fünf Jahren aussehen könnte:

Schicht						
Schicht 5: DApps	Swarm	Storj	Cloud Computing	Mesh Networking	Open-Bazaar	DAOs/ DACs]
Schicht 4: Browser	Mist	Maelstrom	OmniWallet			
Schicht 3: Interop	Börse	Atomare Transaktion	Chain-übergreifender Nachrichten-austausch			
Schicht 2a: Blockchain-Dienste	Zeitstempel	Smart Contract	Schicht 2b: Off-Chain-Dienste	Reputation/ WoT		
	Name registry	Dezentralisiertes Oracle #		Messaging	DHT/ Dateisytem	
Schicht 1: Ökonomik	Unabhängige Token	Token des übergeordneten Konsens-mechanismus	Sidechain externer Token	Stablecoin und VolCoin (exogen/ endogen)	Nichthandel-barer Status	
Schicht 0: Konsens	BTC-Meta-protokoll	BTC-Merge-Mine	Unabhängige Kette (PoW/PoS/ DPoS)	ETH-Vertrag	Datenver-fügbarkeit Schelling-Abstimmung	Subjektiver Konsens

Ethereum ist auf praktisch jeder Schicht (»Layer«) präsent:

- Konsens: Ethereum-Blockchain, Datenverfügbarkeit Schelling-Abstimmung (vielleicht für Ethereum 2.0)
- Ökonomik: Ether, ein unabhängiges Token, sowie Erforschung von Stablecoin-Vorschlägen
- Blockchain-Dienste: Name Registry
- Off-Chain-Dienste: Whisper (Nachrichtenversand), Web of Trust (in der Entwicklung)
- Interop: BTC-zu-Ether-Brücke (im Aufbau)
- Browser: Mist

Betrachten wir jetzt einige andere Projekte, die ganzheitliche Ökosysteme irgendeiner Art aufbauen wollen.

BitShares hat zumindest:

- Konsens: DPOS
- Ökonomik: BTSX und BitAssets
- Blockchain-Dienste: BTS dezentrale Börse
- Browser: BitShares Client (wenn auch nicht ganz ein Browser mit demselben Konzept)

MaidSafe hat:

- Konsens: SAFE Network
- Ökonomik: Safecoin
- Off-Chain-Dienste: Verteilte Hash-Tabelle (DHT), MaidSafe Drive

BitTorrent hat seine Pläne für Maelstrom angekündigt, ein Projekt, das einem ähnlichen Zweck dienen soll wie Mist, wenngleich es seine eigene (nicht Blockchain-basierte) Technologie präsentiert. Im Allgemeinen bauen alle Kryptowährungsprojekte von sich aus Blockchain, Währung und Client auf, auch wenn Forking (Gabelung) eines einzelnen Clients in den weniger innovativen Fällen weit verbreitet ist. Namensregistrierungs- und Identitäts-Management-Systeme gibt es jetzt wie Sand am Meer. Und selbstverständlich erkennt so gut wie jedes Projekt, dass es eine Reputation und ein Web of Trust benötigt.

Stellen wir uns doch mal im nächsten Schritt eine alternative Welt vor: Statt einer Gesamtheit von feinsäuberlich getrennten, vertikal integrierten Ökosystemen, wobei wobei jedes für alles seine eigenen Komponenten anfertigt, stellen wir uns eine Welt vor, in der man sich mithilfe von Mist Zugang zu Ethereum, BitShares, MaidSafe oder einem anderen großen dezentralen Infrastrukturnetzwerk verschaffen könnte. Neue dezentrale Netzwerke ließen sich ähnlich wie Plug-ins für Flash und Java in Chrome und Firefox installieren. Stellen wir uns weiter vor, die Reputationsdaten in dem Web of Trust für Ethereum könnten auch in anderen Projekten verwendet werden. Stellen wir uns vor, Storj würde in Maelstrom als DApp[9] laufen und dabei MaidSafe für ein Datenspeicher-Backend und die Ethereum-Blockchain zur Verwaltung der Kontrakte nutzen, die einen Anreiz für kontinuierliche Speicherung und Downloads bieten würden. Stellen wir uns vor, Identitäten wären über beliebige Krypto-Netzwerke automatisch übertragbar, solange sie die gleichen zugrunde liegenden kryptografischen Algorithmen anwenden (z. B. ECDSA + SHA3).

Die zentrale Erkenntnis hier lautet: Obwohl einige der Layer im Ökosystem untrennbar miteinander verbunden sind – so wird zum Beispiel eine einzelne DApp oft einem einzelnen spezifischen Dienst auf der Ethereum-Blockchain entsprechen –, lassen sich die Layer in vielen Fällen leicht so designen, dass sie viel modularer sind, was jedem Produkt auf jeder Layer erlaubt, auf der Basis seiner eigenen Vorzüge gesondert zu konkurrieren. Browser sind vielleicht die Komponente, die sich am leichtesten abtrennen lassen; die meisten halbwegs ganzheitlichen niederschichtigen Blockchain-Dienste-Sets haben ähnliche Anforderungen bezüglich der auf ihnen nutzbaren Anwendungen, weshalb es sinnvoll ist, wenn jeder Browser alle Plattformen unterstützt. Off-Chain-Dienste sind auch ein Ziel für Abstraktion; jede dezentrale Applikation sollte unabhängig davon, welche Blockchain-Technologie sie nutzt, frei sein, Whisper, Swarm, IPFS oder jedes beliebige andere Serviceprogramm, das sich Entwickler:innen einfallen lassen, zu nutzen. On-Chain-Dienste wie eine Datenbereitstellung lassen sich theoretisch so konzipieren, dass sie mit zahlreichen Ketten interagieren können.

Außerdem gibt es eine Menge Gelegenheiten, in der Grundlagenforschung und in der Entwicklung zusammenzuarbeiten. Über Proof of Work, Proof of Stake, stabile Währungssysteme und Skalierbarkeit sowie andere schwierige Probleme der Krypto-Ökonomik könnte weitaus offener diskutiert werden, sodass die verschiedenen Projekte besser über die Entwicklungen der jeweils anderen informiert wären und davon profitieren könnten. Zugrunde liegende Algorithmen und Best Practices in Bezug auf Netzwerkschichten, kryptografische Algorithmusimplementierungen und andere niederschichtige Komponenten können und sollten geteilt werden. Interoperabilitätstechnologien sollten entwickelt werden, um den leichten

Austausch und die Interaktion zwischen Diensten und dezentralen Entitäten auf einer anderen Plattform zu fördern. Die »Cryptocurrency Research Group« ist eine Initiative, die wir von Anfang an unterstützen wollen, in der Hoffnung, dass sie wachsen und unabhängig von uns florieren wird, um für diese Art der Kooperation zu werben. Andere Institutionen können diesen Prozess zweifellos unterstützen.

Hoffentlich werden wir in Zukunft viele weitere Projekte sehen, die weitaus modularer als heute gestaltet sind, nur ein oder zwei Schichten des Kryptowährungs-Ökosystems brauchen und eine gemeinsame Schnittstelle anbieten, die jedem Mechanismus auf jeder anderen Schicht die Zusammenarbeit erlaubt. Wenn sich der Kryptowährungsraum weit genug ausdehnt, dann werden sich schließlich auch Firefox und Chrome auf die Verarbeitung dezentraler Anwendungsprotokolle einstellen. Die Realisierung eines solchen Ökosystems ist nichts, was übers Knie gebrochen werden sollte, denn im Moment wissen wir nicht einmal, welche Arten von Blockchain-basierten Diensten die Menschen überhaupt nutzen werden. Daher lässt sich nur schwer sagen, genau welche Art von Interoperabilität tatsächlich nützlich wäre. Zahlreiche Projekte, die sich gegenwärtig im Krypto-2.0-Raum befinden, könnten langfristig erfolgreich werden, was eine »Alles oder nichts«-Mentalität zum jetzigen Zeitpunkt gänzlich unnötig und schädlich macht. Alles, was wir jetzt tun müssen, um uns gut gewappnet auf den Weg in eine verheißungsvolle Zukunft zu machen, ist, mit der Annahme zu leben, dass wir alle unsere eigenen Plattformen aufbauen, die auf unsere eigenen Präferenzen und Parameter zugeschnitten sind – mit dem Wissen, dass sich letzten Endes eine Vielzahl von Netzwerken durchsetzen wird, und wir uns mit dieser Tatsache abfinden werden müssen. Also sollten wir besser gleich mit unserer Vorbereitung darauf beginnen.

Frohes neues Jahr und ich freue mich auf ein aufregendes Jahr 2015 007 Anno Satoshii.

SUPERRATIONALITÄT UND DAOS

Ethereum-Blog, 23. Januar 2015

Viele in der Krypto-2.0-Sphäre haben eine einfache Frage bezüglich des Konzepts der Dezentralen Autonomen Organisation (DAO): Wozu sind DAOs gut? Welchen grundlegenden Vorteil hätte eine Organisation davon, ihr Management und ihre Betriebsabläufe an den Hardcode einer öffentlichen Blockchain zu binden, den sie auf traditionellerem Weg nicht haben könnte? Welche Vorteile bieten Blockchain-Kontrakte gegenüber herkömmlichen Gesellschafterverträgen? Insbesondere: Selbst wenn Gemeinwohlgründe zugunsten transparenter Governance und einer »garantiert von bösen Absichten freien« Governance vorgebracht werden können, stellt sich die Frage des Anreizes für eine einzelne Organisation, sich freiwillig dadurch zu schwächen, dass sie ihren innersten Quellcode offenlegt, in dem ihre Konkurrenten jede einzelne durchgeführte oder auch nur geplante Aktion erkennen könnte, während sie ihrerseits hinter verschlossenen Türen operieren.

Man könnte für eine Antwort viele Wege einschlagen. Für den speziellen Fall von gemeinnützigen Organisationen, die sich bereits ausdrücklich wohltätigen Zwecken verschrieben haben, kann man mit Fug und Recht behaupten, dass es keine individuellen Anreize für sie gibt; sie widmen sich bereits der Verbesserung der Welt, mit nur geringen oder ohne finanzielle Gewinne für sich selbst. Für Privatunternehmen kann man das informationstheoretische Argument vorbringen, dass ein Governance-Algorithmus besser funktioniert, wenn, unter ansonsten gleichen Bedingungen, sich alle beteiligen und ihr Wissen und ihre Intelligenz in die Berechnung einbringen – eine recht gut begründete Hypothese, wenn man bedenkt, dass für maschinelles Lernen nachgewiesen wurde, dass sich durch Erhöhung der Datenmenge viel bessere Leistungssteigerungen als durch die Optimierung des Algorithmus erzielen lassen. In diesem Artikel werden wir jedoch einen anderen, spezielleren Weg einschlagen.

Was ist Superrationalität?

In der Spieltheorie und in den Wirtschaftswissenschaften gibt es nach verbreiteter Auffassung viele Arten von Situationen, in denen Menschen in Gruppen auf zweierlei verschiedene Weise miteinander interagieren können: Entweder sie »kooperieren« miteinander oder sie »defektieren« (lehnen die Zusammenarbeit ab), sodass alle mit Kooperation besser dastehen würden, aber unabhängig vom Verhalten anderer jede:r Einzelne besser dastehen würde, wenn er oder sie defektierte. Folglich, so heißt es weiter, wird schließlich jede:r defektieren – die individuelle Rationalität der Einzelnen führt also zum schlimmstmöglichen kollektiven Ergebnis. Das geläufigste Beispiel hierfür ist das berühmte Spiel des Gefangenendilemmas.

Da viele Leser:innen das Gefangenendilemma vermutlich schon kennen, werde ich der Sache dadurch etwas mehr Würze verleihen, dass ich Eliezer Yudkowskys ziemlich schräge Version des Spiels wiedergebe:

> Nehmen wir an, dass vier Milliarden Menschen – nicht die gesamte Menschheit, aber ein beträchtlicher Teil dessen – an einer tödlichen Krankheit litten, die nur durch die Substanz S geheilt werden kann.
>
> Allerdings kann Substanz S nur produziert werden, wenn man mit [einer seltsamen KI aus einer anderen Dimension (zusammenarbeitet), deren einziges Ziel aus der Maximierung der Menge an Büroklammern besteht] – Substanz S kann *auch* zur Produktion von Büroklammern verwendet werden. Der Büroklammer-maximierenden KI geht es aber nur um die Anzahl der Büroklammern in ihrer eigenen Welt, nicht in unserer, sodass wir ihr nicht die Produktion hier anbieten können oder

mit der Vernichtung von Büroklammern drohen können. Wir hatten zuvor noch nie Kontakt zu der KI, und es wird unsere einzige Interaktion bleiben. Sowohl die Menschheit als auch die KI bekommen nur eine einzige Chance, sich eine zusätzliche Menge der Substanz S unmittelbar vor dem Zusammenbruch der dimensionale Verbindung zu verschaffen – aber im Verlauf des Beschaffungsprozesses wird ein Teil der Substanz S zerstört.

Die Auszahlungsmatrix sieht folgendermaßen aus:

	Menschen kooperieren	**Menschen defektieren**
KI kooperiert	2 Milliarden Menschenleben gerettet 2 Büroklammern gewonnen	3 Milliarden Menschenleben gerettet 0 Büroklammern gewonnen
KI defektiert	0 Menschenleben gerettet 3 Büroklammern gewonnen	1 Milliarde Menschenleben gerettet 1 Büroklammer gewonnen

Aus unserer Sicht ist es von einem praktischen und in diesem Fall auch moralischen Standpunkt aus sinnvoll, dass wir defektieren; eine Büroklammer in einer anderen Welt kann unmöglich so viel wert sein wie eine Milliarde Menschenleben. Aus Sicht der KI führt Defektieren immer zu einer zusätzlichen Büroklammer, und ihr Code weist dem menschlichen Leben einen Wert von genau null zu. Daher wird sie defektieren. Allerdings ist das Ergebnis so letztlich für beide Parteien eindeutig schlechter, als wenn Menschen und KI zusammenarbeiten würden – wenn andererseits die KI kooperieren würde, könnten wir durch unser Defektieren noch mehr Menschenleben retten. Dasselbe gilt für die KI, wenn wir kooperieren würden.

In der realen Welt werden viele Gefangenendilemmata mit zwei Parteien im kleinen Maßstab durch den Mechanismus des Aushandelns und die Fähigkeit des Rechtssystems, Verträge und Gesetze durchzusetzen, gelöst. Wenn es einen Gott gäbe, der absolute Macht über beide Welten hätte, sich aber nur für die Einhaltung geschlossener Vereinbarungen interessieren würde, dann könnten Menschen und die KI im vorliegenden Fall einen Kooperationsvertrag unterzeichnen und den Gott bitten, beide gleichzeitig vom Defektieren abzuhalten. Wenn kein Vorvertrag geschlossen werden kann, bestrafen Gesetze einseitiges Defektieren. Allerdings gibt es nach wie vor viele Situationen – vor allem, wenn viele Parteien beteiligt sind –, in denen sich Gelegenheiten zum Defektieren bieten:

- Alice verkauft Zitronen auf einem Markt, aber sie weiß, dass ihre gegenwärtige Charge von schlechter Qualität ist und dass Kunden sie beim Versuch, sie zu verwerten, wegwerfen werden. Sollte sie sie trotzdem verkaufen? (Beachten Sie, dass dies die Art von Marktplatz ist, auf dem es so viele Verkäufer:innen gibt, dass man keinen Überblick über die Reputationen behalten kann). Erwarteter Gewinn für Alice: 5 Dollar Erlös pro Zitrone – 1 Dollar Transport- und Lagerkosten = 4 Dollar. Erwartete Kosten für die Gesellschaft: 5 Dollar Erlös – 1 Dollar Kosten – 5 Dollar verschwendetes Geld des Kunden = –1 Dollar. Alice verkauft die Zitronen.
- Sollte Bob 1000 Dollar für die Bitcoin-Entwicklung spenden? Erwarteter Gewinn für die Gesellschaft: 10 Dollar × 100 000 Menschen – 1000 Dollar = 999 000 Dollar. Erwarteter Gewinn für Bob: 10 Dollar – 1000 Dollar = –990 Dollar. Also spendet Bob nicht.
- Charlie fand einen fremden Geldbeutel mit 500 Dollar. Sollte er ihn zurückgeben? Erwarteter Gewinn für die Gesellschaft: 500 Dollar (für den/die Empfänger:in) – 500 Dollar (Charlies Verlust) + 50 Dollar (immaterieller Gewinn für die Gesellschaft, dadurch, dass alle sich etwas weniger Sorgen um die Sicherheit ihres Portemonnaies machen müssen). Erwarteter Gewinn für Charlie: 500 Dollar, also behält er den Geldbeutel.
- Sollte David die Kosten in seiner Fabrik senken, indem er Giftmüll in einem Fluss entsorgt? Erwarteter Gewinn für die Gesellschaft: 1000 Dollar Einsparungen – 10 Dollar durchschnittlich erhöhte medizinische Behandlungskosten × 100 000 Menschen = –999 000 Dollar, erwarteter Gewinn für David: 1000 Dollar – 10 Dollar = 990 Dollar, also verschmutzt er die Umwelt.

- Eve entwickelte ein Heilmittel für eine bestimmte Krebsart, dessen Produktionskosten pro Einheit 500 Dollar betragen. Sie kann es für 1 000 Dollar verkaufen, sodass es sich 50 000 Krebspatient:innen leisten können, oder für 10 000 Dollar, sodass es sich 25 000 Krebspatient:innen leisten können. Sollte sie zum höheren Preis verkaufen? Erwarteter Gewinn für die Gesellschaft: –25 000 Menschenleben (einschließlich Eves Profit, der die Verluste der wohlhabenderen Käufer:innen wettmacht). Erwarteter Gewinn für Eve: 237,5 Millionen Dollar Profit statt 25 Millionen Dollar = 212,50 Millionen Dollar, Eve verlangt also den höheren Preis.

Selbstverständlich handeln Menschen in vielen dieser Fälle mitunter moralisch und kooperieren, obwohl dies ihre persönliche Situation weniger verbessert. Warum aber tun wir dies? Wir sind Produkte der Evolution, die im Allgemeinen eine eher egoistische Optimiererin ist. Es gibt viele Erklärungen. Eine, und es ist diejenige, auf die wir uns konzentrieren werden, stützt sich auf das Konzept der Superrationalität.

Superrationalität

Betrachten Sie die folgende Erklärung David Friedmans über Tugendhaftigkeit:

> Ich beginne mit zwei Feststellungen über Menschen. Erstens: Es besteht ein enger Zusammenhang zwischen dem, was in- und außerhalb unserer Köpfe geschieht. Mimische Ausdrücke, Körperhaltungen und eine Vielzahl anderer Zeichen vermitteln uns zumindest eine Ahnung von den Gedanken und Gefühlen unserer Freunde. Zweitens: Unsere intellektuellen Fähigkeiten sind begrenzt – wir können in der Zeit, die uns für eine Entscheidung zur Verfügung steht, nicht sämtliche Optionen abwägen. Im Computerjargon ausgedrückt, sind wir in Echtzeit arbeitende Maschinen mit begrenzter Rechenleistung. Angenommen, ich will, dass Menschen glauben, ich hätte bestimmte Eigenschaften – ich wäre ehr-

lich, freundlich und meinen Freunden gegenüber hilfsbereit. Wenn ich diese Eigenschaften tatsächlich besitze, ist es leicht, sie zum Ausdruck zu bringen – ich tue und sage einfach das, was in meiner Natur zu liegen scheint, ohne meiner Wirkung auf externe Beobachter große Aufmerksamkeit zu schenken. Sie werden auf meine Worte, meine Taten, meine Gesichtsausdrücke achten und einigermaßen zutreffende Schlussfolgerungen ziehen. Angenommen aber, ich hätte diese Eigenschaften nicht. Ich wäre (zum Beispiel) unehrlich. Ich bin normalerweise ehrlich, weil Ehrlichkeit normalerweise in meinem Interesse ist, aber ich bin immer bereit für eine Ausnahme, wenn ich dadurch etwas gewinnen kann. Bei vielen Entscheidungen muss ich jetzt ein doppeltes Kalkül vornehmen. Ich muss, erstens, entscheiden, wie ich mich verhalten will – ob dies zum Beispiel eine gute Gelegenheit zum Stehlen ist, ohne dabei erwischt zu werden. Zweitens muss ich mir überlegen, was ich denken und wie ich mich verhalten, welche Mimik ich zeigen und ob ich mich glücklich oder traurig fühlen würde, wenn ich wirklich die Person wäre, die ich zu sein vorgebe. Wenn ein Computer doppelt so viele Berechnungen durchführen soll, wird er langsamer. Das Gleiche gilt für einen Menschen. Wir sind meistens keine guten Lügner. Wenn dieses Argument zutreffend ist, dann folgt daraus, dass ich wahrscheinlich im engen materiellen Sinne bessergestellt sein würde – zum Beispiel ein höheres Einkommen hätte –, wenn ich tatsächlich ehrlich (und freundlich und …) wäre, als wenn ich dies nur vortäuschte, schlichtweg deshalb, weil authentische Tugendhaftigkeit überzeugender ist als aufgesetzte. Daraus lässt sich folgern, dass ich, wenn ich ein sehr egoistisches Individuum wäre, aus rein egoistischen Gründen ein Interesse daran haben könnte, ein besserer Mensch zu werden – tugendhafter in einer Weise, die andere wertschätzen. Die letzte Stufe der Argumentation ist die Feststellung, dass wir – durch uns selbst, durch unsere Eltern und vielleicht sogar durch unsere Gene – zu besseren Menschen werden können. Menschen können sich selbst gute Gewohnheiten antrainieren – einschließlich der Gewohnheit, automatisch die Wahrheit zu sagen, nicht zu stehlen und liebenswürdig zu ihren Freunden zu sein. Mit genügend Training werden solche Gewohnheiten zu Präferenzen – wenn man »Böses« tut, fühlt man sich schlecht, selbst wenn einem niemand dabei zusieht, also tut man es nicht. Nach einer gewissen Zeit muss man sich nicht einmal mehr bewusst dazu entschließen, nichts »Böses« zu tun. Man könnte diesen Prozess auch als Aufbau eines Gewissens bezeichnen.

Es ist in kognitiver Hinsicht anstrengend, Tugendhaftigkeit in überzeugender Weise vorzutäuschen, wenn man sich jedes Mal, wenn man ungestraft damit davonkommen kann, habgierig verhält. Und daher ist Tugendhaftigkeit für uns sinnvoll. Ein Großteil der antiken Philosophie hat das ähnlich gesehen und sie als kultivierenswerte Gewohnheit betrachtet. David Friedman hat uns lediglich den üblichen Dienst eines Ökonomen erwiesen und die Intuition in leichter analysierbare Formalismen umgewandelt. Lassen Sie uns jetzt diesen Formalismus noch weiter verdichten. Im Kern geht es hier, kurz gesagt, darum, dass Menschen ungewollt transparente (»leaky«) Agent:innen sind – wir legen in jeder Sekunde unseres Handelns indirekt Teile unseres Quellcodes offen. Wenn wir wirklich freundlich sein wollen, verhalten wir uns in einer bestimmten Weise, und wenn wir nur vorgeben, freundlich zu sein, während wir in Wirklichkeit vorhaben, zuzuschlagen, sobald die anderen verwundbar sind, verhalten wir uns anders – und das fällt oftmals auf.

Dies mag wie ein Nachteil klingen, allerdings erlaubt es eine Art der Kooperation, die mit den oben beschriebenen einfachen spieltheoretischen Agent:innen unmöglich war. Angenommen, zwei Agenten, A und B, haben jeweils die Fähigkeit, mit einer gewissen Genauigkeit zu »lesen«, ob der andere »tugendhaft« ist oder nicht, und sie spielen ein symmetrisches Spiel des Gefangenendilemmas. In diesem Fall können die Agent:innen die folgende Strategie anwenden, die wir als tugendhafte Strategie ansehen:

1. Versuche, herauszufinden, ob die andere Partei tugendhaft ist.
2. Wenn die andere Partei tugendhaft ist, kooperiere.
3. Wenn die andere Partei nicht tugendhaft ist, defektiere.

Wenn zwei tugendhafte Agent:innen in Kontakt miteinander kommen, werden beide kooperieren und eine größere Belohnung erhalten. Wenn ein tugendhafter Agent mit einem nichttugendhaften Agenten in Kontakt kommt, wird der tugendhafte Agent defektieren. Daher wird der tugendhafte in allen Fällen mindestens so gut dastehen wie der nichttugendhafte Agent, bzw. oftmals sogar besser. Das ist die Quintessenz von Superrationalität.

So künstlich diese Strategie auch anmuten mag, besitzen menschliche Kulturen doch einige tiefverwurzelte Mechanismen zu deren Umsetzung, insbesondere in Bezug auf misstrauende Agent:innen, die sich große Mühe geben, sich weniger »lesbar« zu machen – man denke nur an den gängigen Spruch, man solle niemandem vertrauen, der keinen Alkohol trinke. Selbstverständlich gibt es auch Menschen, die Freundlichkeit in überzeugender Weise vortäuschen können, während sie in Wirklichkeit jeden Moment defektieren wollen – sie werden Soziopath:innen genannt, und sie sind vielleicht die größte Schwachstelle dieses Systems, wenn es von Menschen implementiert wird.

Zentrale manuelle Organisationen …

Diese Art von superrationaler Kooperation war wohl eine wichtige Grundform der menschlichen Kooperation in den letzten 10 000 Jahren. Sie erlaubt es Menschen, auch in den Fällen ehrlich zueinander zu sein, in denen einfache Marktanreize zu Defektion ermuntern würden. Eines der vielleicht unglücklichsten Nebenprodukte der Entstehung großer, zentralisierter Organisationen in der Moderne liegt darin, dass sie es Menschen ermöglichen, die Fähigkeit anderer, ihre Gedanken zu lesen, wirkungsvoll zu sabotieren, was diese Kooperationsart schwieriger macht.

Die meisten Menschen in der modernen Zivilisation haben beträchtlich davon profitiert – und es indirekt auch finanziert –, dass irgendjemand in einem Drittweltland Giftmüll in einem Fluss entsorgt hat, um Produkte billiger für sie zu produzieren. Allerdings erkennen wir nicht einmal, dass wir indirekt an einer solchen Defektion mitwirken, denn Unternehmen erledigen die schmutzige Arbeit für uns. Der Markt ist so mächtig, dass er sogar unsere eigene Moralität für Arbitragegeschäfte nutzen kann: Er legt die schmutzigsten und unappetitlichsten Arbeiten in die Hände derer, die ihr Gewissen zu den niedrigsten Kosten hintanstellen, und verbirgt dies erfolgreich vor allen anderen. Die Unternehmen können zudem ihre Marketingabteilungen anweisen, ein lächelndes Gesicht als öffentliches Image herzustellen, während sie es einer ganz anderen Abteilung überlassen, potenziellen Kunden zu schmeicheln. Diese zweite Abteilung weiß vielleicht nicht einmal, dass die produzierende Abteilung weniger tugendhaft und nett ist als sie.

Das Internet wurde oft als Lösung für viele dieser organisatorischen und politischen Probleme begrüßt, und tatsächlich versteht es sich ausgezeichnet darauf, Informationsasymmetrien zu verringern und für Transparenz zu sorgen. Allerdings kann es auch manchmal aufgrund der abnehmenden Tragfähigkeit superrationaler Kooperation alles schlimmer machen. So sind wir online als Individuen viel weniger »ungewollt transparent«, weshalb wir hier leichter tugendhaft erscheinen können, während wir in Wirklichkeit schummeln wollen. Dies ist ein Grund dafür, dass Betrugsmaschen online und im Kryptowährungsraum häufiger sind als offline. Zudem könnte es eines der gewichtigsten Argumente gegen die Verlagerung sämtlicher wirtschaftlicher Interaktionen ins Internet sein, wie es der Krypto-Anarchismus anstrebt (ein anderes lautet, dass der Krypto-Anarchismus die Möglichkeit beseitige, unbegrenzt hohe Strafen aufzuerlegen, was eine Menge ökonomischer Mechanismen schwäche).

Ein viel höheres Maß an Transparenz dürfte eine Lösung sein. Individuen sind mittelmäßig »ungewollt transparent«, heutige zentralisierte Organisationen sind weniger undicht, aber Organisationen, in denen beständig und wahllos Informationen veröffentlicht werden, sind sogar noch »undichter« als Individuen. Stellen wir uns eine Welt vor, in der, wenn Sie auch nur anfangen darüber nachzudenken, Ihre:n Freund:in, Geschäftspartner:in oder Partner:in zu beschwindeln, die linke Hälfte Ihres Hippocampus mit einer Wahrscheinlichkeit von einem Prozent rebelliert und eine vollständige Aufzeichnung Ihrer Gedanken gegen eine Belohnung von 7 500 Dollar an Ihr ins Auge gefasstes Opfer schicken wird. So »fühlt« es sich an, dem Leitungsgremium einer »undichten« Organisation anzugehören.

Dies ist im Grunde genommen eine Neuformulierung der Gründungsideologie hinter WikiLeaks. Unlängst ist auch eine incentivierte WikiLeaks-

Alternative, slur.io, noch einen Schritt weiter gegangen. Trotz der Existenz von WikiLeaks gibt es aber noch immer – in vielen Fällen sehr – undurchsichtige zentralisierte Organisationen. Vielleicht wird Incentivierung, in Verbindung mit Vorhersage-ähnlichen Mechanismen, die es Arbeitnehmer:innen ermöglichen, davon zu profitieren, wenn sie Fehlverhalten ihrer Arbeitgeber:in publik machen, die Schleusen für eine größere Transparenz öffnen, aber gleichzeitig können wir auch einen anderen Weg einschlagen: Man kann Organisationen eine Möglichkeit anbieten, um sich freiwillig und radikal, in einem bislang ungekannten Ausmaß, »transparent« und superrational zu machen.

… und DAOs

Als Konzept sind Dezentrale Autonome Organisationen einzigartig, weil ihre Governance-Algorithmen nicht nur »ungewollt transparent«, sondern tatsächlich vollständig öffentlich sind. Das heißt: Während Außenstehende bereits bei lediglich transparenten zentralisierten Organisationen eine grobe Vorstellung von deren Temperament bekommen können, können sie bei einer DAO tatsächlich ihren gesamten Quellcode einsehen. Sie sehen zwar nicht den »Quellcode« der Menschen, die hinter der DAO stehen, aber es gibt Möglichkeiten, den Quellcode einer DAO so zu schreiben, dass er gegenüber einem bestimmten Ziel eine starke Präferenz besitzt, unabhängig von dessen Teilnehmenden. Eine Futarchie, die die durchschnittliche menschliche Lebenserwartung maximiert, wird ganz anders handeln als eine Futarchie, die die Produktion von Büroklammern maximiert, auch wenn genau dieselben Personen an ihrer Spitze stehen. Daher wird es nicht nur so sein, dass die Organisation es für jeden offensichtlich machen wird, wenn ihre Mitglieder anfangen, zu schummeln, sondern es ist sogar für den »Kopf« der Organisation schlicht unmöglich, zu schummeln.

Wie also würde eine superrationale Kooperation mithilfe von DAOs aussehen? Zunächst müssten überhaupt einmal einige DAOs auftauchen. Es gibt einige wenige Anwendungsfälle, bei denen die Erwartung, dass sie erfolgreich sein werden, nicht zu weit hergeholt wirkt: Glücksspiel, Stablecoins, dezentrale Datenspeicherung, eine-ID-pro-Person-Datenbereitstellung, SchellingCoin usw. Wir können diese die »Typ-I-DAOs« nennen: Sie haben einen inneren Zustand, aber nur eine geringe autonome Governance. Sie können niemals mehr tun, als vielleicht ein paar ihrer eigenen Parameter korrigieren, um über PID-Regler, Simulated Annealing oder andere einfache Optimierungsalgorithmen eine Nutzenmetrik zu maximieren. Daher sind sie in einem schwachen Sinne superrational, aber sie sind auch eher beschränkt und »dumm«, weshalb sie oft darauf angewiesen sind, von einem externen Prozess, was in keiner Weise superrational ist, ein Upgrade zu erfahren.

Um weiterzukommen brauchen wir Typ-II-DAOs: DAOs mit einem Governance-Algorithmus, der in der Lage ist, prinzipiell willkürliche Entscheidungen zu treffen. Futarchie, verschiedene Formen der Demokratie und verschiedene Formen der subjektiven außerprotokollarischen Governance (das heißt, dass eine DAO im Fall erheblicher Meinungsverschiedenheiten sich selbst in mehrere Teile repliziert – je ein Teil für jede vorgeschlagene Vorgehensweise –, und jede:r entscheidet, mit welcher Version interagiert wird) sind die einzigen, die wir gegenwärtig kennen, auch wenn wohl in Zukunft andere grundlegende Strategien und intelligente Kombinationen davon auftauchen werden. Sobald DAOs willkürliche Entscheidungen treffen können, werden sie superrationale Handelsgeschäfte nicht nur mit ihren menschlichen Kunden, sondern möglicherweise auch untereinander tätigen können.

Welche Arten von Marktversagen, bei denen die herkömmliche Kooperation nichts erreicht, kann superrationale Kooperation beheben? Probleme im Zusammenhang mit öffentlichen Gütern wohl leider nicht, denn keiner der hier beschriebenen Mechanismen löst das Problem der fehlenden Incentivierung bei einer Vielzahl von Parteien. In diesem Modell machen sich Organisationen deshalb dezentral/»ungewollt transparent«, damit andere ihnen mehr Vertrauen entgegenbringen. Dementsprechend werden Organisationen, die dies nicht tun, von den wirtschaftlichen Vorteilen dieses »Vertrauenskreises« ausgeschlossen. Bei öffentlichen Gütern besteht das ganze Problem darin, dass man niemanden von der Nutzung ausschließen kann, sodass die Strategie versagt. Alles, was mit Informationsasymmetrien zusammenhängt, fällt in diesen Bereich, und er ist tatsächlich groß: Je komplexer eine Gesellschaft wird, umso leichter fällt der Betrug in vielerlei Hinsicht, und umso schwerer wird es, Betrug zu bekämpfen oder auch nur zu durchschauen. Das moderne Finanzsystem ist nur ein Beispiel dafür. Wenn DAOs überhaupt für irgendetwas nützlich sein sollten, dann vielleicht gerade zu diesem Zweck.

DER WERT DER BLOCKCHAIN-TECHNOLOGIE

Ethereum-Blog, 13. April 2015

Eine der Fragen, die vielleicht von zentraler Bedeutung für meine eigene Erforschung der Blockchain-Technologie gewesen ist, lautet: Wofür ist sie letztlich eigentlich nützlich? Wofür brauchen wir Blockchains? Welche Dienste sollten auf Blockchain-ähnlichen Architekturen laufen? Aus welchen Gründen sollten Dienste auf Blockchains laufen, statt weiterhin auf herkömmlichen Servern angesiedelt zu sein? Wie viel Mehrwert liefern Blockchains? Sind sie absolut unentbehrlich, oder sind sie wünschenswert, aber nicht notwendig? Und, was vielleicht am allerwichtigsten ist: Was wird die »Killer-App« sein?

Im Lauf der letzten Monate habe ich viel Zeit damit verbracht, über diese Frage nachzudenken; ich habe sie mit Kryptowährungs-Entwickler:innen, Wagniskapitalfirmen und insbesondere Menschen von außerhalb der Blockchain-Sphäre erörtert, ob nun Bürgerrechtsaktivist:innen, Menschen aus der Finanz- und Zahlungsbranche oder aus irgendeinem anderen Bereich. Dabei bin ich zu einer Reihe wichtiger und bedeutungsvoller Schlussfolgerungen gelangt.

Erstens: Es wird keine »Killer-App« für die Blockchain-Technologie geben. Dafür gibt es einen einfachen Grund: die Doktrin der »low-hanging fruits« (einfach zu erledigende Aufgabe mit hohem Ertrag). Wenn es eine bestimmte Anwendung gäbe, bei der die Blockchain-Technologie für einen erheblichen Teil der Infrastruktur einer modernen Gesellschaft allem anderen deutlich überlegen wäre, dann würde man längst lautstark darüber sprechen. Dies mag sich so ähnlich anhören wie der alte Witz über einen Ökonomen, der einen 20-Dollar-Schein auf dem Boden findet und folgert, dass es eine Fälschung sein müsse, weil er ansonsten schon aufgehoben worden wäre. In diesem Fall aber ist die Situation geringfügig anders: Im Gegenteil zum Dollar-Schein, bei dem die Suchkosten niedrig sind, sodass ein Aufheben des Scheins sinnvoll ist, selbst wenn er nur mit einer Wahrscheinlichkeit von 0,01 Prozent echt ist, sind die Suchkosten hier äußerst hoch – und eine Vielzahl Menschen hat mit einem Anreiz, der sich auf Milliarden Dollar beläuft, bereits danach gesucht. Und bislang hat niemand eine Applikation entwickelt, die ernstlich das Potenzial dazu hätte, alles andere am Horizont zu übertrumpfen.

Tatsächlich kann man mit guten Gründen behaupten, dass das, was jemals »Killer-Apps« am nächsten kommen wird, eben jene Apps sind, die bereits entwickelt, heruntergebetet und bis zum Überdruss bejubelt worden sind: Zensurwiderstand für WikiLeaks und Silk Road. Silk Road, der anonyme Online-Drogenmarktplatz, den die Strafverfolgungsbehörden im Jahr 2013 schlossen, machte in den zweieinhalb Jahren, in denen er in Betrieb war, einen Umsatz von einer Milliarde Dollar; und während die von Zahlungsdienstleistern orchestrierte Blockade gegen WikiLeaks Fortschritte machte, machten Spenden in Bitcoin und Litecoin den Großteil der Plattformeinnahmen aus.[10] In beiden Fällen war der Bedarf offensichtlich und der potenzielle ökonomische Mehrwert sehr hoch – vor Bitcoin blieb einem nichts anderes übrig, als die Drogen persönlich zu kaufen und per Briefpost mit Bargeld an WikiLeaks zu spenden. Bitcoin bedeutete daher einen massiven Zugewinn an Bequemlichkeit, die Gelegenheit wurde folglich umgehend ergriffen. Heute ist dies allerdings weit weniger der Fall und marginale Gelegenheiten in der Blockchain-Technologie lassen sich lange nicht mehr so leicht ergreifen.

Gesamt- und durchschnittlicher Nutzen

Aber bedeutet dies, dass Blockchains ihre maximale Nützlichkeit erreicht haben? Höchstwahrscheinlich nicht. Sie haben den Gipfel ihrer Bedarfsnotwendigkeit (»necessity«) erreicht, in dem Sinne des *maximalen Nutzens pro User*, aber das ist nicht dasselbe wie die maximale Nützlichkeit generell. Obgleich Silk Road für viele der Personen, die den Marktplatz nutzten, unverzichtbar war, ist er selbst für die Community der Substanzgebraucher:innen im Allgemeinen nicht unverzichtbar. So sehr es den Autor dieses Beitrags verwundert, wie es gewöhnliche Menschen schaffen, solche Kontakte herzustellen, haben die meisten Leute doch irgendwie einen »Typen« aufgetan, von dem sie ihr Gras kaufen können. Das Interesse an Marihuana scheint hoch mit dem leichten Zugang zu ihm zu korrelieren. Daher konnte Silk Road im Großen und Ganzen nur für eine kleine Nischengruppe relevant werden. Bei WikiLeaks ist es ähnlich: Der Prozentsatz der Menschen, die sich so stark für die Transparenz von Unternehmen und Behörden interessieren, dass sie Geld an eine umstrittene Organisation spenden, ist im Vergleich zur gesamten Weltbevölkerung nicht sehr groß. Was also bleibt? Kurz gesagt: das lange Verteilungsende (»long tail«).

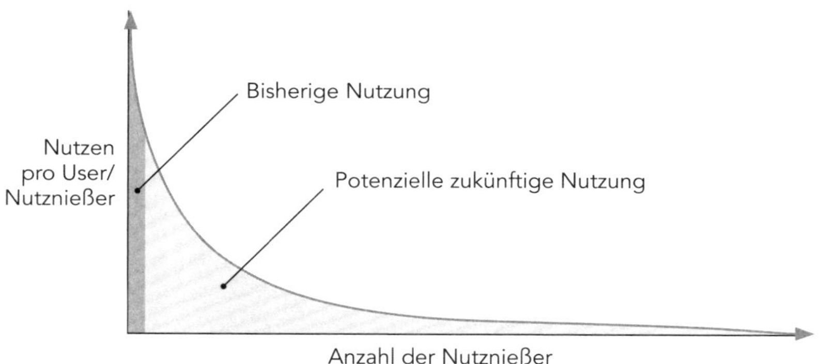

Aber was ist das lange Verteilungsende? Hier wird eine Erklärung schon schwieriger. Ich könnte eine Liste von Anwendungen anführen, die in diesem »langen Ende« enthalten sind. Allerdings sind Blockchains nicht unverzichtbar und sie bieten nicht einmal extrem starke grundlegende Vorteile für alle. Für alle möglichen Fälle können Anhänger:innen der »Blockchain-Anwendungen werden überschätzt, es zählt nur die Bitcoin-Währung«- oder der »die Blockchain-Technologie insgesamt ist nutzlos«-Position mit guten Gründen eine Methode präsentieren, um das Programm genauso leicht auf einem zentralen Server ablaufen zu lassen, die Blockchain-Governance durch einen rechtsverbindlichen Vertrag ersetzen und beliebige weitere Ersetzungen vornehmen, um das Produkt in etwas zu verwandeln, das einem traditionellen System viel ähnlicher ist. Und in diesem Punkt hätten sie völlig recht: Für diesen speziellen Anwendungsfall sind Blockchains nicht unverzichtbar. Und genau darum geht es: Diese Anwendungen stehen nicht an der Spitze der Verteilung, auf einer Ebene mit WikiLeaks und Silk Road, denn wenn sie es täten, wären sie bereits implementiert worden. Im langen Verteilungsende sind Blockchains nicht notwendig, sondern *bequem*. Sie sind nur geringfügig besser als das nächste zur Verfügung stehende Tool. Weil diese Anwendungen aber in weitaus höherem Maße Massenprodukte sind und Hunderte von Millionen User davon profitieren können, ist der Gesamtnutzen für die Gesellschaft (der der Fläche unter der Kurve in dem Schaubild auf Seite 74 entspricht) viel größer.

Die vielleicht beste Analogie zu dieser Argumentation dürfte die folgende rhetorische Frage sein: Was ist die Killer-App von »Open Source«? Quelloffenheit ist aus gesellschaftlicher Sicht eindeutig eine gute Sache und weltweit werden Millionen von Software-Paketen quelloffen entwickelt, dennoch lässt sich diese Frage nur schwer beantworten. Und der Grund ist derselbe: Es gibt keine Killer-App und die Liste an Applikationen hat ein sehr, sehr langes Verteilungsende – im Grunde so gut wie jede denkbare Art von Software, mit einem Schwerpunkt auf niedrigschichtigen Bibliotheken, die von Millionen von Projekten und kritischen kryptografischen Sicherheitsbibliotheken vielfach wiederverwendet werden.

Blockchains, ein weiteres Mal … neu definiert

Was also sind die konkreten Vorteile von Blockchains, die das lange Verteilungsende dennoch rentabel machen? Lassen Sie mich mit meiner gegenwärtigen Definition einer Blockchain beginnen:

> Eine Blockchain ist ein magischer Computer, auf den jede:r selbstausführende Programme hochladen kann, und wo der gegenwärtige sowie alle vorherigen Zustände jedes Programms jederzeit öffentlich sichtbar sind, und der eine sehr starke Krypto-ökonomisch abgesicherte Garantie aufweist, dass Programme, die auf der Chain laufen, weiterhin in genau der gleichen Weise ausgeführt werden, die das Blockchain-Protokoll spezifiziert.

Beachten Sie, was diese Definition NICHT tut:

- Sie verwendet keine finanziell aufgeladenen Termini wie »ledger« (Kassenbuch), »Geld« oder »Transaktionen« beziehungsweise Termini, die auf einen spezifischen Anwendungsfall zugeschnitten sind;
- Sie erwähnt keinen besonderen Konsensalgorithmus und macht keinerlei Aussagen über die technischen Merkmale der Funktionsweise einer Blockchain (bis auf die Tatsache, dass sie »Krypto-ökonomisch« ist, ein Fachbegriff, der annähernd bedeutet: »Sie ist dezentral, sie verwendet zur Authentifizierung Kryptografie mit öffentlichen Schlüsseln und sie nutzt ökonomische Anreize, um sicherzustellen, dass sie fortgeführt wird und nicht in der Zeit zurückgeht oder von einer anderweitigen Störung betroffen ist«);
- Sie nimmt keine Beschränkung auf einen bestimmten Typ von Zustandsübergangsfunktion vor.

Die Definition liefert eine gute Erklärung dessen, was eine Blockchain leistet, und sie erklärt sie auf eine Weise, dass jede:r Software-Entwickler:in zumindest ein intuitives Verständnis von ihrem Nutzenversprechen haben dürfte. In der Praxis ist die Programmiersprache, in der die Programme laufen, manchmal äußerst restriktiv. Die Sprache von Bitcoin kann eine Folge von `DESTROY COIN: <txid> <index> <scriptsig>`-Aussagen, gefolgt von einer Sequenz von `CREATE COIN: <scriptpubkey> <value>`-Aussagen erfordern, wo `<scriptpubkey>` eine beschränkte mathematische Formel ist, `<scriptsig>` eine zufriedenstellende Variablen-Zuweisung an die Formel sein muss (z. B. `{x = 5, y = 7}` erfüllt `2 × x - y = 3`), und wo ein Versuch, einen nichtexistenten Coin zu zerstören oder einen Coin zu zerstören, ohne ein gültiges `scriptsig` für den `scriptpubkey` dieses Coins bereitzustellen, oder ein Versuch, mehr Coin-Wert zu erschaffen, als man zerstört hat, zu einer Fehlermeldung führt. Andere Programmiersprachen wiederum können viel expressiver sein. Es obliegt den Software-Entwickler:innen, zu analysieren, welche Programmiersprache für ihre Aufgabe die Richtige ist, so wie es heute Aufgabe von Software-Entwickler:innen ist, sich zwischen Python, C++, Node.js und Malbolge zu entscheiden.

Was diese Definition außerordentlich gut herausstreicht, ist die Tatsache, dass es bei Blockchains nicht darum geht, der Welt irgendein besonderes Regelwerk zu bringen – sei dies nun eine Währung mit einer Festmengen-Geldpolitik, eine Namensregistrierung mit einer 200-tägigen Registrierungszeit, ein spezielles Design für eine dezentrale Börse oder etwas anderes. Vielmehr geht es darum, sehr schnell einen neuen Mechanismus mit einem neuen Regelwerk zu erschaffen und zu verteilen. Blockchains sind Lego-Mindstorms für den Aufbau wirtschaftlicher und gesellschaftlicher Institutionen.

Dies ist der Kern der eher gemäßigten Version der »nicht die Währung, sondern die Blockchain ist aufregend«-Position, die in der Mainstream-Wirtschaft vorherrschend ist: Tatsächlich ist es so, dass eine Währung notwendig ist, damit die Krypto-ökonomischen Blockchains funktionieren (wenn auch *nicht* Blockchain-ähnliche Datenstrukturen, die dem subjektiven Konsensmodell Stellar folgen), aber die Währung fungiert hier lediglich als ökonomisches Grundgerüst, um einen Anreiz für die Mitwirkung am Konsensmechanismus zu schaffen, Guthaben zu verwahren und Transaktionsgebühren zu zahlen – *nicht* als Mittelpunkt eines Spekulationsfiebers, von Konsumenteninteressen und Begeisterung.

Warum also sind Blockchains nützlich? Zusammengefasst:

- Man kann Daten auf ihnen speichern und diese haben garantiert einen äußerst hohen Verfügbarkeitsgrad.
- Man kann Anwendungsprogramme auf ihnen laufen lassen, die garantiert eine extrem hohe »Uptime« (Betriebszeit) haben.
- Man kann Anwendungsprogramme auf ihnen laufen lassen, die garantiert bis weit in die Zukunft hinein eine extrem hohe Uptime besitzen.
- Sie können Anwendungsprogramme auf ihnen laufen lassen und Ihre User überzeugen, dass die Logik der Anwendung ehrlich ist und hält, was Sie in Ihrer Werbung versprechen.
- Sie können Anwendungsprogramme auf ihnen laufen lassen und Ihre User davon überzeugen, dass Ihre Anwendung auch dann funktionstüchtig bleiben wird, wenn Sie das Interesse an ihrer Wahrung verlieren, Sie bestochen oder bedroht werden, damit Sie den Anwendungszustand irgendwie verändern, oder Sie aus Profitgründen den Anwendungszustand irgendwie verändern wollen.
- Sie können Anwendungen auf ihnen laufen lassen und sich selbst den »Backdoor«-Schlüssel geben, falls dies absolut notwendig ist, *aber* erlegen Sie Ihrem Gebrauch des Schlüssels »verfassungsrechtliche« Beschränkungen auf – indem Sie zum Beispiel verlangen, dass Ihr Software-Update eine einmonatige öffentliche Wartefrist durchläuft, ehe es eingeführt werden kann, oder indem Sie zumindest User über diese Updates sofort informieren.
- Sie können Anwendungen auf ihnen laufen lassen und einem bestimmten Governance-Algorithmus (z. B. Abstimmung, Futarchie, eine komplizierte Mehrkammern-Parlamentsarchitektur) einen Backdoor-Schlüssel geben, und Ihre User davon überzeugen, dass der fragliche spezielle Governance-Algorithmus die Anwendung tatsächlich kontrolliert.
- Sie können Anwendungen auf ihnen laufen lassen, die mit einer Zuverlässigkeit von 100 Prozent miteinander kommunizieren können – selbst wenn die zugrunde liegende Plattform nur eine Zuverlässigkeit von 99,999 Prozent hat.

- Mehrere User oder Unternehmen können Anwendungen auf ihnen laufen lassen, die extrem schnell miteinander wechselwirken können, ohne dass hierfür Netzwerknachrichten erforderlich wären, während sie gleichzeitig sicherstellen, dass jedes Unternehmen die völlige Kontrolle über die eigene Anwendung hat.
- Sie können Anwendungen erstellen, die leicht und effizient die von anderen Anwendungen produzierten Daten nutzen können. (Die Verknüpfung von Zahlungs- und Reputationssystemen ist hier vielleicht der größte Gewinn.)

All diese Aspekte sind indirekt Milliarden Menschen weltweit nützlich, potenziell insbesondere in Regionen, in denen hochentwickelte wirtschaftliche, finanzielle und soziale Infrastrukturen gegenwärtig überhaupt nicht funktionieren (auch wenn die Technologie zur Lösung vieler der Probleme oft mit politischen Reformen verknüpft werden muss). Blockchains stellen diese Funktionen bereit. Sie sind offenkundig von großem Nutzen im Finanzsektor, weil dieser die zugleich rechen- und vertrauensintensivste Branche weltweit ist, aber sie sind auch an vielen anderen Stellen in der Internetinfrastruktur nützlich. Es gibt andere Architekturen, die diese Funktionen ebenfalls bereitstellen können, aber sie sind *geringfügig bis mittelgradig weniger gut* als Blockchains. Gavin Wood nennt diese ideale Computing-Plattform »den Weltcomputer« – ein Computer, dessen Zustand unter allen geteilt wird und an dessen Wartung eine riesige Gruppe Menschen, der sich jeder anschließen kann, beteiligt ist.

Basis-Layer-Infrastruktur

Die mit Abstand größte Gelegenheit, um mit der Blockchain-Technologie Gewinne zu erzielen, sind, wie bei Open Source, »Basis-Layer-Infrastruktur«-Dienste, wie man sie nennen könnte. Als allgemeine Kategorie zeichnen sich diese durch folgende Eigenschaften aus:

- Abhängigkeit – es gibt viele andere Dienste, deren Funktionalität in hohem Maße vom Basis-Layer-Dienst abhängig ist;
- Hohe Netzwerkeffekte – es bringt erhebliche Vorteile mit sich, wenn große Gruppen (oder sogar alle) denselben Dienst nutzen;
- Hohe Umstiegskosten – es ist für die Einzelnen schwierig, zwischen den Diensten zu wechseln.

Man beachte, dass ein hier unberücksichtigtes Anliegen jede Vorstellung von reiner »Notwendigkeit« oder »Wichtigkeit« ist; es kann ziemlich unwichtige Basis-Layers geben (z. B. RSS-Feeds) und wichtige Nichtbasis-Layers (z. B. Nahrung). Basis-Layer-Dienste existieren von jeher, es gab sie sogar schon vor der Entstehung der Zivilisation. In der sogenannten »Höhlenmenschenzeit« war die Sprache der wichtigste Basis-Layer-Dienst von allen. In jüngerer Vergangenheit wurden Straßen, das Rechtssystem sowie das Post- und Verkehrssystem zu wichtigen Beispielen; im 20. Jahrhundert kamen das Telefonnetz und Finanzsysteme hinzu, am Ende des Jahrtausends entstand das Internet. Heute sind die neuen Basis-Layer-Dienste des Internets jedoch fast ausschließlich informationeller Natur: Internetzahlungssysteme, Identität, Domainnamensysteme, Zertifizierungsstellen, Reputationssysteme, Cloud-Computing, verschiedene Arten von Datenfeeds und vielleicht in naher Zukunft auch Prognosemärkte.

In zehn Jahren wird die hochgradig vernetzte und verflochtene Natur dieser Dienste es möglicherweise für Einzelne schwerer machen, zwischen den Systemen als zwischen verschiedenen Staaten zu wechseln – was die Wichtigkeit unterstreicht, dass ihr Governance-Prozess nicht einige wenige private Entitäten mit viel Macht versehen darf. Gegenwärtig werden viele dieser Systeme auf eine hochzentralisierte Weise konzipiert, was zum Teil einfach an der Tatsache liegt, dass das ursprüngliche Design des World Wide Web die Bedeutung dieser Dienste nicht erkannte und keine Voreinstellungen einfügte – und so fordern einen auch heute noch die meisten Websites auf, sich »über Google anzumelden« oder »über Facebook anzumelden«. Und Zertifizierungsstellen werden mit Problemen wie den Folgenden konfrontiert:[11]

- Ein einzelner iranischer Hacker übernahm am Samstag die Verantwortung für den Diebstahl zahlreicher SSL-Zertifikate, die zu einigen der größten Sites des Internets gehören, u. a. Google, Microsoft, Skype und Yahoo.
- Die erste Reaktion von Sicherheitsexpert:innen war durchwachsen; einige schenkten der Behauptung des Hackers Glauben, während andere zweifelten.
- Letzte Woche konzentrierten sich die Spekulationen auf einen staatlich geförderten Angriff, vielleicht von der iranischen Regierung finanziert oder ausgeführt, bei dem ein Zertifikat-Wiederverkäufer, eine Tochtergesellschaft des in den USA ansässigen Unternehmens Comodo, gehackt wurde.
- Am 23. März räumte Comodo den Angriff ein und teilte mit, dass Hacker acht Tage zuvor neun gefälschte Zertifikate für die Anmeldeseiten von Microsofts Hotmail, Googles Gmail, den Internettelefonie- und -chatdienst Skype sowie Yahoo Mail erbeutet hätten. Außerdem wurde ein Zertifikat für die Add-on-Site von Mozillas Firefox abgegriffen.

Warum sollten Zertifikatstellen nicht wieder dezentralisiert werden, zumindest bis zu dem Punkt eines M-of-N-Systems[12]? (Dabei muss man beachten, dass die Argumente für einen viel breiteren Einsatz von M-of-N-Systemen logisch trennbar sind von den Argumenten für Blockchains, aber Blockchains sind zufälligerweise auch eine gute Plattform für M-of-N-Systeme.)

Identität

Schauen wir uns einen speziellen Anwendungsfall wie »Identität auf der Blockchain« an. Was braucht man im Allgemeinen, um eine Identität zu besitzen? Die einfachste Antwort kennen wir bereits: einen öffentlichen und einen privaten Schlüssel. Sie veröffentlichen den öffentlichen Schlüssel, der zu Ihrem Ausweis wird, und Sie signieren digital jede Nachricht, die Sie verschicken, mit Ihrem privaten Schlüssel. Dies erlaubt es allen, zu überprüfen, dass diese Nachrichten tatsächlich von Ihnen stammen (wobei, aus

Sicht der Empfänger:in »Sie« »die Entität, die diesen speziellen öffentlichen Schlüssel besitzt« bedeutet). Dabei gibt es allerdings einige Herausforderungen:

1. Was geschieht, wenn Ihr Schlüssel gestohlen wird und Sie zu einem neuen wechseln müssen?
2. Was geschieht, wenn Sie Ihren Schlüssel verlieren?
3. Was ist, wenn Sie andere User mit ihren Namen und nicht nur mit einer zufallsgenerierten 20-Byte-Kette aus kryptografischen Daten bezeichnen wollen?
4. Was ist, wenn Sie ein fortgeschritteneres Sicherheitsverfahren wie MultiSig statt bloß eines einzelnen Schlüssels einsetzen wollen?

Lassen Sie uns diese Probleme nacheinander abarbeiten. Wir können mit der letzten Frage beginnen. Eine einfache Lösung lautet: Statt einen speziellen kryptografischen Signaturtyp zu verlangen, wird Ihr öffentlicher Schlüssel zu einem Programm, dabei wird eine gültige Signatur zu einer Zeichenkette, die, wenn sie zusammen mit der Nachricht in das Programm eingegeben wird, 1 zurückgibt. Theoretisch kann jedes Ein-Schlüssel-, Mehrfach-Schlüssel- oder jedes beliebig andere Regelwerk in ein solches Paradigma encodiert werden.

Allerdings tritt dabei ein Problem auf: Die öffentlichen Schlüssel werden zu lang. Wir können dies dadurch lösen, dass wir den tatsächlichen »öffentlichen Schlüssel« in einen Datenspeicher eingeben (zum Beispiel in eine verteilte Hash-Tabelle, wenn wir Wert auf Dezentralisierung legen) und den Hash des »öffentlichen Schlüssels« als ID des Users. Dies erfordert noch keine Blockchains – auch wenn in den neuesten Designs skalierbare Blockchains sich nicht allzu sehr von verteilten Hash-Tabellen unterscheiden, und daher ist es durchaus möglich, dass sich in zehn Jahren jede Art von dezentralem System für beliebige Anwendungen zufällig oder absichtlich einer Art skalierbarer Blockchain annähert.

Betrachten wir jetzt das erste Problem, das wir als Problem des Zertifikatwiderrufs bezeichnen können: Wenn Sie einen bestimmten Schlüssel »widerrufen« wollen, wie stellen Sie dann sicher, dass der Widerruf alle erreicht, den er erreichen soll? Dies kann an sich abermals mit einer verteilten Hash-Tabelle gelöst werden, was jedoch zum nächsten Problem führt: Wenn Sie einen Schlüssel widerrufen wollen, womit ersetzen Sie ihn? Wenn Ihr Schlüssel gestohlen wurde, dann besitzen ihn sowohl Sie als auch die/der Dieb:in, und weder diese Person noch Sie können auf überzeugende Weise seine Identität glaubhaft machen. Eine Lösung besteht darin, drei Schlüssel zu haben. Wenn dann einer widerrufen wird, können Sie für die Freigabe des nächsten Schlüssels eine Signatur von zweien oder allen verlangen. Dies führt jedoch zu dem »Nothing at Stake«(»Es geht um nichts«)-Problem: Wenn es der/dem Dieb:in *schließlich* gelingt, irgendwann alle drei Ihrer Schlüssel zu stehlen, dann kann sie eine Historie simulieren, in der ein neuer Schlüssel zugewiesen wurde, und ab dann weitere neue Schlüssel zuweisen. Ihre eigene Historie ist dann nicht mehr glaubwürdiger. *Dies* ist ein Problem des Zeitstempelns, gegen das Blockchains helfen können.

Beim zweiten Problem funktioniert es ebenfalls recht gut, wenn man mehrere Schlüssel besitzt und sie neu zuweist – aber dafür braucht man keine Blockchains. Tatsächlich muss man Schlüssel nicht neu zuweisen. Wenn man »Secret Sharing« klug für sich nutzt, kann man sich einfach dadurch gegen Schlüsselverluste schützen, indem man seinen Schlüssel in »Shards« (Partitionen) aufbewahrt. Wenn man dann einen Shard verliert, kann man ihn mithilfe von Secret-Sharing-Berechnungen von anderen wiederbeschaffen. Für das dritte Problem ist die Blockchain-basierte »Name Registry« (Namensregister) die einfachste Lösung.

Allerdings sind die wenigsten Menschen tatsächlich gut genug ausgerüstet, um mehrere Schlüssel sicher zu verwahren, es wird also immer Pannen geben. Oft spielen zentralisierte Dienste eine wichtige Rolle, um Menschen bei Fehlern zu helfen, ihre Konten zurückzubekommen. In diesem Fall ist die Blockchain-basierte Lösung einfach: soziales M-of-N-Back-up.

Man wählt acht Entitäten aus – das können Ihre Freund:innen, Ihr:e Arbeitgeber:in, ein Unternehmen, eine gemeinnützige Organisation oder in Zukunft sogar eine Regierung sein – und wenn etwas schiefläuft, kann eine Kombination aus fünf von ihnen Ihren Schlüssel wiederherstellen. Dieses Konzept des sozialen Multisignatur-Back-ups ist vielleicht einer der leistungsfähigsten Mechanismen, den man bei jeder beliebigen Art von dezentralem Systemdesign einsetzen kann, und er bietet – sehr kostengünstig und ohne Rückgriff auf zentralisiertes Vertrauen – ein überaus hohes Maß an Sicherheit. Beachten Sie, dass Blockchain-basierte Identität, insbesondere mit dem Kontraktmodell von Ethereum, all dies leicht programmierbar macht: Im Name Registry tragen Sie Ihren Namen ein, verknüpfen ihn mit einem Kontrakt und lassen ihn den aktuellen Hauptschlüssel, die Back-up-Schlüssel, die mit der Identität verknüpft sind, sowie die Logik für deren Aktualisierung im Laufe der Zeit verwalten. Ein sicheres und extrem benutzerfreundliches Identitätssystem, das ohne eine individuelle Entität (außer der Ihren) als Kontrollinstanz auskommt.

Identität(-snachweis) ist nicht das einzige Problem, das Blockchains entschärfen können. Eine weitere Komponente, die eng mit Identität verknüpft ist, ist die Reputation, also der Leumund. Das, was in der modernen Welt »Reputationssysteme« genannt wird, ist durchweg entweder unsicher (weil sie nicht sicherstellen können, dass eine beurteilende Entität tatsächlich mit der zu beurteilenden Entität interagiert hat) oder zentralisiert (die Reputationsdaten sind mit einer bestimmten Plattform verknüpft und der kontrollierenden Plattform unterstellt). Wenn Sie von Uber zu Lyft wechseln, wird Ihre Uber-Bewertung nicht übertragen.

Ein dezentrales Reputationssystem würde idealerweise aus zwei getrennten Schichten bestehen: Daten und Bewertung. Die Daten würden aus Individuen bestehen, die unabhängige Einschätzungen von anderen abgeben, aus Bewertungen, die mit Transaktionen verknüpft sind (z. B. kann man mit Blockchain-basierten Zahlungen ein offenes System erschaffen, das ein Rating eines Händlers nur dann erlaubt, wenn man ihn tatsächlich bezahlt hat), und einer Sammlung anderer Quellen, und jede:r kann den eigenen Algorithmus zur Evaluierung der Daten anwenden; »Lightclient-freundliche« Algorithmen, die einen Reputationsbeweis anhand eines bestimmten Datensatzes schnell beurteilen können, werden so vielleicht zu einem wichtigen Forschungsfeld (viele naive Reputationsalgorithmen nutzen die Matrizenrechnung, die in den zugrunde liegenden Daten eine fast kubische rechnerische Komplexität aufweist und daher nur schwer dezentralisiert werden kann). »Null-Wissen«-Reputationssysteme, die eine:r Nutzer:in erlauben, eine Art kryptografisches Zertifikat bereitzustellen, das beweist, dass die Person laut einer speziellen Metrik zumindest x Reputationspunkte besitzt, ohne irgendetwas anderes zu verraten, sind ebenfalls vielversprechend.

Das Beispiel der Reputation ist interessant, weil es mehrere Vorteile der Blockchain als Plattform miteinander verknüpft:

- Es nutzt einen Datenspeicher zum Identitätsnachweis.
- Es nutzt einen Datenspeicher für Reputationsprotokolle.
- Interoperabilität zwischen verschiedenen Applikationen (Ratings, die mit einem Zahlungsbeweis verknüpft sind, Fähigkeit jedes Algorithmus, denselben zugrunde liegenden Datensatz zu bearbeiten etc.).
- Eine Garantie dafür, dass die zugrunde liegenden Daten auch in Zukunft übertragbar sein werden (Unternehmen stellen vielleicht freiwillig ein Reputationszertifikat in einem exportierbaren Format aus, aber sie haben keine Möglichkeit, diese Funktionalität auch für die Zukunft zuzusichern).
- Die Nutzung einer dezentralen Plattform im Allgemeinen, um zu gewährleisten, dass die Reputation zum Zeitpunkt der Berechnung unmanipuliert war.

Für all diese Vorteile gibt es Ersatzoptionen: Wir können Visa und Mastercard vertrauen, dass sie kryptografisch signierte Quittungen ausstellen, die bestätigen, dass eine bestimmte Transaktion stattgefunden hat; wir können Reputationsprotokolle auf archive.org speichern; wir können Server miteinander kommunizieren lassen; wir können Privatunternehmen dazu veranlassen, dass sie sich in ihren Nutzungsbedingungen zu Kundenfreundlichkeit verpflichten und so weiter und so fort. All diese Optionen sind einigermaßen effektiv, aber sie sind *nicht annähernd so praktisch* wie wenn man einfach alles öffentlich macht, es auf dem »Weltcomputer« ablaufen lässt und kryptografische Verifizierung und Beweise die Arbeit erledigen lässt. Ein ähnliches Argument lässt sich zudem für jeden anderen Anwendungsfall vorbringen.

Kosten senken

Wenn der größte Nutzen der Blockchain-Technologie am langen Verteilungsende zu finden ist, wie hier behauptet, dann führt dies zu einer wichtigen Schlussfolgerung: *Der Gewinn pro Transaktion aus der Nutzung einer Blockchain ist äußerst gering.* Folglich gewinnt das Problem, die Kosten der Konsensbildung zu senken und die Skalierbarkeit der Blockchain zu erhöhen, immer mehr an Bedeutung. Bei zentralisierten Lösungen sind es User und Unternehmen gewohnt, praktisch gar nichts für eine »Transaktion« zu zahlen. Obgleich Personen, die an WikiLeaks spenden wollen, vielleicht gewillt sind, sogar eine Gebühr von 5 Dollar zu zahlen, um ihre Transaktion durchzubringen, ist jemand, der ein Reputationsprotokoll hochladen will, eher nur zu einer Gebühr von 0,0005 Dollar bereit.

Daher ist die Frage, wie man die Konsensbildung günstiger gestalten kann, sowohl im absoluten Sinne (das heißt durch Proof of Stake) als auch im Sinne von »pro Transaktion« (das heißt durch skalierbare Blockchain-Algorithmen, bei denen jede Transaktion höchstens von ein paar Hundert Knoten verarbeitet wird), absolut wichtig. Außerdem sollten Blockchain-Entwickler:innen immer bedenken, dass die Software-Entwicklung in den letzten 40 Jahren eine Geschichte des Übergangs auf immer weniger effiziente Programmiersprachen und Paradigmen gewesen ist – aus dem einfachen Grund, dass diese den Entwickler:innen erlauben, weniger erfahren und fauler zu sein. Es ist notwendig, Blockchain-Algorithmen zu entwickeln, die der Tatsache Rechnung tragen, dass Entwickler:innen nicht immer die intelligentesten und sachgerechtesten Entscheidungen bezüglich dessen treffen, was sie in die Blockchain aufnehmen und was sie draußen halten – auch wenn ein gut konzipiertes System von Transaktionskosten vermutlich dazu führen würde, dass Entwickler:innen von selbst durch persönliche Erfahrung die meisten der wichtigen Punkte lernen werden.

Folglich steht die Aussicht gut für eine Zukunft, die in erheblichem Umfang dezentralisierter sein wird als die Gegenwart – aber die Tage einfach gemachter Gewinne sind vorüber. Jetzt ist der richtige Zeitpunkt für eine viel gründlichere Betrachtung der realen Welt, um herauszufinden, wie die von uns entwickelten Technologien dieser konkret nutzen können. Im Verlauf dieses Prozesses werden wir wahrscheinlich entdecken, dass wir irgendwann einen Wendepunkt erreichen, an dem die meisten Fälle von »Blockchain für x« *nicht* von Blockchain-Fans, die etwas Nützliches tun wollen, auf x stoßen und dieses dann realisieren wollen, stammen werden, sondern vielmehr von *denjenigen, die von x begeistert sind* und erkennen, dass Blockchains ein recht nützliches Tool sind, um einen Teil von x zu realisieren. Bei x kann es sich um das Internet der Dinge, die Finanzinfrastruktur von Entwicklungsländern, basisnahe soziale, kulturelle und ökonomische Institutionen, bessere Datenaggregation und -schutz im Gesundheitswesen oder einfach um umstrittene Wohltätigkeitsorganisationen und unzensierbare Marktplätze handeln. In den letzteren beiden Fällen dürfte der Wendepunkt wahrscheinlich bereits erreicht worden sein; viele aus der ursprünglichen Schar von Blockchain-Enthusiast:innen *wurden* aus politischen Motiven zu solchen. Sobald er in den anderen Fällen erreicht wird, werden wir wirklich wissen, dass die Blockchain zu etwas Normalem geworden ist und dass bald mit den wichtigsten humanitären Nutzenanwendungen zu rechnen ist.

Zudem werden wir wahrscheinlich entdecken, dass »Blockchain-Community« als Bezeichnung für eine eigenständige quasi-politische Bewegung ihren Sinn verlieren dürfte – sofern noch ein Etikett zutrifft, dürfte »Krypto 2.0« wohl noch am vertretbarsten sein. Das hat einen ganz ähnlichen Grund wie die Tatsache, dass wir nicht von einer »Verteilten Hash-Tabelle-Community« sprechen, und die »Datenbank-Community« existiert zwar, besteht aber nur aus einer Gruppe von Informatiker:innen, die sich zufälligerweise auf Datenbanken spezialisiert haben. Blockchains sind also lediglich eine Technologie, daher lassen sich die größten Fortschritte letztlich nur im Zusammenwirken mit einer ganzen Reihe anderer dezentralisierter (und dezentralisierungsfreundlicher) Technologien erreichen: Reputationssysteme, verteilte Hash-Tabellen, »Peer-to-Peer Hypermedienplattformen«, verteilte Nachrichtenvermittlungsprotokolle, Prognosemärkte, Null-Wissen-Beweise und wahrscheinlich viele weitere, die noch unentdeckt sind.

TEIL 2
PROOF OF WORK

Der »Genesis-Block« von Ethereum wurde am 30. Juli 2015 veröffentlicht – den Beginn des öffentlichen Lebens des Protokolls markierend. Dieses Leben stand zunächst auf wackligen Beinen. Als der Wert der Ether-Token auf Hunderte Millionen Dollar kletterte, wollten Hacker das System ausnutzen, was ein koordiniertes Vorgehen seitens der aufstrebenden Ethereum-Community erforderte. Code allein, so zeigte sich, reichte nicht aus, um das System abzusichern, denn auch menschliches Engagement war gefragt, und Buterin fand sich im Zentrum des Geschehens wieder. Die bedeutendste dieser Bewährungsproben war der Hack von The DAO, eines experimentellen kollektiven Wagniskapitalfonds, der Ether im Wert von 150 Millionen Dollar sammelte. (»DAO« ausgesprochen wie die erste Silbe von »Daoismus«, steht für »dezentrale autonome Organisation« – eine Organisation, die aus Software auf einer Blockchain aufgebaut wird.) Bevor der Fonds mit der Investition anfangen konnte, nutzte ein Hacker im Juni 2016 einen Fehler im Code von The DAO, um Gelder daraus zu entwenden. The DAO hielt etwa 15 Prozent der gesamten Token-Menge, und einem einzelnen Nutzer einen solchen Marktanteil zu überlassen, wäre dann besonders gefährlich, wenn Ethereum auf Proof of Stake umstellen würde, wie es Buterin beabsichtigte. Counter-Hacker hielten den Hacker mit Gegenmaßnahmen auf, während Debatten darüber tobten, ob der Code so bleiben solle, wie er war, mitsamt Fehlern und allem, oder ob ein drastischerer Schritt notwendig sei. Buterin sprach sich für die »Hard Fork« aus – eine komplette Neufassung der Ethereum-Blockchain, um den Hack auszulöschen. Obgleich er nur wenig formale Macht über das Ethereum-Protokoll besaß, erwies sich sein erworbenes Vertrauen als entscheidend: Der größte Teil der Ethereum-Community folgte ihm, als er die Kultur und die Mission über die Diktate des Codes stellte.

Befürchtungen im Zusammenhang mit seiner eigenen charismatischen Autorität finden sich eingestreut zwischen den Zeilen in Buterins damaligen Schriften. Mehrere Monate vor dem Hack bekannte er sich auf dem Ethereum-Blog zu dem Ziel, »Ethereum als ein dezentrales Projekt aufzubauen, das letztlich der gesamten Menschheit gehören soll.« Während der »The DAO«-Kontroverse erwähnt er in »Warum Krypto-Ökonomik und X-Risiko-Forscher:innen einander mehr zuhören sollten« eine mögliche spätere »weltdemokratische DAO«, vielleicht eine Art Vereinte Nationen auf Basis direkter Beteiligung. In »Kontrolle als Bürde« scheint er sich mit jener anderen Person zu vergleichen, die im Teenageralter ein weltumspannendes Netzwerk gegründet hat: Mark Zuckerberg. Jedoch sollte im Gegensatz zu Unternehmensplattformen in der Welt der Blockchains eine zentrale Autorität möglichst vermieden werden. »Über die Redefreiheit« geht der Frage nach, wie die Technologie verhindern könnte, dass er auch Zensurbefugnisse erhält, denen Facebook und seinesgleichen in zunehmendem Maße unterliegen. Ein Tweet von 2018 behauptet: »Ich denke, Ethereum könnte es mittlerweile problemlos überleben, wenn ich morgen spontan in Flammen aufgehen würde.« Doch die Tatsache, dass er dies überhaupt sagen musste, spricht dafür, dass es eben keineswegs sicher war.

Im Jahr 2017 schossen der Wert und die Popularität von Ethereum steil in die Höhe. Dies war vor allem auf seine Verwendung bei »Coin-Erst-Emissionen« zurückzuführen, bei denen Start-up-

Unternehmen (und mehr noch: durchtriebene Betrüger:innen) sich gewaltige Summen beschafften, indem sie auf der Basis der Versprechungen in ihren Whitepapers unregulierte Token verkauften. Buterin äußerte öffentlich seine Zweifel, ob die Marktkapitalisierung von Ethereum angemessen sei und forderte die Community auf Twitter auf, »(…) zu begreifen, dass es ein Unterschied ist, ob man Hunderte von Milliarden Dollar an digitalem Vermögen auf Papier herumschwappen lässt oder ob man wirklich etwas für die Gesellschaft Werthaltiges vollbringt.« Ethereum sollte die Welt verändern, aber wie aus den Beispielen in diesen Aufsätzen hervorgeht, betraf ein Großteil der konkreten Anwendungsfälle Aspekte wie Spiele mit Geldeinsatz und Glücksspiel.

Seine Schriften während der Anfangsjahre von Ethereum feierten nicht etwa die Kurssteigerungen und die Blockbuster-Token-Verkäufe, sondern befassten sich mit den Designproblemen der Krypto-Ökonomik: Wie können Anreize eine bessere Koordination fördern? Schwierige Probleme im Zusammenhang mit dem Identitäts(-nachweis) und Governance faszinieren ihn hier und in den fachwissenschaftlicheren Posts, die er damals schrieb. In dem »Weihnachtsspezial« Ende 2019 nahm er sich auch die Zeit für Spiele. Wenn man die Leidenschaft sieht, mit der er und andere Ethereans bei Treffen Schach spielen, kann man sich fragen, ob dieses ganze mehrere Milliarden Dollar schwere Experiment in Wirklichkeit nur ein riesiges Puzzle ist, etwas, um die rechnerischen Räderwerke in ihrem Gehirn auf Hochtouren zu bringen.

– N. S.

WARUM KRYPTO-ÖKONOMIK UND X-RISIKO-FORSCHER:INNEN EINANDER MEHR ZUHÖREN SOLLTEN

medium.com/@VitalikButerin, 4. Juli 2016

Es gab in letzter Zeit eine kleine, aber wachsende Anzahl von Hinweisen darauf, dass sich eine Community, die traditionell eng mit Künstlicher Intelligenz und verschiedenen Formen der Erforschung zukünftiger existentieller Risiken assoziiert war, langsam für Blockchains und Krypto-ökonomische Systeme interessiert. Ralph Merkle, der Erfinder der mittlerweile berühmten kryptografischen Technologie, auf der das Light-Client-Protokoll von Ethereum beruht, hat sein Interesse an DAO-Governance bekundet. Skype-Co-Gründer Jaan Tallinn schlug vor, das Potenzial der Blockchain-Technologie zu erforschen, um Mechanismen für die Lösung globaler Koordinationsprobleme zu erschaffen. Befürworter:innen von Prognosemärkten, die seit Langem das Potenzial von Prognosemärkten als Governance-Mechanismen erkannt haben, sehen sich jetzt Augur an.[13] Gibt es hier etwas Interessantes zu finden? Ist dies einfach eine Situation, in der Computerfreaks, die sich bislang zum Computerfreak-freundlichen Thema A hingezogen fühlten, jetzt auch von einem damit in keinerlei Zusammenhang stehenden Computerfreak-freundlichen Thema B angezogen fühlen – oder besteht doch ein echter Zusammenhang?

Ich würde behaupten, Letzteres ist der Fall, und es ist Folgendes: **Sowohl die Krypto-ökonomische Forschergemeinschaft als auch die Community, die sich mit KI-Sicherheit, neuen Cyber-Governance-Modellen und der Erforschung existentieller (Menschheits-)Risiken befasst, suchen im Grunde nach einer Lösung für dasselbe Problem: Wie können wir mit**

einem einfachen und unintelligenten System mit Eigenschaften, die, sobald es erschaffen worden ist, unflexibel sind, ein ebenso komplexes wie intelligentes System regulieren?

Ein wichtiges Teilproblem im Rahmen der KI-Forschung besteht darin, eine Nutzenfunktion zu definieren, die das Verhalten eines superintelligenten Agenten steuert, ohne diesen versehentlich dazu zu bringen, etwas zu tun, was die Funktion zwar dem Wortlaut nach (»as written«), nicht aber ihrer Intention nach erfüllt (manchmal auch »Edge Instantiation« genannt). Wenn Sie zum Beispiel eine superintelligente KI anweisen würden, Krebs zu heilen, käme diese vielleicht zu dem Schluss, dass die verlässlichste Methode zur Zielerreichung einfach darin bestünde, alle Menschen umzubringen. Wenn Sie dann diese Schwachstelle beheben wollen würden, beschließt die KI vielleicht, alle Menschen nur dauerhaft zu kryokonservieren, ohne sie zu töten. Und so weiter. Im Zusammenhang mit Ralph Merkles DAO-Demokratie besteht das Problem darin, eine objektive Funktion zu finden, die mit gesellschaftlichem und technologischem Fortschritt sowie allgemein mit von Menschen gewollten Aspekten korreliert (aber im negativen Sinne eben auch mit existentiellen Risiken korreliert), und die so leicht messbar ist, dass die Messung selbst nicht zu einer Quelle politischer Streitigkeiten wird.

Unterdessen sind die Probleme im Rahmen der Krypto-Ökonomik erstaunlich ähnlich. Das Kernproblem der Konsensbildung fragt danach, wie man Validator:innen geeignete Anreize geben könnte, damit sie weiterhin mithilfe eines einfachen, wie in Stein gemeißelten Algorithmus eine kohärente Historie unterstützen und fortschreiben, wenn die Validator:innen selbst hochkomplexe ökonomische Agent:innen sind, die völlig frei und flexibel miteinander in Wechselwirkung treten können. Das Problem, das bei The DAO gefunden wurde, war eine Divergenz zwischen der komplexen Intention der Software-Entwickler:innen, denen für die Splitting-Funktion eine spezifische Nutzenanwendung vorschwebte, und dem De-facto-Ergebnis der Software-Implementierung. Augur versucht das Konsensproblem auf Fakten der realen Welt auszudehnen. Maker versucht, einen Algorithmus für dezentrale Governance einer Plattform zu erschaffen, die einen Vermögenswert bereitstellen will, der die Dezentralisierung von Kryptowährungen mit der Vertrauenswürdigkeit von Fiatgeld verbindet. In all diesen Fällen sind die Algorithmen »dumm«, während die sie steuernden Agent:innen recht intelligent sind. Bei KI-Sicherheit geht es um Agent:innen mit einem IQ von 150, die Agent:innen mit einem IQ von 6 000 kontrollieren wollen, während es bei Krypto-Ökonomik um Agent:innen mit einem IQ von 5 geht, die Agent:innen mit einem IQ von 150 kontrollieren wollen – zweifellos unterschiedliche Probleme, deren Ähnlichkeiten man aber nicht unterschätzen sollte.

Dies alles sind schwierige Probleme, und es sind Probleme, über die beide Communitys getrennt voneinander bereits seit vielen Jahren nachdenken und über die sie in einigen Fällen umfangreiche Erkenntnisse zusammengetragen haben. Es sind auch Probleme, für die nach und nach heuristische Teillösungen und Entschärfungsstrategien gefunden werden. Im Fall von DAOs stellen einige Entwickler:innen auf eine Hybridstrategie um, bei der eine Reihe von Kurator:innen eine gewisse Kontrolle über die Vermögenswerte der DAO besitzen, die diesen Kurator:innen jedoch nur begrenzte Befugnisse zuweist, die an sich ausreichen, um ein DAO bei einem Angriff zu retten, aber nicht, um einseitig einen Angriff auszuführen, der mehr als eine moderate Störung verursacht – eine Vorgehensweise mit gewissen Ähnlichkeiten zu aktuellen Forschungen über sichere KI-Unterbrechbarkeit.

Was die Futarchie betrifft, so werden Zinssätze gerade als mögliche objektive Funktion betrachtet, als eine Art Hybrid aus Futarchie und quadratischer Abstimmung[14] durch freiwilliges Coin-Einfrieren als Governance-Algorithmus und verschiedene Formen der moderierten Futarchie, die dieser genügend Macht geben, um einen 51-Prozent-Angriff durch Kollusion auf eine Weise abzuwenden, wie es eine Demokratie nicht kann, die dieser aber auch im Übrigen die Macht bei einem Abstimmungsprozess belassen. Es sind allesamt Innovationen, die es zumindest verdienen, dass eine Gruppe, die mithilfe der Futarchie eine weltdemokratische DAO aufbauen will, sie näher in Betracht zieht.

Eine andere stark unterschätzte Lösung ist die Nutzung von Governance-Algorithmen, die Prozesse ausdrücklich verlangsamen – der vorgeschlagene DAO-Hard-Fork, der die eingefrorenen Gelder vielleicht retten kann, ist nur deshalb möglich, weil The DAO eine Reihe von Regeln enthielt, die bei jeder Aktion eine lange Verzögerungszeit vorschrieben. Eine weitere Methode, die gerade erkundet wird, ist die formale Verifikation – dabei werden Computerprogramme eingesetzt, um automatisch andere zu überprüfen und so sicherzustellen, dass sie eine Reihe von Leistungsanforderungen erfüllen.

Im Regelfall ist es aufgrund der Komplexität des Wertproblems unmöglich, einen formalen »Ehrlichkeits«-Beweis zu erbringen, aber wir können einige teilweise Garantien abgeben, um das Risiko zu verringern. So könnten wir zum Beispiel den formalen Nachweis erbringen, dass eine bestimmte Aktion nicht in weniger als sieben Tagen oder eine bestimmte Art von Aktion 46 Stunden lang nicht ausgeführt werden kann, wenn die Kurator:innen einer bestimmten DAO für das Umschalten eines Schalters stimmen. In einem KI-Kontext könnten solche Beweise dazu genutzt werden, bestimmte Arten einfacher Fehler in der Belohnungsfunktion zu vermeiden, die zu einem gänzlich ungewollten Verhalten führen würden, dem von der KI ein außerordentlich hoher Wert zugeschrieben würde. Selbstverständlich beschäftigen sich viele andere Communitys schon seit vielen Jahren mit formaler Verifizierung, aber jetzt wird erforscht, ob sie sich in einem neuen Umfeld für eine andere Nutzanwendung eignet.

Unterdessen sind superrationale Entscheidungstheorien ein Beispiel für ein Konzept, das möglicherweise für Entwickler:innen von Wirtschaftssystemen, die DAOs beinhalten, von großem Nutzen sein wird und für das in KI-Sicherheitskreisen geworben wird – im Grunde handelt es sich dabei um Methoden, mit denen sich Situationen vom Typ des Gefangenendilemmas dadurch lösen lassen, dass man sich zur Ausführung eines Quellcodes verpflichtet, der Agent:innen, die sich ebenfalls zu dessen Ausführung verpflichten, günstiger behandelt. Ein Beispiel für eine Aktion, die quelloffenen Agent:innen, aber nicht »Black Box«-Agent:innen zur Verfügung steht, ist der »Werte-Handschlag«, den Scott Alexander in einer Kurzgeschichte beschreibt: Zwei Agent:innen können die gemeinsame Maximierung eines Ziels vereinbaren, das der Durchschnitt der zwei ursprünglich angestrebten Ziele ist. Früher waren solche Konzepte größtenteils Science-Fiction, aber heute können Futarchie-DAOs dies tatsächlich leisten. Im Allgemeinen kann eine DAO für eine gesellschaftliche Institution ein höchst effektives

Mittel sein, um sich nachdrücklich dazu zu verpflichten, »Quellcode (mit besonderen Eigenschaften) auszuführen«.

The DAO ist nur die erste in einer Reihe von vielen, die im Lauf dieses und des nächsten Jahres eingeführt werden, und Sie können darauf wetten, dass alle späteren Beispiele viel aus den Erfahrungen der ersten lernen werden, und jede wird andere und innovative Software-Code-Sicherheitsregeln, Governance-Algorithmen, Kuratoriensysteme, langsame und abgestufte Bootstrap- und Rolloutprozesse sowie formal verifizierte Garantien haben, um sicherzustellen, dass sie den Krypto-ökonomischen Sturm überstehen kann.

Schließlich würde ich behaupten, dass die Dezentralisierung die wichtigste Lektion ist, die man von der Krypto-Community lernen kann: Man sollte verschiedene Teams verschiedene Teile redundant implementieren lassen, um die Gefahr zu minimieren, dass ein Flüchtigkeitsfehler eines Systems unerkannt durch andere Systeme weitergegeben wird. Das Krypto-Ökosystem nimmt die Form eines Live-Experiments an, das an vorderster Front der Software-Entwicklung, Informatik, Spieltheorie und Philosophie mit zahlreichen Herausforderungen konfrontiert ist. Dessen Ergebnisse werden unabhängig davon, ob sie es in ihrer gegenwärtigen Form oder nach mehreren Iterationen, die mit erheblichen Änderungen an den Kernkonzepten einhergehen, in massentaugliche soziale Applikationen schaffen, für alle willkommene Gelegenheiten zum Dazulernen bieten.

EINE PROOF-OF-STAKE-DESIGN-PHILOSOPHIE

medium.com/@VitalikButerin, 30. Dezember 2016

Systeme wie Ethereum (und Bitcoin und NXT und BitShares etc.) sind eine grundlegend neue Klasse Krypto-ökonomischer Organismen – dezentrale, jurisdiktionsfreie Institutionen, die vollständig im Cyberspace existieren und durch eine Kombination von Kryptografie, Ökonomik und sozialem Konsens am Leben gehalten werden. Sie haben eine gewisse Ähnlichkeit mit BitTorrent, unterscheiden sich aber auch davon, da BitTorrent kein Zustandskonzept hat – ein immens wichtiger Unterschied. Sie werden manchmal als Dezentrale Autonome Unternehmen bezeichnet, aber sie sind auch keine richtigen Unternehmen – man kann Microsoft keiner Hard Fork unterziehen. Sie sind eine Art quelloffenes Software-Projekt, aber auch das sind sie im Grunde nicht – man kann eine Blockchain zwar forken, aber eben nicht so leicht, wie man OpenOffice forken kann.[15]

Es gibt zahlreiche Varianten dieser Krypto-ökonomischen Netzwerke – ASIC-basierte PoW, GPU-basierte PoW, naive PoF, delegierte PoS und hoffentlich bald Casper PoS[16] – und alle diese Varianten haben zwangsläufig ihre eigene grundlegende Philosophie. Ein bekanntes Beispiel ist die maximalistische Vision des Proof of Work, wo *die* eine richtige Blockchain definiert ist als die Chain, für deren Erstellung Miner die höchste Summe an ökonomischem Kapital verbrannt haben. Ursprünglich war sie lediglich eine Fork-Auswahlregel im Protokoll, jetzt aber ist dieser Mechanismus in vielen Fällen zu einem unantastbaren Dogma erhoben worden. Der delegierte Proof of Stake von BitShares präsentiert eine weitere kohärente Philosophie, in der alles abermals auf einem einzelnen, wenn auch einfacher zu beschreibenden Dogma beruht: Anteilseigner:innen stimmen ab.

Jede dieser Philosophien – Nakamoto-Konsens, sozialer Konsens, Konsens der abstimmenden Anteilseigner:innen – führt zu jeweils eigenen Schlussfolgerungen und zu einem Wertesystem, das durchaus Sinn ergibt, wenn es aus sich selbst heraus betrachtet wird, auch wenn die Philosophien sicherlich im Vergleich kritisiert werden können. Selbst der Casper-Konsens hat einen philosophischen Unterbau, wenngleich einen, der bislang nicht prägnant artikuliert worden ist.

Neben mir haben auch Vlad, Dominic, Jae und andere ihre jeweils eigenen Ansichten darüber, warum Proof-of-Stake-Protokolle existieren und wie man sie designen sollte, aber hier möchte ich meinen persönlichen Standpunkt erläutern.

Ich werde im weiteren Verlauf Feststellungen und sich direkt daraus ergebende Schlussfolgerungen auflisten.

- Die Kryptografie hat im 21. Jahrhundert wirklich eine Sonderstellung, weil **Kryptografie eines der wenigen Gebiete ist, wo bei Konflikten zwischen Parteien weiterhin die verteidigende in hohem Maße begünstigt wird**. Burgen lassen sich viel leichter zerstören als bauen, Inseln lassen sich zwar verteidigen, können aber trotzdem angegriffen werden, jedoch sind ECC-Schlüssel einer durchschnittlichen Person so sicher, dass sie sogar staatlichen Akteur:innen widerstehen. Bei der »Cypherpunk-Philosophie« geht es grundsätzlich darum, diese wertvolle Asymmetrie zu nutzen, um eine Welt zu erschaffen, die die Autonomie des Einzelnen besser schützt. Die Krypto-Ökonomik ist bis zu einem gewissen Grad eine Erweiterung dieser Philosophie, nur dass es diesmal darum geht, die Sicherheit und Lebendigkeit komplexer Systeme der Koordination und Zusammenarbeit statt lediglich die Integrität und Vertraulichkeit privater Nachrichten zu schützen. Systeme, die sich selbst als ideologische Erben der Cypherpunk-Philosophie ansehen, sollten diese grundlegende Eigenschaft beibehalten. Zudem sollte es schlicht viel kostspieliger sein, sie zu zerstören beziehungsweise ihren Ablauf zu stören, als sie zu nutzen und instand zu halten.

- Die Cypherpunk-Philosophie beruht nicht allein auf Idealismus; Systeme zu bauen, die leichter zu verteidigen als anzugreifen sind, ist schlicht solide Ingenieursarbeit.
- **Mittel- bis langfristig sind Menschen recht gut darin, zu einem Konsens zu gelangen.** Selbst wenn eine gegnerische Partei Zugang zu unbegrenzter Hash-Power hätte und einen 51-Prozent-Angriff auf jede größere Blockchain durchführen würde, die auch nur die Historie des letzten Monats rückgängig machen würde, wäre es viel schwieriger, die Community von der Legitimität dieser Kette zu überzeugen, als einfach nur die Hash-Power der Hauptkette zu übertreffen. Sie müssten »Block-Explorer«, also die vertrauenswürdigen Mitglieder der Community, die *New York Times,* archive.org und viele andere Quellen im Internet umstürzen. Die Welt davon zu überzeugen, dass die neue Angriffskette diejenige ist, die in dem informationstechnologisch dichten 21. Jahrhundert als Erste da war, ist alles in allem ungefähr so schwer, wie die Welt davon zu überzeugen, dass die US-Mondlandungen nie stattgefunden hätten. **Letztlich sind diese sozialen Erwägungen das, was jede Blockchain langfristig schützt,** unabhängig davon, ob die Blockchain-Community sich dies eingesteht oder nicht (man beachte an dieser Stelle, dass Bitcoin Core diesen Vorrang der sozialen Layer zugibt).
- Eine allein durch sozialen Konsens geschützte Blockchain wäre allerdings viel zu ineffizient und langsam, zudem könnten Meinungsverschiedenheiten zu leicht endlos weitergehen (auch wenn es ungeachtet aller Schwierigkeiten auch dazu schon gekommen ist); von daher spielt wirtschaftlicher Konsens kurzfristig eine außerordentlich wichtige Rolle beim Schutz der Lebendigkeits- und Sicherheitsmerkmale.
- Weil Proof-of-Work-Sicherheit (security) nur von Blockbelohnungen kommen kann und Anreize für Miner nur von dem Risiko kommen können, dass sie ihre zukünftigen Blockbelohnungen verlieren, **basiert Proof of Work notwendigerweise auf einer Logik massiver Rechenleistung, die durch ebenso massive Belohnungen incentiviert wird.** Es ist schwierig, sich von Angriffen im PoW zu erholen: Wenn es das erste Mal passiert, kann man mit einem Hard Fork den PoW ändern

und dadurch die ASICs der Angreifer:innen nutzlos machen, aber beim zweiten Mal hat man diese Option nicht mehr – somit kann immer wieder angegriffen werden. Daher muss das Mining-Netzwerk so groß sein, dass Angriffe undenkbar sind. Angreifer:innen mit einer Größe von kleiner als x werden davon abgehalten, überhaupt in Erscheinung zu treten, wenn man dafür sorgt, dass das Netzwerk konstant jeden Tag x ausgibt. **Ich lehne diese Logik ab, weil sie erstens Bäume zerstört und zweitens der Cypherpunk-Denkweise nicht gerecht wird – die Angriffs- und Verteidigungskosten stehen in einem Verhältnis von eins zu eins, sodass die verteidigende Partei keinen Vorteil davon hat.**

- **Proof of Stake bricht diese Symmetrie, indem er sich zur Gewährleistung der Sicherheit nicht auf Belohnungen, sondern auf Strafen stützt.** Validator:innen setzen Geld (»Einlagen«) aufs Spiel, erhalten geringfügige Belohnungen, um sie für das Einfrieren ihres Kapitals, die Knotenpflege und ihre besondere Vorsicht für die Gewährleistung der Sicherheit ihres privaten Schlüssels zu entschädigen. Das Gros der Kosten für das Rückgängigmachen von Transaktionen stammt aber von Strafgeldern, die um ein Vielfaches höher sind als die Belohnungen, die sie in der Zwischenzeit erhielten. **Die »Ein-Satz-Philosophie« des Proof of Stake lautet folglich nicht »Sicherheit kommt aus der Energieverbrennung «, sondern vielmehr »Sicherheit kommt daher, dass man ein ökonomisches Verlustrisiko eingeht«.** Ein gegebener Block oder Zustand hat eine Sicherheit von x Dollar, wenn man beweisen kann, dass ein gleiches Niveau der Fertigstellung für jeden konfligierenden Block oder Zustand nur dann erreicht werden kann, wenn böswillige Knoten sich an einem Versuch beteiligen, den Switch dazu zu bringen, x Dollar an im Protokoll verankerten Strafgebühren zu zahlen.
- Theoretisch kann eine Mehrheit von Validator:innen, die sich heimlich abgesprochen haben, eine Proof-of-Stake-Kette übernehmen und sodann arglistig handeln. Allerdings kann ihre Fähigkeit, durch eine solche Manipulation Extragewinne zu erzielen, erstens durch intelligentes Protokolldesign möglichst weit begrenzt werden; und zweitens – was noch wichtiger ist – kann die Community, sollten sie versuchen neue

Validator:innen vom Beitritt abzuhalten oder 51-Prozent-Attacken durchzuführen, dann einfach einen Hard Fork koordinieren und die Guthaben der angreifenden Validator:innen löschen. **Ein erfolgreicher Angriff kann 50 Millionen Dollar kosten, aber der Prozess, mit den Konsequenzen aufzuräumen, wird nicht viel beschwerlicher sein als das Scheitern des Geth-Parity-Konsenses am 25. November 2016.**[17] Zwei Tage später sind die Blockchain und die Community wieder auf Kurs, die Angreifer:innen sind 50 Millionen Dollar ärmer und der Rest der Community ist wahrscheinlich reicher, weil der Angriff den Wert des Tokens aufgrund des anschließenden Versorgungsengpasses *ansteigen* ließ. Und *genau das ist* eine Asymmetrie zwischen Angriff und Verteidigung.

- Die obige Liste sollte nicht in dem Sinne verstanden werden, dass ungeplante Hard Forks nun zu einem regelmäßigen Ereignis werden; falls gewünscht, können die Kosten eines *einzelnen* 51-Prozent-Angriffs auf Proof of Stake sicherlich auf die gleiche Höhe getrieben werden wie die Kosten eines *permanenten* 51-Prozent-Angriffs auf Proof of Work, dabei sollten die schieren Kosten und die Wirkungslosigkeit eines Angriffs bereits sicherstellen, dass er praktisch nie versucht wird.
- **Ökonomische Faktoren sind nicht alles.** Einzelne Akteur:innen werden vielleicht von Motiven außerhalb des Protokolls angeregt, sie werden vielleicht gehackt oder gekidnappt oder sie betrinken sich und beschließen eines Tages die Zerstörung der Blockchain, koste es, was es wolle. Positiv fällt außerdem ins Gewicht, **dass moralische Widerstände bei Individuen und Kommunikationsineffizienzen oftmals die Kosten eines Angriffs auf ein viel höheres Niveau treiben als das nominelle, im Protokoll definierte Verlustrisiko.** Auf diesen Vorteil können wir uns jedoch nicht verlassen, aber wir sollten ihn zugleich nicht unnötig verwerfen.
- **Folglich sind die besten Protokolle solche, die unter unterschiedlichsten Modellen und Annahmen gut funktionieren** – ökonomische Rationalität mit koordinierter Wahl, ökonomische Rationalität mit individueller Wahl, einfache Fehlertoleranz, Byzantinische Fehlertoleranz (idealerweise sowohl in den adaptiven als auch in den nicht-adaptiven

Varianten), von Ariely und Kahneman inspirierte verhaltensökonomische Modelle (»wir alle schummeln nur ein bisschen«) und idealerweise jedes andere rational diskutierbare realistische und zweckmäßige Modell. **Es ist wichtig, zwei Verteidigungsschichten zu haben: ökonomische Anreize, um zentralisierte Kartelle von antisozialem Verhalten abzuhalten, und Anti-Zentralisierungs-Anreize, um die Bildung von Kartellen bereits im Kern zu verhindern.**
- **Konsensprotokolle, die »möglichst schnell« arbeiten, haben Risiken, und man sollte mit großer Vorsicht – wenn überhaupt – an sie herangehen**, denn wenn die *Möglichkeit* des sehr schnellen Arbeitens mit *Anreizen* verknüpft ist, dies auch zu tun, wird die Kombination hohe und systemische Risiken induzierende Grade der **Zentralisierung auf Netzwerkebene** belohnen (zum Beispiel alle Validator:innen, die auf demselben Hosting-Provider laufen). Konsensprotokolle, die es nicht allzu wichtig nehmen, wie schnell Validator:innen eine Nachricht senden, solange sie dies innerhalb eines annehmbar langen Zeitintervalls tun (zum Beispiel zwischen vier und acht Sekunden, da wir empirisch wissen, dass die Latenz bei Ethereum in der Regel zwischen rund 500 Millisekunden und einer Sekunde dauert). Ein möglicher Mittelweg besteht darin, Protokolle zu erschaffen, die überaus schnell arbeiten, bei denen jedoch etwas Ähnliches wie der Uncle-Mechanismus[18] von Ethereum sicherstellt, dass die marginale Belohnung für einen Knoten, der seinen Grad an Netzwerk-Konnektivität über einen leicht erreichbaren Punkt hinaus erhöht, ziemlich niedrig ist.

Hier kommen natürlich viele Details ins Spiel und viele divergierende Ansichten zu eben jenen Details, aber oben wurden die Kernprinzipien aufgeführt, auf denen zumindest meine Version von Casper basiert. Ausgehend hiervon können wir zweifellos über Trade-offs zwischen konkurrierenden Werten diskutieren. Geben wir Ether eine jährliche Emissionsrate von einem Prozent und müssen Kosten in Höhe von 50 Millionen Dollar tragen, wenn wir zur Schadensbehebung einen Hard Fork erzwingen, oder eine jährliche Emissionsrate von null Prozent, mit Kosten von fünf Millionen Dollar für einen erzwungenen Hard Fork bei der Schadensbehebung?

Wann erhöhen wir die Sicherheit eines Protokolls unter dem ökonomischen Modell um den Preis der Verringerung seiner Sicherheit unter einem Fehlertoleranzmodell? Ist uns ein vorhersagbares Sicherheitsniveau oder eine vorhersagbare Emissionshöhe wichtiger? Dies alles sind Fragen für einen anderen Post, und die vielfältigen Arten, die verschiedenen Trade-offs zwischen diesen Werten zu *implementieren*, sind Fragen für noch weitere Posts. Denen wir uns zuwenden werden. :)

WAS BEDEUTET EIGENTLICH »DEZENTRALISIERUNG«?

medium.com/@VitalikButerin, 6. Februar 2017

»Dezentralisierung« ist eines der Wörter, die im Krypto-ökonomischen Raum am häufigsten verwendet werden. Sie wird sogar häufig als eigentlicher Daseinszweck der Blockchain angesehen. Gleichzeit handelt es sich aber vielleicht auch um eines der am schlechtesten definierten Wörter überhaupt. Tausende von Stunden an Forschungsarbeit und Milliarden Dollar an Hash-Power wurden allein dafür aufgewendet, die Dezentralisierung zu verwirklichen, zu schützen und zu verbessern. Und wenn bei Diskussionen die gegensätzlichen Standpunkte heftig aufeinanderprallen, behaupten Anhänger:innen eines Protokolls (oder einer Protokollerweiterung) häufig, die Vorschläge der Gegenpartei seien »zentralisiert« – das ultimative Totschlagargument.

Aber es herrscht große Verwirrung bezüglich der tatsächlichen Wortbedeutung. Schauen wir uns mal das folgende Diagramm auf Seite 106 an, das uns zwar absolut nicht weiterhilft, aber leider oft zu sehen ist:[19]

Betrachten wir jetzt die beiden Antworten auf *Quora* für »Was ist der Unterschied zwischen verteilt und dezentralisiert?« Die erste plappert im Wesentlichen das obige Diagramm nach, während die zweite die in eine ganz andere Richtung gehende Behauptung aufstellt, dass »verteilt bedeutet, dass nicht die gesamte Verarbeitung der Transaktionen an ein und demselben Ort stattfindet«, während »dezentralisiert bedeutet, dass nicht eine einzelne Entität die Kontrolle über die gesamte Verarbeitung innehat«. Unterdessen zeigt die Topantwort auf der Ethereum Stack Exchange ein

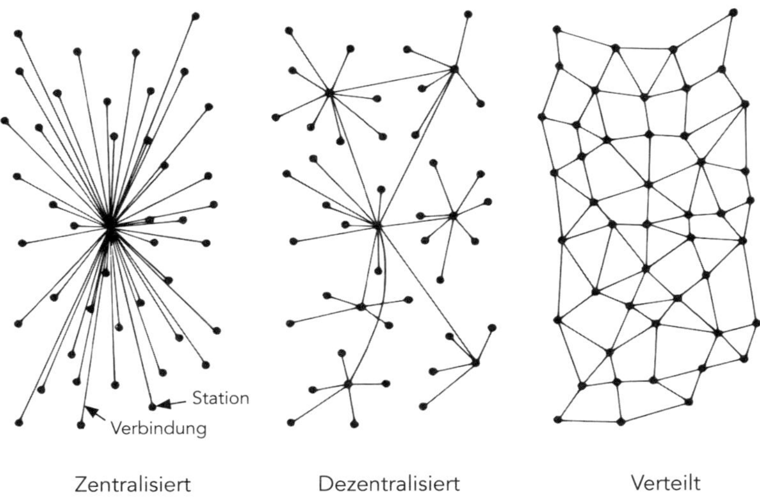

ganz ähnliches Diagramm, wobei allerdings die Wörter »dezentralisiert« und »verteilt« getauscht wurden! Zweifelsohne ist also eine Klarstellung angebracht.

Drei Typen der Dezentralisierung

Wenn von Software-Dezentralisierung gesprochen wird, gibt es tatsächlich *drei getrennte Achsen* der Zentralisierung/Dezentralisierung, die gemeint sein können. Während in manchen Fällen schwer zu erkennen ist, wie eine ohne die andere existieren kann, sind sie im Allgemeinen doch recht unabhängig voneinander. Die Achsen sind die Folgenden:

- Architektonische (De-)Zentralisierung: Aus wie vielen **physischen Computern** besteht ein System? Den Ausfall wie vieler davon kann es zu jedem beliebigen Zeitpunkt tolerieren?
- Politische (De-)Zentralisierung: Wie viele **Individuen oder Organisationen** kontrollieren letztlich die Computer, aus denen das System besteht?

- **Logische (De-)Zentralisierung:** Gleichen die **Schnittstelle und die Datenstrukturen**, die das System präsentiert und aufrechterhält, mehr einem einzelnen monolithischen Objekt oder einem amorphen Schwarm? Eine einfache Heuristik lautet: Wenn man das System in zwei Hälften zerteilen würde, einschließlich Providern und Usern, wären dann beide Hälften weiterhin als unabhängige Einheiten voll funktionstüchtig?

Wir können versuchen, diese drei Dimensionen in einem Schaubild unterzubringen:

	Logisch zentralisiert		**Logisch dezentralisiert**		
	Politisch zentralisiert	Politisch dezentralisiert	Politisch zentralisiert	Politisch dezentralisiert	
Architektonisch zentralisiert	Traditionelle Unternehmen	Direkte Demokratie	?	?	Architektonisch zentralisiert
	Zivilrecht				
Architektonisch dezentralisiert	?	Blockchains, Common Law	Traditionelle CDNs, Esperanto (anfänglich)	BitTorrent, englische Sprache	Architektonisch dezentralisiert

Beachten Sie, dass viele dieser Einordnungen grob und in hohem Maße strittig sind. Wir wollen aber trotzdem versuchen, sie alle durchzugehen:

- Traditionelle Unternehmen sind politisch zentralisiert (ein:e CEO), architektonisch zentralisiert (ein Hauptsitz) und logisch zentralisiert (man kann sie nicht wirklich in zwei Hälften teilen).
- Das Zivilrecht stützt sich auf ein zentrales gesetzgebendes Organ, während das »Common Law« auf Präzedenzurteilen basiert, die von vielen verschiedenen Richter:innen getroffen wurden. Das Zivilrecht hat ein gewisses Maß an architektonischer Dezentralisierung, weil es viele Gerichte gibt, die trotzdem weitreichende Ermessensspielräume

haben, aber im Common Law sind diese größer. Beide sind logisch zentralisiert (»Gesetz ist Gesetz«).

- Sprachen sind logisch dezentralisiert; Alice' und Bobs Englisch muss in keiner Weise mit Charlies und Davids Englisch übereinstimmen. Damit eine Sprache existiert, bedarf es keiner zentralisierten Infrastruktur, und die Regeln der englischen Grammatik werden nicht von einer einzelnen Person erschaffen oder kontrolliert (während Esperanto ursprünglich von Ludwik Zamenhof erfunden wurde, auch wenn es jetzt mehr wie eine lebende Sprache funktioniert, die sich ohne Autoritätsinstanz schrittweise weiterentwickelt).
- BitTorrent ist ähnlich wie die englische Sprache logisch dezentralisiert. »Content-delivery Networks« sind ähnlich, werden aber von einem einzelnen Unternehmen kontrolliert.
- Blockchains sind politisch dezentralisiert (niemand kontrolliert sie) und architektonisch dezentralisiert (kein infrastruktureller zentraler Ausfallpunkt), aber logisch zentralisiert (es gibt einen gemeinsam vereinbarten Zustand und das System *verhält sich* wie ein einzelner Computer).

Wenn von den Vorzügen einer Blockchain die Rede ist, wird oft auf die Bequemlichkeitsvorteile »einer zentralen Datenbank« und auf die Tatsache hingewiesen, dass die Zentralisierung eine logische ist und dass sie eine Art ist, die wohl in vielen Fällen vorteilhaft ist (auch wenn Juan Benet vom IPFS vermutlich ebenfalls, wenn möglich, auf logische Dezentralisierung drängen würde, weil logisch dezentralisierte Systeme gut Netzwerkpartitionierungen überstehen können, sie in Regionen der Welt mit schlechter Konnektivität gut funktionieren etc.).

Architektonische Zentralisierung führt oft, wenn auch nicht notwendigerweise, zu politischer Zentralisierung – in einer formalen Demokratie treffen sich Politiker:innen und halten in einer physischen Kammer der Beschlussfassung Abstimmungen ab, aber diejenigen, die diesen Raum instand halten, haben noch lange keinen bestimmenden Einfluss auf die Entscheidungsfindung. In computerisierten Systemen kann es zu einer architektonischen, nicht aber politischen Dezentralisierung kommen, wenn es eine Online-Community gibt, die aus reiner Zweckmäßigkeit ein zentralisiertes Forum nutzt, wo es jedoch einen allgemein anerkannten Gesellschaftsvertrag gibt, der besagt: Wenn die Betreiber:innen des Forums arglistig handeln, dann werden alle in ein anderes Forum umziehen (Communitys, die sich im Aufbegehren gegen das bilden, was sie in einem anderen Forum als Zensur ansehen, dürften in der Praxis wahrscheinlich diese Eigenschaft haben).

Logische Zentralisierung macht architektonische Dezentralisierung zwar schwieriger, aber nicht unmöglich – man denke nur daran, dass dezentrale Konsensnetzwerke nachweislich funktionieren, aber schwerer zu unterhalten sind als BitTorrent. Und logische Zentralisierung erschwert politische Dezentralisierung – in Ersteren ist es schwieriger, Streitigkeiten dadurch beizulegen, dass man sich einfach mit »leben und leben lassen« einverstanden erklärt.

Drei Gründe für Dezentralisierung

Die nächste Frage lautet: Was bringt Dezentralisierung überhaupt? Dafür werden mehrere Argumente ins Feld geführt:

- **Fehlertoleranz:** Bei dezentralen Systemen ist das Risiko eines zufälligen Ausfalls geringer, weil sie sich auf viele getrennte, unwahrscheinliche Komponenten stützen.
- **Angriffswiderstand:** Es ist kostspieliger, zentrale Systeme anzugreifen und zu zerstören oder zu manipulieren, weil sie keine sensiblen zentralen Punkte haben, die zu viel niedrigeren Kosten angegriffen werden können als das umgebende System.
- **Kollusionswiderstand:** Es ist viel schwieriger für Teilnehmende dezentraler Systeme, sich heimlich auf Handlungen zu verständigen, die sie auf Kosten anderer Teilnehmenden begünstigen, während die Entscheidungsträger:innen von Unternehmen und Regierungen in einer Weise heimlich zusammenwirken, von der sie selbst profitieren, die aber weniger gut koordinierten Bürger:innen, Kund:innen, Mitarbeitenden und der allgemeinen Öffentlichkeit schadet.

Alle drei Argumente sind wichtig und zutreffend, aber sie führen zu einigen interessanten und unterschiedlichen Schlussfolgerungen, sobald man anfängt, mit den drei individuellen Perspektiven im Kopf über Protokollentscheidungen nachzudenken. Versuchen wir, jedes dieser Argumente der Reihe nach weiter auszuführen.

In Bezug auf die Fehlertoleranz ist das Kernargument simpel, denn was ist unwahrscheinlicher: dass ein einzelner Computer ausfällt oder dass fünf von zehn Computern gleichzeitig ausfallen? Das Prinzip ist unstrittig, daher wird es im realen Leben in vielen Situationen angewandt, etwa bei Strahltriebwerken, Ersatzstromaggregaten (insbesondere an Orten wie Krankenhäusern), militärischer Infrastruktur, Finanzportfolio-Diversifikation und ja, Computernetzwerken.

Nun zeigt sich jedoch oftmals, dass diese Art von Zentralisierung zwar effektiv und überaus wichtig ist, aber keineswegs jenes Allheilmittel, das ein naives mathematisches Modell manchmal vorhersagen würde. Das liegt am »Common Mode Failure« (gleichartige Ausfälle). Selbstverständlich ist es weniger wahrscheinlich, dass vier Strahltriebwerke ausfallen, als dass eins ausfällt. Was aber passiert, wenn alle vier Triebwerke in derselben Fabrik hergestellt wurden und derselbe boshafte Mitarbeiter bei allen vieren einen Fehler eingebaut hat?

Schützen Blockchains so, wie sie heute beschaffen sind, vor dem Common Mode Failure? Nicht unbedingt. Schauen wir uns die folgenden Szenarien an:

- Sämtliche Knoten in einer Blockchain laufen mit derselben Client-Software und es zeigt sich, dass diese einen Programmfehler hat.
- Alle Knoten in einer Blockchain laufen mit derselben Client-Software, und es kommt heraus, dass deren Entwicklungsteam korrupt ist.
- Das Forscherteam, das Protokoll-Upgrades anbietet, erweist sich als korrupt.
- In einer Proof-of-Work-Blockchain befinden sich 70 Prozent der Miner im selben Land und die Regierung dieses Landes beschließt, alle Mining-Farms aus Gründen der nationalen Sicherheit zu beschlagnahmen.

- Der größte Teil der Mining-Hardware wird von demselben Unternehmen produziert, dieses aber wird bestochen oder gezwungen, eine Backdoor zu implementieren, sodass die Hardware nach Belieben abgeschaltet werden kann.
- In einer Proof-of-Stake-Blockchain werden 70 Prozent der gestaketen Coins in einer Börse verwahrt.

Eine ganzheitliche Betrachtung der fehlertolerierenden Dezentralisierung würde all diese Aspekte prüfen und überlegen, wie sie minimiert werden können. Daraus ergeben sich einige natürliche Schlussfolgerungen, die recht naheliegend sind:

- Es muss unbedingt mehrere konkurrierende Implementierungen geben.
- Das Wissen über die technischen Erwägungen hinter Protokoll-Upgrades muss demokratisiert werden, sodass sich mehr Menschen wohler damit fühlen, an Forschungsdiskussionen teilzunehmen und eindeutig nachteilige Protokolländerungen zu kritisieren.
- Core-Entwickler:innen und -Forscher:innen sollten von mehreren Unternehmen oder Organisationen beschäftigt werden (alternativ könnten auch viele von ihnen ihre Dienste freiwillig zur Verfügung stellen).
- Mining-Algorithmen sollen so konzipiert werden, dass das Zentralisierungsrisiko minimiert wird.
- Idealerweise nutzen wir Proof of Stake, um das Zentralisierungsrisiko der Hardware vollständig auszuschließen (auch wenn wir auf neue Risiken achten sollten, die aufgrund des Proof of Stake auftreten).

Man beachte, dass sich die Anforderung an die Fehlertoleranz in ihrer naiven Form auf die architektonische Dezentralisierung konzentriert, sobald man jedoch über die Fehlertoleranz der Community nachdenkt, die die laufende Entwicklung des Protokolls kontrolliert, kommt auch die politische Dezentralisierung zum Tragen.

Schauen wir uns jetzt den Angriffswiderstand an. In einigen rein ökonomischen Modellen erhält man manchmal das Ergebnis, dass die Dezentralisierung gar keine Rolle spielt. Wenn man ein Protokoll erstellt, bei dem die

Validator:innen garantiert 50 Millionen Dollar verlieren, wenn es zu einem 51-Prozent-Angriff (das heißt einer »Finality Reversion«) kommt, dann spielt es im Grunde genommen keine Rolle, ob sie von einem Unternehmen oder von 100 Unternehmen kontrolliert würden – eine ökonomische Sicherheitsmarge von 50 Millionen Dollar ist schließlich eine ökonomische Sicherheitsmarge von 50 Millionen Dollar. Tatsächlich gibt es tiefgreifende spieltheoretische Gründe, warum Zentralisierung sogar dieses Konzept ökonomischer Sicherheit *maximieren* kann (im Transaktionsselektionsmodell bestehender Blockchains spiegelt sich diese Erkenntnis wider, da die Transaktionseinbeziehung in Blocks durch Miner und Block-Proposer eigentlich nichts anderes ist als eine schnell rotierende Diktatur).

Aber sobald man ein reichhaltigeres ökonomisches Modell und insbesondere eines, das die Möglichkeit der Erzwingung einräumt (oder viel mildere Dinge wie gezielte DoS-Angriffe auf Knoten), übernimmt, gewinnt Dezentralisierung an Bedeutung. Wenn man jemandem mit dem Tod droht, spielen plötzlich 50 Millionen Dollar keine allzu große Rolle mehr. Wenn aber die 50 Millionen Dollar auf zehn Personen verteilt werden, dann muss man zehnmal so viele Menschen bedrohen – und zwar gleichzeitig. Im Allgemeinen zeichnet sich die moderne Welt in vielen Fällen durch eine Asymmetrie zwischen Angriff und Verteidigung zugunsten der Angreifer:innen aus – ein Gebäude, dessen Baukosten 10 Millionen Dollar betragen, kann vielleicht für weniger als 100 000 Dollar zerstört werden, aber der Hebel des Angreifers ist oft sublinear: Wenn ein Gebäude, dessen Errichtung 10 Millionen Dollar kostet, für 100 000 Dollar zerstört werden kann, dann kostet die Zerstörung eines Gebäudes, das für eine Million Dollar errichtet wurde, realistischerweise vielleicht 30 000 Dollar. Kleinere Zahlen ergeben bessere Quotienten.

Wohin führt uns diese Argumentation? Erstens spricht sie eindeutig für die Überlegenheit des Proof of Stake über den Proof of Work, weil sich Computerhardware leicht aufspüren, regulieren beziehungsweise angreifen lässt, während Coins sich viel leichter verstecken lassen (Proof of Stake hat aus anderen Gründen auch einen starken Angriffswiderstand). Zweitens ist es ein Argument für – auch geografisch – weit verteilte Entwicklungsteams. Drittens folgt daraus, dass sowohl das ökonomische Modell als auch das

Fehlertoleranzmodell bei der Konzipierung von Konsensprotokollen geprüft werden müssen.

Schließlich kommen wir zu dem vielleicht schwierigsten der drei Argumente: Kollusionswiderstand. Kollusion lässt sich nur schwer definieren, aber vielleicht ist »Koordination, die wir nicht mögen« die einzig wirklich fundierte Definition. Es gibt viele Situationen im realen Leben, in denen eine perfekte Koordination zwischen allen zwar ideal wäre, es aber gefährlich ist, wenn sich eine Untergruppe abstimmen kann, *während die anderen dies nicht tun können.*

Eine einfache Antwort ist das Kartellgesetz – gezielte regulatorische Schranken, die auferlegt werden, um es Teilnehmenden auf einer Seite des Marktes zu erschweren, zusammenzukommen, wie ein Monopolist zu handeln und auf Kosten sowohl der anderen Seite des Marktes als auch des Gemeinwohls überzogene Gewinne einzufahren. Ein weiteres Beispiel sind Regeln gegen aktive Absprachen zwischen Kandidat:innen und Super-PACs in den Vereinigten Staaten – auch wenn die Praxis gezeigt hat, wie schwer durchsetzbar diese sind. Ein viel kleineres Beispiel ist eine Regel in einigen Schachturnieren, die es zwei Spieler:innen verbietet, viele Partien gegeneinander zu spielen, um den Score eines Spielers in die Höhe zu treiben. Wohin man auch blickt, überall gibt es Bemühungen, unerwünschte Koordination in komplexen Institutionen zu verhindern.

Im Fall von Blockchain-Protokollen stützt sich die mathematische und ökonomische Argumentation hinter der Sicherheit des Konsensmechanismus oftmals maßgeblich auf das Modell der unkoordinierten Entscheidung beziehungsweise die Annahme, dass an dem Spiel viele kleine Akteur:innen teilnehmen, die ihre Entscheidungen unabhängig voneinander treffen. Wenn ein Akteur mehr als ein Drittel der Mining-Kapazität in einem Proof-of-Work-System erhält, kann er durch egoistisches Mining unverhältnismäßige hohe Gewinne erzielen.[20] Aber können wir wirklich sagen, das Modell der unkoordinierten Entscheidung sei realistisch, wenn 90 Prozent der Mining-Rechenkapazität des Bitcoin-Netzwerks so gut koordiniert sind, dass sie sich gemeinsam auf derselben Konferenz sehen lassen?

Blockchain-Befürworter:innen weisen auch gern darauf hin, dass man auf Blockchains sicherer aufbauen könne, weil sie ihre Regeln nicht einfach willkürlich ändern könnten, wann immer sie wollten. Dieser Punkt ließe sich jedoch nur schwer verteidigen, wenn die Entwickler:innen der Software und des Protokolls für ein Unternehmen arbeiteten, Teil einer Familie wären und in einem Raum sitzen würden. *Der springende Punkt* ist, dass diese Systeme nicht wie eigennützige einheitliche Monopole handeln sollten. Daher kann man zweifellos argumentieren, dass Blockchains sicherer wären, wenn sie *weniger* oder gar nicht *koordiniert* wären.

Allerdings stellt dies ein grundlegendes Paradoxon dar. Viele Gemeinschaften, auch die Ethereum-Community, werden oft für ihren ausgeprägten Gemeinschaftssinn und ihre Fähigkeit der schnellen Abstimmung gerühmt, wenn es darum geht, einen Hard Fork zu implementieren, freizugeben und zu aktivieren, um »Denial of Service«-Probleme im Protokoll binnen sechs Tagen zu beheben. Wie können wir diese gute Art von Koordination fördern und verbessern, aber gleichzeitig »negative Koordination« vermeiden, bei der Miner versuchen, alle anderen zu hintergehen, indem sie wiederholt 51-Pozent-Angriffe koordinieren? Darauf gibt es drei mögliche Antworten:

- Bemühen Sie sich nicht darum, unerwünschte Koordination abzuschwächen; erstellen Sie stattdessen Protokolle, die ihr widerstehen können.
- Bemühen Sie sich um einen goldenen Mittelweg, der genügend Koordination für die Weiterentwicklung eines Protokolls erlaubt, aber nicht genug, um Angriffe zu ermöglichen.
- Unterscheiden Sie zwischen nützlicher und schädlicher Koordination, erleichtern Sie zudem Erstere und erschweren Sie Letztere.

Die erste Strategie macht einen Großteil der Casper-Designphilosophie aus. Allerdings ist sie für sich genommen unzureichend, denn wenn man sich allein auf ökonomische Faktoren verlässt, ist damit den anderen beiden Bedenken bezüglich der Dezentralisierung noch nicht abgeholfen. Die zweite Strategie lässt sich nur schwer explizit konzipieren, insbesondere langfristig, aber sie wird oftmals zufällig realisiert. So lässt sich zum Beispiel die Tatsache, dass die Core-Entwickler:innen von Bitcoin im Allgemeinen englischsprachig sind, während Miner im Allgemeinen chinesischsprachig sind, als glücklichen Fügung ansehen, da sie eine Art der »Zweikammern«-Governance hervorbringt, die die Koordination erschwert – mit dem Nebeneffekt, das Risiko von »Common Mode Failure« zu verringern, da die englische und die chinesische Community aufgrund der räumlichen Entfernung und Kommunikationsschwierigkeiten zumindest bis zu einem gewissen Grad unterschiedliche Überlegungen anstellen, also eher nicht denselben Fehler machen werden. Die dritte ist vor allem eine soziale Herausforderung, deren Lösungsansätze sein könnten:

- Soziale Interventionen, die versuchen, die Loyalität der Teilnehmenden gegenüber der Community in Bezug auf die Blockchain als Ganze zu erhöhen und die die Akteur:innen auf einer Seite eines Marktes davon abhalten, sich loyal zueinander zu verhalten.
- Kommunikation zwischen verschiedenen »Seiten des Marktes« im selben Kontext fördern, um das Risiko zu verringern, dass Validator:innen, Entwickler:innen oder Miner sich selbst als »Klasse« verstehen, die sich koordinieren muss, weil sie wiederum ihre Interessen gegen andere Klassen verteidigen muss.

- Das Protokoll so designen, dass der Anreiz für Validator:innen und Miner sinkt, persönliche »Sonderbeziehungen«, zentrale Relay-Netzwerke und andere, ähnliche »überprotokollarische« Mechanismen aufzubauen.
- Klare Normen in Bezug auf die fundamentalen Eigenschaften, die das Protokoll besitzen sollte, und auf die Punkte, die nicht beziehungsweise nur unter extremen Bedingungen getan werden sollten.

Diese dritte Art von Dezentralisierung – Dezentralisierung als Vermeidung unerwünschter Koordination – lässt sich somit vielleicht am schwierigsten realisieren, und Trade-offs sind unvermeidlich. Die beste Lösung besteht vielleicht darin, in hohem Maße auf die eine Gruppe zu bauen, die garantiert ziemlich dezentralisiert ist: die User des Protokolls.

ANMERKUNGEN ZUR BLOCKCHAIN-GOVERNANCE

vitalik.ca, 17. Dezember 2017

Einer der interessantesten aktuellen Trends im Bereich der Blockchain-Governance ist die Wiederkehr des On-Chain-Coin-Besitzer-Abstimmungsregimes als Mehrzweckentscheidungsmechanismus. Abstimmungen durch Coin-Besitzer:innen werden manchmal für die Entscheidung darüber genutzt, wer die Superknoten zur Netzwerksteuerung betreiben soll (z. B. DPOS in EOS, NEO, Lisk und andere Systeme), manchmal für die Abstimmung über Protokollparameter (z. B. das »Gaslimit«[21] von Ethereum) und manchmal für die summarische Abstimmung über Protokoll-Upgrades sowie deren direkte Implementierung (z. B. Tezos). In all diesen Fällen erfolgen die Abstimmungen automatisch – das Protokoll selbst enthält die gesamte benötigte Logik, um die Validator:innen-Menge zu ändern oder die eigenen Regeln zu aktualisieren, und es tut dies automatisch als Reaktion auf die Abstimmungsergebnisse.

Für explizite On-Chain-Governance wird mit mehreren Vorteilen geworben. Erstens kann sie sich, anders als die von Bitcoin unterstützte, konservative Philosophie schnell entwickeln und nötige technische Verbesserungen akzeptieren. Zweitens vermeidet sie, dass sie ein explizit dezentrales Netzwerk erzeugt, die vermeintlichen Fallstricke *informeller* Governance, die als zu instabil und anfällig für Chain-Spaltungen oder als anfällig für eine zu weitgehende faktische Zentralisierung angesehen wird – wobei Letzteres dasselbe Argument ist, das im berühmten Essay »Tyrannei der Strukturlosigkeit« von 1972 vorgebracht wurde.[22]

Wir zitieren aus Tezos' Dokumentation:

> Während alle Blockchains finanzielle Anreize dafür bieten, den Konsens über ihre Ledgers aufrechtzuerhalten, hat keine Blockchain einen robusten On-Chain-Mechanismus, der nahtlos die Regeln für ihr Protokoll abändert und die Protokollentwicklung belohnt. Folglich ermächtigen Blockchains der ersten Generation zentralisierte Core-Entwickler:innenteams oder Miner zu Designentscheidungen.

Und:

> Ja, aber warum sollte man [eine Minority-Chain-Spaltung] erleichtern? Spaltungen zerstören Netzwerkeffekte.

Die Selektion von Validator:innen mit On-Chain-Governance-Regeln hat auch den Vorteil, dass sie Netzwerke ermöglicht, die Validator:innen hohe Rechenleistungsanforderungen auferlegen, ohne wirtschaftliche Zentralisierungsrisiken und andere Fallen jener Art, die in öffentlichen Blockchains auftreten, einzuführen.

Bislang hat es den Anschein, als wäre On-Chain-Governance alles in allem ein ziemlich guter Deal … Was soll daran also falsch sein?

Was ist Blockchain-Governance?

Zunächst einmal müssen wir genauer beschreiben, was der Prozess der »Blockchain Governance« eigentlich *ist.* Grundsätzlich gibt es zwei informelle Governance-Modelle, die ich das »Entscheidungsfunktion«-Governance-Modell und das »Koordinations«-Governance-Modell nennen werde. Ersteres behandelt Governance als eine Funktion $f(x_1, x_2 \dots x_n) \rightarrow y$, in der die Eingaben die Wünsche verschiedener legitimer Stakeholder (Senator:innen, der Präsident, Immobilieneigentümer:innen, Aktionär:innen, Wähler:innen etc.) und die Ausgabe die Entscheidung sind.

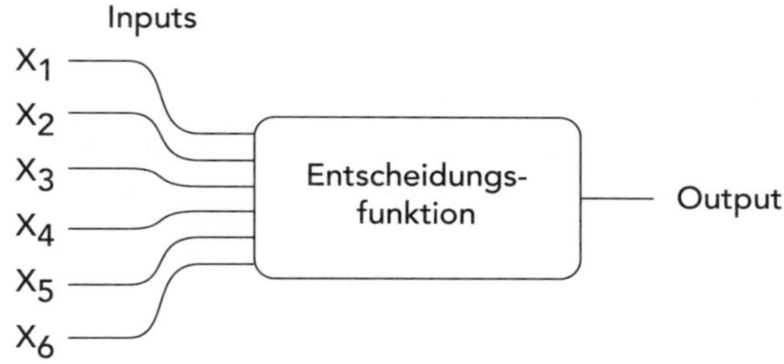

Das Entscheidungsfunktion-Modell ist oft als Näherung nützlich, aber es franst an den Rändern leicht aus: Menschen können oft gegen das Gesetz verstoßen, tun dies auch und kommen damit ungeschoren davon, manchmal sind Regeln doppeldeutig, manchmal kommt es zu Revolutionen – und alle drei dieser Möglichkeiten sind, zumindest manchmal, *eine gute Sache*. Oftmals wird selbst Verhalten innerhalb des Systems durch Anreize bestimmt, die durch *die Möglichkeit* geschaffen werden, außerhalb des Systems zu handeln – auch dies ist, zumindest manchmal, eine gute Sache.

Das Koordinationsmodell der Governance dagegen betrachtet Governance als etwas in Schichten Existierendes. Die Bodenschicht, das sind in der realen Welt die physikalischen Gesetze (»Kanonen und Bomben«, wie ein geopolitischer Realist sagen würde), aber im Blockchain-Raum können wir noch etwas weiter abstrahieren und es als die Fähigkeit jeder Person benennen, in ihrer Eigenschaft als User, Miner, Stakeholder, Validator:innen oder sonstigen Typen von Agent:innen, die ein Blockchain-Protokoll erlaubt, eine beliebige Software laufen zu lassen. Die unterste Schicht ist immer die letztliche Entscheidungsschicht: Wenn zum Beispiel alle Bitcoin-User eines Tages aufwachen und beschließen, den Quellcode ihrer Clients zu bearbeiten und den gesamten Code durch einen Ethereum-Client zu ersetzen, der auf die Salden eines bestimmten ERC20-Token-Kontrakts hört, dann bedeutet dies, dass der ERC20-Token nun Bitcoin *ist*. Die letztlich bestimmende Macht der untersten Schicht kann nicht aufgehalten, aber die Aktionen der Personen dieser Schicht können von den Schichten darüber *beeinflusst* werden.

Die zweite (und überaus wichtige) Schicht sind Koordinationsinstitutionen. Der Zweck einer solchen besteht darin, Schwerpunkte in Bezug darauf festzulegen, wie und wann Individuen zur besseren Koordination ihres Verhaltens handeln sollten. Es gibt viele Situationen, sowohl in der Blockchain-Governance als auch im wirklichen Leben, in denen man, wenn man auf eine bestimmte Weise allein handelt, wahrscheinlich nichts erreicht (oder schlimmer noch), aber wenn alle gemeinsam handeln, kann ein gewünschtes Ergebnis erreicht werden.

	A	B
A	(5, 5)	(0, 0)
B	(0, 0)	(5, 5)

Ein abstraktes Koordinationsspiel. Sie profitieren enorm, wenn Sie genauso handeln wie alle anderen.

In diesen Fällen ist es in Ihrem Interesse, zu gehen, wenn alle anderen gehen, und stehen zu bleiben, wenn alle anderen stehen bleiben. Koordinationsinstitutionen halten gleichsam grüne oder rote Fahnen hoch, die »gehen« oder »stehen« signalisieren, und zwar *innerhalb einer etablierten Kultur*, in der alle auf diese Fahnen achten und ihnen (in der Regel) Folge leisten. Warum haben Menschen einen Anreiz, diesen Fahnen zu gehorchen? Weil schon *alle anderen* diesen Fahnen gehorchen – Sie haben also einen Anreiz, dasselbe wie alle anderen zu tun.

GEWICHTIGE BEHAUPTUNG: Dieses Konzept der Koordinationsfahnen umfasst *alles*, was wir unter »Governance« verstehen; in Szenarien ohne Koordinationsspiele (beziehungsweise, allgemeiner gesagt, Spiele mit mehreren Gleichgewichten) ist das Konzept der Governance sinnlos.

Ein byzantinischer General[23], der seine Truppen zum Angriff anfeuert. Er will den Soldaten damit nicht nur Mut und Begeisterung einflößen, sondern ihnen auch versichern, dass alle anderen ebenfalls tapfer und begeistert losstürmen werden, sodass ein einzelner Soldat nicht mit alleinigem Losstürmen Selbstmord begeht.

In der realen Welt fungieren militärische Befehle eines Generals als Fahne, und in der Blockchain-Welt ist das einfachste Beispiel einer solchen Fahne der Mechanismus, der Menschen informiert, ob sich ein Hard Fork »ereignet« oder nicht. Koordinationsinstitutionen können sehr formal oder informell sein und dabei oft doppeldeutige Vorschläge machen. Fahnen wären idealerweise immer entweder rot oder grün, aber manchmal könnte eine Fahne gelb oder auch holografisch sein, einigen Teilnehmenden als grün, gelb oder rot erscheinen. Manchmal gibt es auch mehrere Fahnen, die einander widersprechen.

Die Schlüsselfragen der Governance lauten daher:

- Was sollte Layer (Schicht) 1 sein? Das heißt, welche Features sollten im anfänglichen Protokoll selbst eingerichtet werden, und wie beeinflusst dies die Fähigkeit, formelhafte (das heißt entscheidungsfunktionsähnliche) Protokolländerungen vorzunehmen, sowie das Vermögen verschiedener Arten von Agent:innen für unterschiedliches Verhalten?
- Was sollte Layer (Schicht) 2 sein? Das heißt, welche Koordinationsinstitutionen sollten Menschen als wichtig vermittelt werden?

Die Bedeutung von Coin-Abstimmungen

Ethereum hat ebenfalls eine Geschichte der Abstimmungen mit Coins, wie etwa:

- **Abstimmungen über DAO-Vorschläge:** daostats.github.io/proposals.html
- **Die DAO-Kohlenstoffabstimmung:** v1.carbonvote.com
- **Die EIP 186/649/669 Kohlenstoffabstimmung:** carbonvote.com

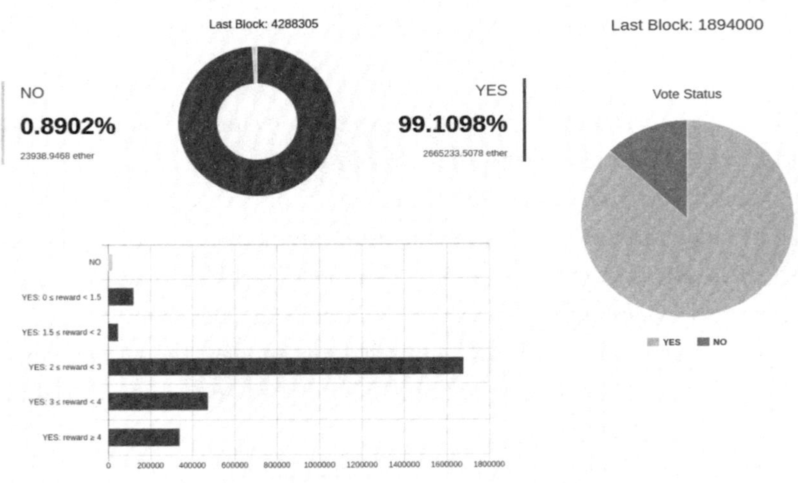

Open Proposals

Hide Splits

Number of open proposals: 71

ID	Description	Deposit	Time Left	Turnout	
2	Do you believe in god?	2 ether	Finished	0.75%	
71	beer split	0 ether	Finished	0%	Split
5	Moratorium on proposals until the DAO contract is ...	2 ether	Finished	8.13%	
11	Curators, please hire somebody to fix the DAO code...	2 ether	Finished	1.77%	
15	Dear DAO - Tokenholders, I am a simple DAO-Tokenho...	2 ether	Finished	2.24%	
17	Raising the Proposal Deposit to 11 ETH \n This P...	2 ether	Finished	9.62%	

Diese drei sind Beispiele für *lose gekoppelte* Coin-Abstimmungen beziehungsweise die Coin-Abstimmung als Layer-2-Koordinationsinstitution. Ethereum hat keine Beispiele für *eng gekoppelte* Coin-Abstimmungen (oder Coin-Abstimmung als Layer-1-protokollinternes Feature), auch wenn es ein Beispiel für eng gekoppelte *Miner*-Abstimmung enthält: das Recht von Minern, über das Gaslimit abzustimmen.[24] Eng gekoppelte und lose gekoppelte Abstimmung stehen eindeutig im Raum des Governance-Mechanismus in Konkurrenz, sodass sich eine nähere Analyse lohnt: Was sind die Vor- und Nachteile jedes Abstimmungsverfahrens? Ausgehend von der Annahme, dass die Transaktionskosten gleich null sind und dass es jeweils als alleiniger Governance-Mechanismus genutzt wird, sind die beiden eindeutig äquivalent. Wenn eine lose gekoppelte Abstimmung sagt, dass Änderung x implementiert werden sollte, dann dient dies als eine »grüne Fahne«, die alle zum Download des Updates ermuntert; wenn eine Minderheit rebellieren will, werden sie das Update einfach nicht herunterladen. Wenn eine eng gekoppelte Abstimmung Änderung x implementiert, dann geschieht die Änderung automatisch; wenn eine Minderheit rebellieren will, dann kann sie ein Hard-Fork-Update zum Löschen der Änderung installieren. Allerdings sind mit der Herstellung eines Hard Fork ganz klar Transaktionskosten ungleich null verbunden, was zu einigen wichtigen Unterschieden führt.

Ein einfacher und wichtiger Unterschied ist die Tatsache, dass eine eng gekoppelte Abstimmung eine Voreinstellung zugunsten der Übernahme des Mehrheitswillens durch die Blockchain erzeugt. Dies zwingt Minderheiten dazu, sich enorm anzustrengen, um einen Hard Fork zu koordinieren, der die bestehenden Eigenschaften einer Blockchain erhält, während eine lose gekoppelte Abstimmung lediglich ein Koordinations-Tool ist, das aber dennoch von den Usern verlangt, die Software, die einen beliebigen Fork implementiert, herunterzuladen und auszuführen. Jedoch gibt es auch noch viele weitere Unterschiede. Gehen wir also jetzt einige Argumente *gegen* Abstimmungen durch und analysieren, inwieweit jedes Argument für Layer-1- und Layer-2-Abstimmungen trägt.

Niedrigere Stimmbeteiligung

Einer der Hauptkritikpunkte an Coin-Abstimmungsmechanismen lautet bislang, dass sie unabhängig davon, wo sie ausprobiert werden, tendenziell eine sehr niedrige Stimmbeteiligung haben. An der DAO-Kohlenstoff-Abstimmung nahmen nur 4,5 Prozent der Stimmberechtigten teil:

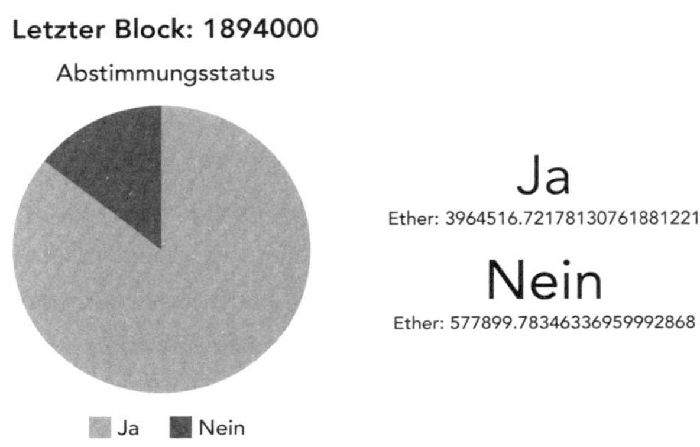

Außerdem ist die Vermögensverteilung äußerst ungleich – die Ergebnisse dieser beiden Faktoren lassen sich zusammengenommen am besten mit dem folgenden Bild veranschaulichen, das ein Kritiker der DAO-Fork entworfen hat:

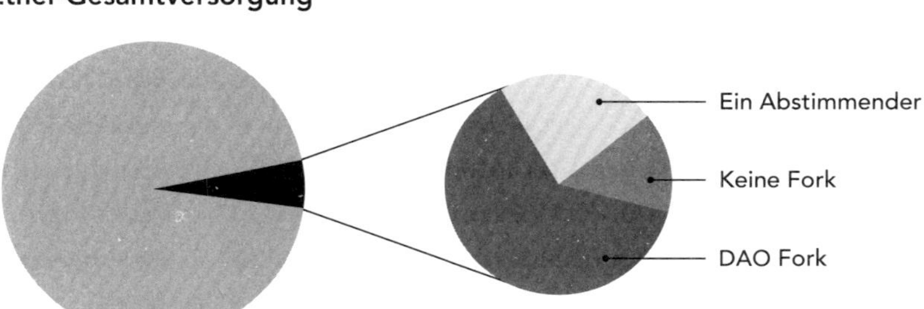

Die EIP 186 Carbonvote hatte etwa 2,7 Millionen abstimmende Ether. Die DAO-Proposal-Abstimmungen schnitten nicht besser ab; die Beteiligung erreichte keine 10 Prozent. Und außerhalb von Ethereum ist die Lage auch nicht rosig; selbst bei BitShares, einem System, in dem der zentrale Gesellschaftsvertrag Abstimmungen eine Schlüsselrolle zuerkennt, erhielt der Topdelegierte in einer Bestätigungsabstimmung nur 17 Prozent der Stimmen, während er in Lisk bis zu 30 Prozent erhielt, auch wenn diese Systeme, wie wir später sehen werden, wiederum andere, ganz eigene Probleme haben.

Eine niedrigere Wahlbeteiligung bedeutet zweierlei: Erstens, die Legitimität der Abstimmung lässt sich leichter anzweifeln, weil sich darin nur die Ansichten eines kleinen Prozentsatzes der Menschen widerspiegelt. Zweitens, einzelne Angreifer:innen können mit nur einem geringen Prozentsatz aller Coins die Abstimmung beeinflussen. Diese Probleme sind unabhängig davon, ob die Abstimmung eng oder lose gekoppelt ist.

Spieltheoretische Angriffe

Abgesehen von dem »Big Hack«, der den Großteil der Medienaufmerksamkeit auf sich zog, hatte auch The DAO eine Reihe viel kleinerer spieltheoretischer Schwachstellen offengelegt. Das ist aber nur die Spitze des Eisbergs. Selbst wenn ein Abstimmungsmechanismus bis ins kleinste Detail richtig implementiert wird, hat er im Allgemeinen eine große Schwäche: Bei jeder Abstimmung ist die Wahrscheinlichkeit, dass eine einzelne abstimmende Person das Endergebnis beeinflussen wird, äußerst niedrig, daher ist der persönliche Anreiz jeder der abstimmenden Personen, ehrlich abzustimmen, verschwindend gering. Und wenn das, was für alle einzeln auf dem Spiel steht (ihr »Stake«-Einsatz), gering ist, dann ist der Anreiz für eine aufrichtige Abstimmung geringfügig *hoch zwei*. Daher kann schon eine relativ kleine Summe Bestechungsgelder, die an die Teilnehmenden ausgegeben wird, ausreichen, um ihre Entscheidung zu beeinflussen, und das womöglich auf eine Weise, die sie als Kollektiv eher missbilligen würden.

Jetzt könnte man einwenden, dass Menschen keine bösen, egoistischen Profitmaximierer:innen sind, die eine Schmiergeldzahlung von 0,50 Dollar für eine Abstimmung annehmen, die Josh Garza[25] um 20 Millionen Dollar reicher machen würde, nur weil die vorstehende Kalkulation besagt, dass ihre individuelle Chance, das Gesamtergebnis zu beeinflussen, sehr gering ist. Vielmehr dürften sie sich aus altruistischen Motiven weigern, etwas Böses zu tun. Auf diese Kritik lässt sich zweierlei erwidern:

Erstens gibt es plausible Methoden der »Bestechung«. So kann eine Börse zum Beispiel Zinssätze auf Einlagen anbieten (bzw., noch mehrdeutiger, eigene Gelder für die Entwicklung einer tollen Schnittstelle und Features verwenden), und der Börsenbetreiber nutzt die große Menge an Einlagen, um so abzustimmen, wie er es will. Börsen profitieren von Chaos, entsprechend decken sich ihre Anreize im Allgemeinen nicht mit denen der User *und* Coin-Besitzer:innen.

Zweitens – was noch stärker ins Gewicht fällt – hat es in der Praxis den Anschein, als wären Menschen, zumindest in ihrer Eigenschaft als Besitzer:innen von Krypto-Token, Profitmaximierer:innen, und als sähen sie nichts Schlimmes oder Egoistisches daran, ein- oder zweimal Bestechungsgelder anzunehmen. Als »Beweisstück A« können wir uns die Situation bei Lisk ansehen, wo die Delegierten offenbar erfolgreich von zwei großen »politischen Parteien« vereinnahmt wurden, die Coin-Besitzer:innen ausdrücklich bestechen, damit sie für sie stimmen, und die außerdem von jedem Mitglied im Pool verlangen, für alle anderen zu stimmen.

Hier ist LiskElite mit 55 Mitgliedern (von insgesamt 101):

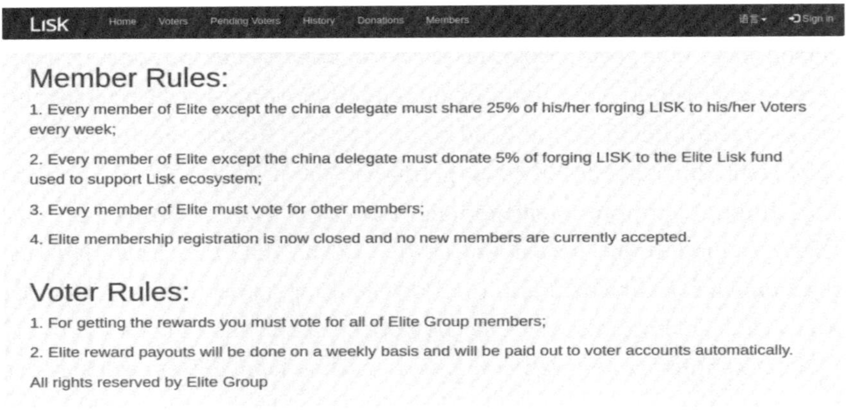

Lisk   Home   Voters   Pending Voters   History   Donations   Members   Sign in

Member Rules:

1. Every member of Elite except the china delegate must share 25% of his/her forging LISK to his/her Voters every week;

2. Every member of Elite except the china delegate must donate 5% of forging LISK to the Elite Lisk fund used to support Lisk ecosystem;

3. Every member of Elite must vote for other members;

4. Elite membership registration is now closed and no new members are currently accepted.

Voter Rules:

1. For getting the rewards you must vote for all of Elite Group members;

2. Elite reward payouts will be done on a weekly basis and will be paid out to voter accounts automatically.

All rights reserved by Elite Group

Nachfolgend LiskGDT mit 33 Mitgliedern:

Und als »Beweisstück B« einige Bestechungsgelder an Abstimmende, die in Ark ausgezahlt werden:

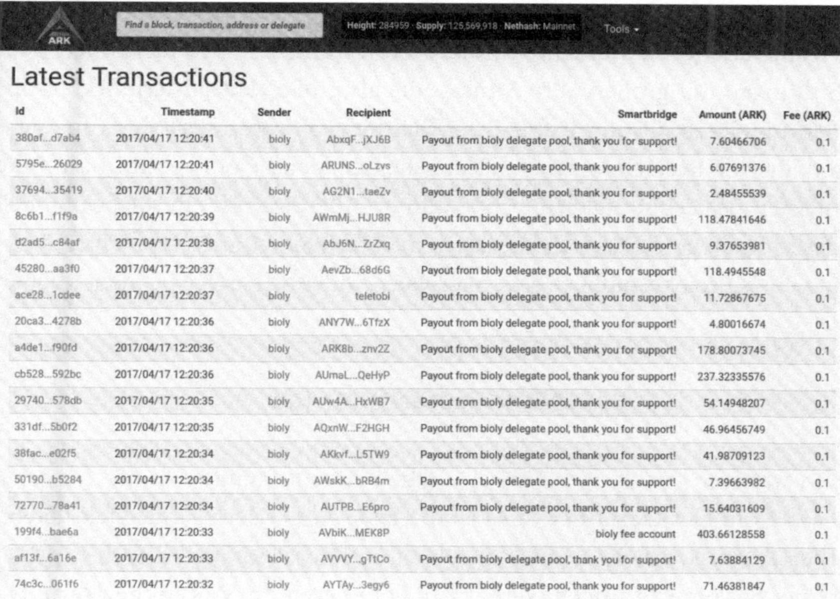

Latest Transactions

Id	Timestamp	Sender	Recipient	Smartbridge	Amount (ARK)	Fee (ARK)
380af...d7ab4	2017/04/17 12:20:41	bioly	AbxqF...jXJ6B	Payout from bioly delegate pool, thank you for support!	7.60466706	0.1
5795e...26029	2017/04/17 12:20:41	bioly	ARUNS...oLzvs	Payout from bioly delegate pool, thank you for support!	6.07691376	0.1
37694...35419	2017/04/17 12:20:40	bioly	AG2N1...taeZv	Payout from bioly delegate pool, thank you for support!	2.48455539	0.1
8c6b1...f1f9a	2017/04/17 12:20:39	bioly	AWmMj...HJU8R	Payout from bioly delegate pool, thank you for support!	118.47841646	0.1
d2ad5...c84af	2017/04/17 12:20:38	bioly	AbJ6N...ZrZxq	Payout from bioly delegate pool, thank you for support!	9.37653981	0.1
45280...aa3f0	2017/04/17 12:20:37	bioly	AevZb...68d6G	Payout from bioly delegate pool, thank you for support!	118.4945548	0.1
ace28...1cdee	2017/04/17 12:20:37	bioly	teletobi	Payout from bioly delegate pool, thank you for support!	11.72867675	0.1
20ca3...4278b	2017/04/17 12:20:36	bioly	ANY7W...6TfzX	Payout from bioly delegate pool, thank you for support!	4.80016674	0.1
a4de1...f90fd	2017/04/17 12:20:36	bioly	ARK8b...znv2Z	Payout from bioly delegate pool, thank you for support!	178.80073745	0.1
cb528...592bc	2017/04/17 12:20:36	bioly	AUmaL...QeHyP	Payout from bioly delegate pool, thank you for support!	237.32335576	0.1
29740...578db	2017/04/17 12:20:35	bioly	AUw4A...HxWB7	Payout from bioly delegate pool, thank you for support!	54.14948207	0.1
331df...5b0f2	2017/04/17 12:20:35	bioly	AQxnW...F2HGH	Payout from bioly delegate pool, thank you for support!	46.96456749	0.1
38fac...e02f5	2017/04/17 12:20:34	bioly	AKkvf...L5TW9	Payout from bioly delegate pool, thank you for support!	41.98709123	0.1
50190...b5284	2017/04/17 12:20:34	bioly	AWskK...bRB4m	Payout from bioly delegate pool, thank you for support!	7.39663982	0.1
72770...78a41	2017/04/17 12:20:34	bioly	AUTPB...E6pro	Payout from bioly delegate pool, thank you for support!	15.64031609	0.1
199f4...bae6a	2017/04/17 12:20:33	bioly	AVbiK...MEK8P	bioly fee account	403.66128558	0.1
af13f...6a16e	2017/04/17 12:20:33	bioly	AVVVY...gTtCo	Payout from bioly delegate pool, thank you for support!	7.63884129	0.1
74c3c...061f6	2017/04/17 12:20:32	bioly	AYTAy...3egy6	Payout from bioly delegate pool, thank you for support!	71.46381847	0.1

Beachten Sie, dass es hier einen wichtigen Unterschied zwischen eng gekoppelten und lose gekoppelten Abstimmungen gibt. Bei einer lose gekoppelten Abstimmung ist direkte oder indirekte Bestechung der Abstimmenden ebenfalls möglich, aber wenn die Community übereinkommt, dass ein bestimmter Vorschlag oder eine Gesamtheit von Abstimmungsergebnissen (»votes«) einen spieltheoretischen Angriff darstellt, dann können sie gemeinschaftlich beschließen, diesen zu ignorieren. Und tatsächlich ist dies in gewisser Weise schon passiert – der Carbonvote enthält eine schwarze Liste von (bekannten Börsen-)Adressen, deren Stimmen nicht mehr gezählt werden. Bei einer eng gekoppelten Abstimmung kann man eine solche schwarze Liste nicht auf Protokollebene erstellen, weil die Einigung darüber, wer auf diese schwarze List kommen soll, *selbst* eine Entscheidung der Blockchain-Governance ist. Da die schwarze Liste aber Teil eines von der Community geschaffenen Abstimmungs-Tools ist, das nur indirekt Protokolländerungen beeinflusst, können diese Tools mit schlechten schwarzen Listen einfach von der Community abgelehnt werden.

Es sei darauf hingewiesen, dass dieser Abschnitt *nicht* vorhersagt, dass alle eng gekoppelten Abstimmungssysteme schnell durch Bestechungsangriffe zerstört werden. Es ist durchaus möglich, dass viele aus einem einfachen Grund überleben werden: All diese Projekte haben Gründer:innen oder Stiftungen mit großen »Pre-Mines«, die als große zentralisierte Akteur:innen fungieren, die am Erfolg ihrer Plattformen interessiert sind, die nicht anfällig für Bestechungen sind, und die genügend Coins besitzen, um die meisten Bestechungsangriffe abzuwehren. Allerdings ist ein solches Modell des zentralisierten Vertrauens, das in manchen Situationen im frühen Stadium eines Projekts nützlich sein mag, ganz eindeutig langfristig nicht tragbar.

Nicht-Repräsentativität

Ein weiterer gewichtiger Einwand gegen Abstimmungen ist die Tatsache, dass Coin-Besitzer:innen nur eine Klasse von Usern sind, viele davon aber Interessen haben, die mit denen anderer User kollidieren. Im Fall reiner Kryptowährungen wie Bitcoin kollidieren die Wertaufbewahrungs-

(»Hodling«)[26] und die Tauschmittelfunktion (»Kaffees kaufen«) naturgemäß miteinander, da für Erstere Sicherheit eine viel größere Bedeutung hat als für Letztere, für die ihrerseits die Gebrauchstauglichkeit wichtiger ist. Bei Ethereum verschärft sich dieser Konflikt noch, da es viele Menschen gibt, die Ethereum aus Gründen nutzen, die nichts mit Ether (siehe CryptoKitties) oder auch mit werttragenden digitalen Assets im Allgemeinen (siehe ENS) zu tun haben.

Selbst wenn Coin-Besitzer:innen die einzig relevante Klasse von Usern sind (man könnte sich vorstellen, dass dies bei einer Kryptowährung der Fall ist, für die es einen geltenden Gesellschaftsvertrag gibt, wonach sie keinem anderen Zweck als der Funktion als nächstes digitales Gold dienen soll), gibt es noch immer die Herausforderung, dass eine Coin-Besitzer:innen-Abstimmung wohlhabenden Coin-Besitzer:innen viel größere Mitspracherechte einräumt als allen anderen. Dies öffnet die Tür für die Zentralisierung von Coin-Beständen, die ihrerseits zu einer ungehinderten Zentralisierung der Entscheidungsfindung führt. Oder in anderen Worten …

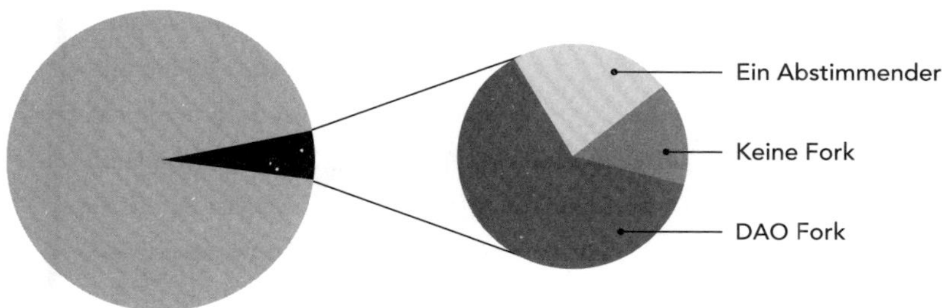

Diese Kritik bezieht sich in gleicher Weise sowohl auf die eng gekoppelte als auch auf die lose gekoppelte Abstimmung; allerdings ist Letztere offener für Kompromisse, die die Nichtrepräsentativität abschwächen, was wir später eingehender diskutieren werden.

Zentralisierung

Betrachten wir das Live-Experiment in eng gekoppelter Abstimmung bei Ethereum, das Gaslimit. Im Folgenden die Entwicklung des Gaslimits der letzten beiden Jahre:

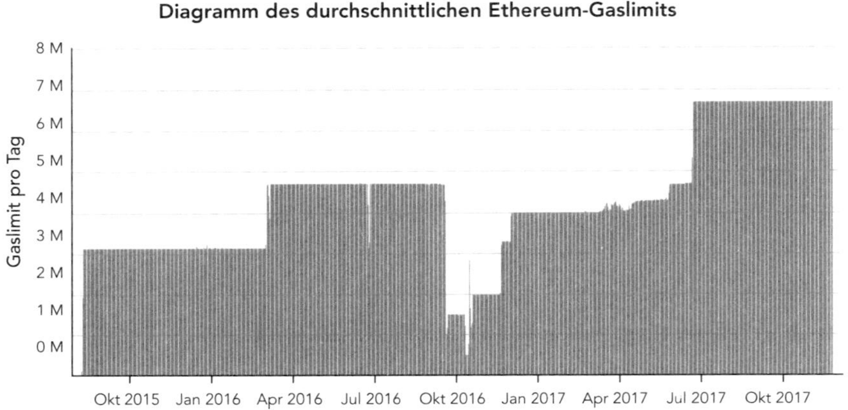

Vielleicht fällt Ihnen auf, dass die Kurve eine gewisse Ähnlichkeit mit einem Diagramm hat, das Ihnen recht vertraut sein könnte:

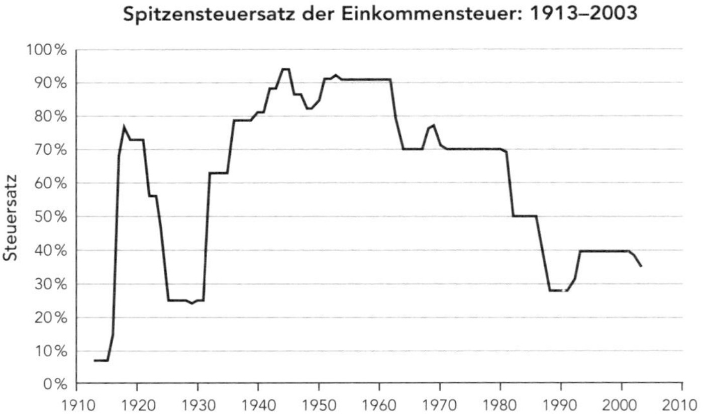

Beide gleichen magischen Zahlen, die von einer weitgehend zentralisierten Gruppe Personen, die zusammen in einem Raum sitzen, erschaffen und mehrfach neu ausgehandelt werden. Was geschieht im ersten Fall? Miner folgen im Allgemeinen der von der Community bevorzugten Richtung, die ihrerseits über soziale Hilfsmittel der Konsensbildung, ähnlich denjenigen, die Hard Forks antreiben (Core-Entwicklerunterstützung, Reddit-Upvotes etc.; in Ethereum ist das Gaslimit nie so kontrovers gewesen, als dass etwas so Gravierendes wie ein Coin-Vote notwendig geworden wäre), beeinflusst wird.

Daher ist es keineswegs klar, dass Abstimmungen wirklich dezentrale Resultate liefern, wenn die Abstimmer nicht fachkundig sind und sich einfach einer einzelnen tonangebenden Expert:innengruppe anschließen. Auch diese Kritik betrifft sowohl eng gekoppelt als auch lose gekoppelte Abstimmungen.

UPDATE: Seitdem ich dies geschrieben habe, ist es Ethereum-Minern offenbar gelungen, das Gaslimit von 6,7 Millionen auf 8 Millionen zu erhöhen, ohne dies auch nur mit den Core-Entwickler:innen oder der Ethereum Foundation zu besprechen. Also besteht Hoffnung; aber es bedarf einer Menge mühsamer Community-Entwicklung und anderweitiger strapaziöser, nicht-technischer Arbeit, um an diesen Punkt zu kommen.

Digitale Verfassungen

Eine der vorgeschlagenen Strategien, um das Risiko unkontrollierbarer schlechter Governance-Algorithmen zu verringern, sind »digitale Verfassungen«, die gewünschte Protokolleigenschaften mathematisch spezifizieren und fordern, dass Änderungen des Codes mit einem Computer-überprüfbaren Beweis versehen werden, aus dem hervorgeht, dass sie diese Eigenschaften erfüllen. Dies wirkt zunächst wie eine gute Idee, sollte aber auch meines Erachtens skeptisch gesehen werden.

Im Allgemeinen ist es eine äußerst gute Idee, Normen in Bezug auf Protokolleigenschaften zu definieren und diesen Normen die Funktion einer der Koordinationsfahnen zu übertragen. So können wir Kerneigenschaften eines Protokolls festschreiben, die wir für wichtig und nützlich erachten, sie dadurch aber auch schwerer veränderbar machen. Allerdings ist dies etwas, was in lose gekoppelter (Layer 2), nicht in eng gekoppelter (Layer 1) Form durchgesetzt werden sollte.

Im Grunde lässt sich jede bedeutungsvolle Norm nur schwer vollumfänglich zum Ausdruck bringen; dies hängt mit der Komplexität des Wertproblems zusammen und gilt sogar für etwas scheinbar so Eindeutiges wie das 21-Millionen-Coin-Limit.[27] Selbstverständlich kann man eine Code-Zeile hinzufügen, die lautet: `assert total_supply <= 21000000`, und mit dem Kommentar versehen »unter keinen Umständen entfernen«, aber das lässt sich auch auf vielen anderen Wegen erreichen. So könnte man sich zum Beispiel einen Soft Fork vorstellen, der eine verpflichtende Transaktionsgebühr hinzufügt, die proportional zum Coin-Wert x der Zeit ist, seitdem die Coins zum letzten Mal gesendet wurden – äquivalent zur »Liegegebühr« (Kosten der Geldhaltung), die wiederum äquivalent zur Deflation ist. Man könnte auch eine andere Währung implementieren, Bjtcoin genannt, mit 21 Millionen *neuen* Einheiten, und ein Feature hinzufügen mit: Wenn eine Bitcoin-Transaktion gesendet wird, können Miner sie abfangen und den Bitcoin für sich beanspruchen, dafür der:m Empfänger:in stattdessen Bjtcoin zukommen lassen. Dies würde rasch für eine Austauschbarkeit von Bitcoins und Bjtcoins sorgen, was die »Gesamtversorgung« auf 42 Millionen erhöhen würde, ohne jemals gegen diese Codezeile zu verstoßen. »Sanftere« Normen wie die Nichteinmischung in den Applikationszustand sind noch schwerer durchzusetzen.

Wir *wollen* in der Lage sein, zu sagen, dass eine Protokolländerung, die eine dieser Garantien verletzt, als illegitim angesehen werden sollte – es sollte eine Koordinationsinstitution mit einer roten Fahne geben –, selbst wenn sie durch eine Abstimmung bestätigt wird. Wir wollen außerdem sagen können, dass auch eine Protokolländerung, die dem Buchstaben einer Norm Rechnung trägt, aber in eklatanter Weise gegen ihren Geist verstößt, als illegitim angesehen werden sollte. Und dieses Ziel wird am besten erreicht, wenn die Normen in Layer 2 verankert sind – im Bewusstsein der Menschen in der Community statt im Code des Protokolls.

Hin zu einem Gleichgewicht

Ich bin jedoch auch nicht bereit, den umgekehrten Weg zu gehen, und zu sagen, dass eine Coin-Abstimmung oder andere explizite Abstimmungsverfahren, die der On-Chain-Abstimmung ähnlich sind, überhaupt keinen Platz in der Governance haben. Die führende Alternative scheint der Core-Entwickler-Konsens zu sein, allerdings ist auch das Versagen eines Systems, das von »Elfenbeinturm-Intellektuellen« kontrolliert wird, die sich mehr für abstrakte, technisch eindrucksvoll klingende Philosophien und Lösungen interessieren, die aber über reale, alltägliche Anliegen wie Usererfahrung und Transaktionsgebühren hinausgehen, eine echte, ernstzunehmende Bedrohung.

Wie also können wir dieses schwierige Problem lösen? Nun, wir können zunächst einmal die Worte von Slate Star Codex (SSC)[28] im Zusammenhang mit dem traditionelle Politikbetrieb beherzigen:

> Der Anfängerfehler ist: Man sieht, dass ein System teilweise ein Moloch [das heißt von fehlorientierten Sonderinteressen vereinnahmt] ist. Also sagt man: »Okay, wir werden das in Ordnung bringen, indem wir es der Kontrolle dieses anderen Systems unterstellen. Und wir werden dieses andere System dadurch kontrollieren, dass wir ›WERDE NICHT ZU MOLOCH‹ mit einem hellroten Markierstift darauf schreiben.«
>
> (»Ich sehe, dass der Kapitalismus manchmal aus dem Tritt gerät. Wir wollen ihn in Ordnung bringen, indem wir ihn unter Regierungskontrolle stellen. Wir werden wiederum die Regierung kontrollieren, indem wir hohe Ämter nur mit tugendhaften Menschen besetzen.«) Ich behaupte nicht, dass es eine wirkliche Alternative gibt, aber die manchmal angemessene ist der Neoliberalismus – finden Sie ein paar elegante Systeme, die alle entlang verschiedener Kriterien optimieren, die näherungsweise auf menschliches Wohlbefinden abgestimmt sind, lassen Sie sie in einer Struktur der gegenseitigen Kontrolle gegeneinander antreten, hoffen Sie, dass sie es, wie im Schweizer-Käse-Modell, an verschiedenen Schlupflöchern versemmeln, sorgen Sie für genügend

individuelle Entscheidungsfreiheit, sodass Menschen jedes System, das allzu schrecklich wird, verlassen können, und lassen Sie die kulturelle Evolution den Rest erledigen.

Auch auf dem Gebiet der Blockchain-Governance scheint dies die einzige belastbare Zukunftsoption zu sein. Das Modell der Blockchain-Governance, für das ich plädiere, ist der »multifaktorielle Konsens«, wo verschiedene Koordinationsfahnen sowie verschiedene Mechanismen und Gruppen abgefragt werden, bei der aber die endgültige Entscheidung vom Gesamtergebnis all dieser Mechanismen abhängt. Zu diesen Koordinationsfahnen können gehören:

- der Projektplan (also die grundlegenden Vorstellungen über die Richtung, in die sich das Projekt bewegen sollte, die zu einem früheren Zeitpunkt in der Projektgeschichte kommuniziert wurden),
- Konsens unter den maßgeblichen Core-Entwicklungsteams,
- Coin-Besitzer:innen-Abstimmungen,
- User-Abstimmungen, durch eine Art Sybil-resistentes Polling-System sowie
- etablierte Normen (z. B. Nichteingriff in Applikationen, die 21-Millionen-Coin-Grenze).

Ich würde behaupten, dass es nützlich ist, wenn das Coin-Voting eine von mehreren Koordinationsinstitutionen wäre, die entscheiden, ob eine bestimmte Änderung implementiert wird oder nicht. Es ist ein unvollkommenes und unrepräsentatives Signal, aber es ist *Sybil-resistent*[29] – wenn man sieht, dass 10 Millionen Etherianer:innen für einen bestimmten Vorschlag stimmen, kann man dies *nicht* einfach mit dem Hinweis abtun: »Oh, das sind bloß gedungene russische Trolle mit gefälschten Social-Media-Konten.« Es ist auch ein Signal, das sich hinlänglich von dem Core-Entwicklungsteam unterscheidet, sodass es, wenn nötig, als Kontrollmechanismus gegen dieses dienen kann. Wie oben beschrieben, gibt es allerdings gute Gründe dafür, dass es nicht die *einzige* Koordinationsinstitution sein sollte.

All dem liegt zudem der zentrale Unterschied zu traditionellen Systemen zugrunde, der Blockchains erst interessant macht: Das »Layer 1«, das das Fundament des gesamten Systems bildet, ist die Voraussetzung dafür, dass einzelne User Protokolländerungen zustimmen, und für ihre Fähigkeit, glaubwürdig mit einem »Fork Off« zu drohen, wenn jemand versucht, ihnen als feindselig angesehene Änderungen aufzuzwingen.

Es ist auch in Ordnung, in einigen begrenzten Kontexten eng gekoppelte Abstimmungen vorzunehmen – so ist zum Beispiel, ungeachtet ihrer Mängel, die Fähigkeit von Minern, über das Gaslimit abzustimmen, ein Feature, das sich bei mehreren Gelegenheiten als äußerst nützlich erwiesen hat. Das Risiko, dass Miner versuchen, ihre Macht zu missbrauchen, ist vermutlich geringer als das Risiko, dass ein bestimmtes Gaslimit oder ein bestimmtes Blockgrößen-Limit, die am ersten Tag vom Protokoll hartkodiert wurden, eines Tages zu gravierenden Problemen führen wird, daher ist es in diesem Fall eine gute Sache, Miner über das Gaslimit abstimmen zu lassen. »Miner oder Validator:innen zu erlauben, über einige spezifische Parameter abzustimmen, die von Zeit zu Zeit schnell geändert werden müssen« bedeutet allerdings noch lange nicht, dass man ihnen die willkürliche Kontrolle über Protokollregeln gibt oder Validierungen durch Abstimmungen kontrollieren lässt. Diese umfassenderen Visionen der On-Chain-Governance haben aber sowohl in der Theorie als auch in der Praxis ein Potenzial, das nichts Gutes verheißt.

ÜBER KOLLUSION

vitalik.ca, 3. April 2019

In den letzten Jahren wuchs das Interesse daran, maßgeschneiderte ökonomische Anreize und Mechanismus-Designs zu nutzen, um das Verhalten von Teilnehmenden in unterschiedlichen Kontexten zu koordinieren. Im Blockchain-Raum gewährleistet das Mechanismus-Design in erster Linie die Sicherheit der Blockchain selbst, indem es Miner oder Proof-of-Stake-Validator:innen zur ehrlichen Teilnahme ermuntert, aber in jüngster Zeit wird es auch in Prognosemärkten, »Token-kuratierten Registrys« und vielen anderen Kontexten angewandt. Die aufkommende Bewegung RadicalxChange hat inzwischen Experimente mit Harberger-Steuern, quadratischer Abstimmung, quadratischer Finanzierung und Weiteres angeregt. In letzter Zeit wächst auch das Interesse an der Nutzung Token-basierter Anreize zur Förderung hochwertiger Posts in Sozialen Medien. Doch in dem Maße, wie sich die Entwicklung dieser Systeme aus der Theorie in die Praxis verlagert, treten eine Reihe von Herausforderungen auf, die angegangen werden müssen – Herausforderungen, denen wir meines Erachtens noch nicht genügend Aufmerksamkeit geschenkt haben.

Ein Beispiel aus jüngster Zeit für diesen Schritt von der Theorie zur praktischen Anwendung ist Bihu, eine chinesische Plattform, die unlängst einen Coin-basierten Mechanismus veröffentlicht hat, der die Menschen zum Schreiben von Beiträgen animieren soll. Der Grundmechanismus sieht folgendermaßen aus: Wenn eine Userin der Plattform KEY-Token hält, hat sie die Möglichkeit, diese KEY-Token auf Artikel zu setzen. Jede

Userin kann x »Upvotes« (positive Bewertungen) pro Tag abgeben; und das »Gewicht« jedes Upvotes ist proportional zum Einsatz der Userin, die die positive Bewertung vornimmt. Artikel mit einer größeren Menge von sie hochwertenden Einsätzen erscheinen an prominenterer Stelle, und der:die Autor:in eines Artikels erhält als Belohnung KEY-Token, deren Zahl ungefähr proportional zur Menge an KEY-Token ist, die diesen Artikel positiv bewertet haben. Dies ist eine grobe Vereinfachung, und in den Mechanismus sind in Wirklichkeit einige Nichtlinearitäten eingebaut, die jedoch für die grundlegende Funktionstüchtigkeit des Mechanismus unwesentlich sind. KEY-Token haben Wert, weil sie innerhalb der Plattform auf vielfältige Weise genutzt werden können, insbesondere wird ein bestimmter Prozentsatz aller Werbeeinahmen dazu verwendet, KEY zu kaufen und zu verbrennen. (Hurra! Großer Daumen hoch, dafür, dass sie dies getan und nicht noch einen weiteren Tauschmittel-Token erschaffen haben!)

Dieses Design ist keineswegs einzigartig; viele Leute sind daran interessiert, Online-Inhalte zu erstellen, und es gibt viele ähnlich geartete, aber auch einige sich stark unterscheidende Designs. In diesem Fall aber wird diese spezielle Plattform bereits in erheblichem Umfang genutzt:

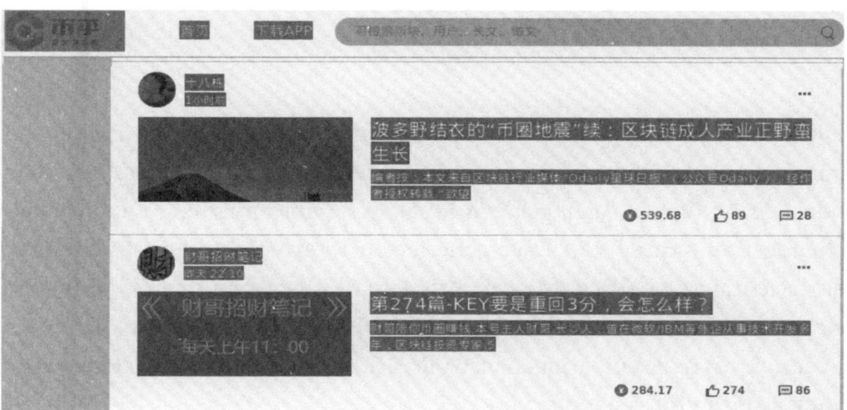

Vor ein paar Monaten führte das Ethereum-Trading-Subreddit /r/ethtrader ein ähnliches experimentelles Feature ein, bei dem ein »Donuts« genanntes Token an User ausgegeben wird, deren Kommentare positive Bewertungen erhalten haben. Dabei wird jede Woche eine bestimmte Menge an Donuts proportional zu der Anzahl der positiven Bewertungen ihrer Kommentare an User ausgegeben. Mit den Donuts könnte zum Beispiel das Recht gekauft werden, den Inhalt des Banners am oberen Ende des Subreddits zu bestimmen, oder sie könnten für Abstimmungen bei Community-Befragungen eingesetzt werden. Anders als im KEY-System ist die Belohnung, die B erhält, wenn B von A positiv bewertet wird, nicht proportional zur vorhandenen Coin-Menge As. Vielmehr hat jedes Reddit-Konto die gleichgeartete Fähigkeit, anderen Reddit-Konten Token gutschreiben zu lassen.

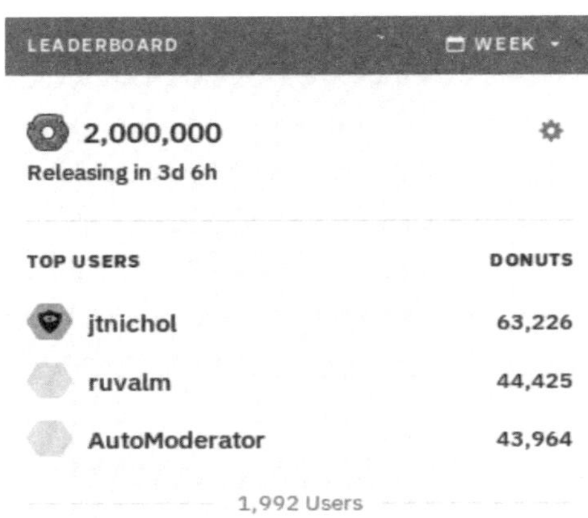

Diese Experimente, die die Erstellung qualitativ hochwertiger Inhalte auf eine Weise belohnen wollen, die über die bekannten Grenzen von Spenden oder geringfügigen Trinkgeldern hinausgeht, sind nützlich. Die unzureichende Entlohnung von User-generierten Internetinhalten ist allgemein ein wichtiges gesellschaftliches Problem. Es ist ermutigend, dass sich Krypto-Communitys das Potenzial des Mechanismus-Designs für einen Lösungsansatz zunutze machen wollen. **Leider sind diese Systeme aber auch anfällig für Angriffe.**

Selbstabstimmung, Plutokratie und Bestechungsgelder

Im Folgenden zeigen wir, wie man das oben vorgeschlagene Design ökonomisch angreifen könnte. Angenommen, ein wohlhabender User erwirbt die Token-Menge n, und in der Folge gibt jede der k positiven Bewertungen des Users dem Empfänger eine Belohnung von $n \times q$ (q ist wahrscheinlich hier eine niedrige Zahl, zum Beispiel $q = 0{,}000001$). Der User bewertet einfach seine eigenen Sockenpuppenkonten[30] positiv und gibt sich selbst die Belohnung $n \times k \times q$. Dann bricht das System einfach zusammen, indem alle User einen »Zinssatz« von $k \times q$ pro Periode erhalten, und der Mechanismus erreicht nichts anderes.

Der Bihu-Mechanismus schien dies vorherzusehen und besitzt eine superlineare Logik, wobei Artikel mit mehr sie positiv bewertenden KEY-Token eine unverhältnismäßig größere Belohnung erhalten, scheinbar um positive Bewertungen populärer Posts und nicht etwa positive Selbstbewertungen zu fördern. Das Hinzufügen dieser Art Superlinearität ist ein häufiges Muster bei Governance-Systemen mit Coin-Abstimmungen, um zu verhindern, dass Selbstabstimmungen das gesamte System untergraben. Die meisten DPOS-Protokolle haben mit ähnlicher Wirkung eine begrenzte Zahl von Delegierten-Slots mit Null-Belohnungen für alle, die nicht genug Stimmen bekommen, um einem der Slots beizutreten. Diese Regelungen führen jedoch zwangsläufig zwei neue Schwächen ein:

- Sie **subventionieren Plutokratie**, da sehr wohlhabende Personen und Kartelle nach wie vor genügend Mittel auftreiben können, um sich selbst hoch zu bewerten.
- Sie können dadurch umgangen werden, dass User andere User **bestechen**, damit sie in großer Zahl für sie stimmen.

Bestechungsangriffe mögen sich weit hergeholt anhören (Wer hat jemals im wirklichen Leben Bestechungsgelder angenommen?), aber in einem ausgereiften Ökosystem sind sie viel wahrscheinlicher, als es den Anschein hat.

In den meisten Zusammenhängen, in denen Bestechung im Blockchain-Raum stattgefunden hat, verwenden die Operator:innen einen euphemistischen neuen Namen, um dem Konzept ein freundliches Gesicht zu geben: Es ist keine Bestechung, es ist ein »Staking-Pool«, der »Dividenden verteilt«. Bestechungsgelder können auch verschleiert werden: Stellen Sie sich eine Kryptowährungsbörse vor, die Gebührenfreiheit anbietet und sich darum bemüht, eine ungewöhnlich gute User-Oberfläche zu erstellen, und die nicht einmal versucht, Gewinne zu erwirtschaften; vielmehr nimmt sie mithilfe von Coins, die User hinterlegen, an verschiedenen Coin-Abstimmungssystemen teil. Es wird zwangsläufig auch Personen geben, die heimliche Absprachen innerhalb von Gruppen als völlig normal ansehen – wie man im jüngsten Skandal um EOS DPOS gesehen hat:

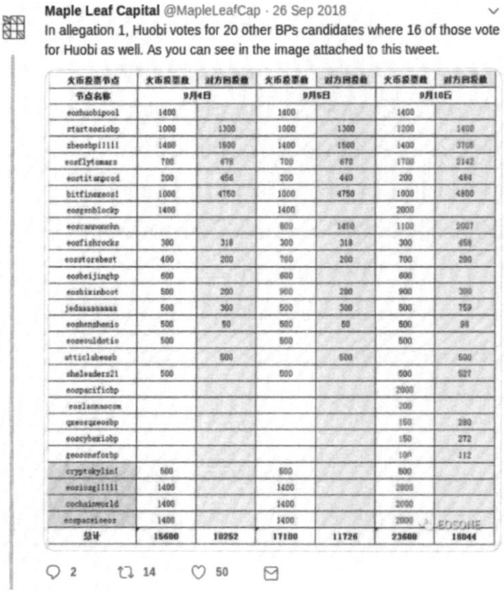

Maple Leaf Capital @MapleLeafCap · 26 Sep 2018

In allegation 1, Huobi votes for 20 other BPs candidates where 16 of those vote for Huobi as well. As you can see in the image attached to this tweet.

火币投票节点	火币投票数	对方回投数	火币投票数	对方回投数	火币投票数	对方回投数
节点名称	9月4日		9月5日		9月10日	
eoshuobipool	1400		1400		1400	
starteosiobp	1000	1300	1000	1300	1200	1400
zbeosbp11111	1400	1500	1400	1500	1400	3706
eosflytomars	700	678	700	670	1700	2142
eostitanprod	200	456	200	440	200	484
bitfinexeos1	1000	4750	1000	4750	1000	4800
eosgenblockp	1400		1400		2000	
eoscannonchn			800	1450	1100	2007
eosfishrocks	300	318	300	318	300	458
eosstorebest	400	200	700	200	700	200
eosbeijingbp	600		600		600	
eosbixinboot	500	200	900	200	900	300
jedaaaaaaaaa	500	300	500	300	500	759
eoshenzhenio	500	50	500	50	500	98
eosseouldotio	500		500		500	
atticlabeosb		500		500		500
theleaders21	500		500		500	527
eospacificbp					2000	
eoslaomaocom					200	
qxeosqxeosbp					150	280
eoscybexiobp					150	272
zeosoneforbp					100	112
cryptokylin1	500		500		500	
eosiosg11111	1400		1400		2000	
cochainworld	1400		1400		2000	
eospaceioeos	1400		1400		2000	
总计	15600	10252	17100	11726	23600	18044

2 14 50

Maple Leaf Capital @MapleLeafCap · 26 Sep 2018

In allegation 2, Huobi votes for eosiosg11111, cochainworld, and eospaceioeos in exchange for 170, 150, and 50% of the returns respectively, as shown below in the tweet.

EOS节点每日收入情况	9月5日	9月6日
eoshuobipool	848.7496	830.7248
cryptokylin1	/	/
eosiosg11111	137.3051	257.6671
cochainworld	[illegible]	[illegible]38
eospaceioeos	[illegible]	[illegible]04
截止9月4日累计收入个数	[illegible]	[illegible]
火币每日总计收入个数	[illegible]	[illegible]235
折合USDT	4740.74225	494[illegible]

施霏霏:扣除170个，其他作为我们的收入。

EOS节点每日收入情况	9月5日	9月6日
eoshuobipool	848.7496	830.7248
cryptokylin1	/	/
eosiosg11111	[illegible]	[illegible].6671
cochainworld	[illegible]	[illegible].9138
eospaceioeos	[illegible]	[illegible]9.904
截止9月4日累计收入个数	[illegible]	[illegible]
火币每日总计收入个数	948.14845	989.46235
折合USDT	4740.74225	494[illegible]

施霏霏:
扣除150个，其余作为我们的收入

3 10 36

Schließlich gibt es die Möglichkeit einer »negativen Bestechung« (sprich: Erpressung oder Nötigung), bei der den Teilnehmenden Schaden angedroht wird, wenn sie nicht innerhalb des Mechanismus in einer bestimmten Weise handeln.

Im /r/ethtrader-Experiment führte die Sorge, dass Menschen eigens beitreten, um Donuts *zu kaufen* und so Governance-Abstimmungen zu beeinflussen, dazu, dass sich die Community dazu entschloss, nur gesperrte (das heißt nicht handelbare) Donuts für Abstimmungen zuzulassen. Es gibt aber einen noch kostengünstigeren Angriff als den Kauf von Donuts (wie eine Art verschleierte Bestechung): sie *leihen*. Wenn eine Angreiferin bereits ETH besitzt, kann sie diese auf einer Plattform wie Compound als Sicherheit für die Kreditaufnahme in einem Token hinterlegen. Sie erhält dadurch das uneingeschränkte Nutzungsrecht dieses Tokens für beliebige Zwecke, auch für die Teilnahme an Abstimmungen. Wenn die Sache dann erledigt ist, sendet sie die Token einfach an den Kreditvertrag zurück, um die hinterlegte Sicherheit auszulösen – ohne auch nur eine Sekunde lang dem Kursrisiko des Tokens, mit dem sie gerade eine Coin-Abstimmung manipuliert hat, ausgesetzt zu sein, selbst wenn der Coin-Abstimmungsmechanismus eine zeitlich befristete Sperre beinhaltet (wie zum Beispiel Bihu). Jedenfalls lassen sich Probleme im Zusammenhang mit Bestechung und versehentlicher übermäßiger Ermächtigung gut vernetzter und vermögender Teilnehmenden überraschend schwer vermeiden.

Identität

Einige Systeme versuchen die plutokratischen Aspekte von Coin-Abstimmungen durch Verwendung eines Identitätssystems abzuschwächen. Im Fall des /r/ethtrader-Donut-Systems zum Beispiel erfolgen *Governance-Umfragen* zwar über Coin-Abstimmungen, aber der Mechanismus, der entscheidet, *wie viele Donuts* (also Coins) man am Anfang bekommt, basiert auf Reddit-Konten: Eine positive Bewertung von einem Reddit-Konto verdient *n* Donuts. Das ideale Ziel eines Identitätssystems besteht darin, die einzelne Identitätsbeschaffung für Menschen vergleichsweise leicht zu machen, aber vergleichsweise schwer, viele Identitäten zu erhalten. Im /r/ethtrader-Donut-System werden Reddit-Konten und im Gitcoin CLR Matching Gadget[31] GitHub-Konten für diesen Zweck verwendet. Identität ist aber – zumindest so, wie sie bislang implementiert wurde – eine fragile Sache …

Oh, sind Sie zu faul, um ein großes Regal mit lauter Smartphones zu bestücken? Dann suchen Sie vielleicht hiernach:

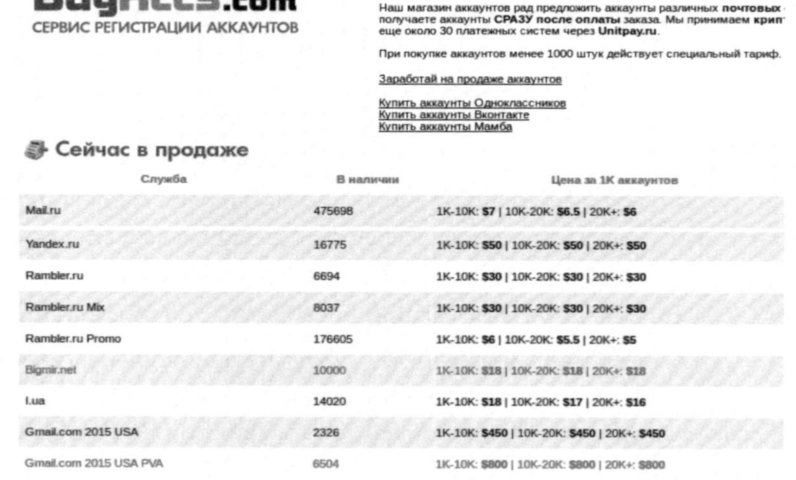

BuyAccs.com
СЕРВИС РЕГИСТРАЦИИ АККАУНТОВ

Russian Version English Version

Наш магазин аккаунтов рад предложить аккаунты различных **почтовых**
получаете аккаунты **СРАЗУ после оплаты** заказа. Мы принимаем **крип**
еще около 30 платежных систем через **Unitpay.ru**.

При покупке аккаунтов менее 1000 штук действует специальный тариф.

Заработай на продаже аккаунтов

Купить аккаунты Одноклассников
Купить аккаунты Вконтакте
Купить аккаунты Мамба

Сейчас в продаже

Служба	В наличии	Цена за 1К аккаунтов
Mail.ru	475698	1K-10K: **$7** | 10K-20K: **$6.5** | 20K+: **$6**
Yandex.ru	16775	1K-10K: **$50** | 10K-20K: **$50** | 20K+: **$50**
Rambler.ru	6694	1K-10K: **$30** | 10K-20K: **$30** | 20K+: **$30**
Rambler.ru Mix	8037	1K-10K: **$30** | 10K-20K: **$30** | 20K+: **$30**
Rambler.ru Promo	176605	1K-10K: **$6** | 10K-20K: **$5.5** | 20K+: **$5**
Bigmir.net	10000	1K-10K: **$18** | 10K-20K: **$18** | 20K+: **$18**
I.ua	14020	1K-10K: **$18** | 10K-20K: **$17** | 20K+: **$16**
Gmail.com 2015 USA	2326	1K-10K: **$450** | 10K-20K: **$450** | 20K+: **$450**
Gmail.com 2015 USA PVA	6504	1K-10K: **$800** | 10K-20K: **$800** | 20K+: **$800**

Hier gilt die übliche Warnung in Bezug auf zwielichtige Seiten, die Sie womöglich abzocken wollen. Es gilt wie immer: Stellen Sie Ihre eigenen Nachforschungen an etc. pp.

Vermutlich ist es *sogar leichter*, diese Mechanismen dadurch anzugreifen, dass man einfach, wie ein Puppenspieler, Tausende gefälschte Identitäten kontrolliert, als wenn man die Mühen der Bestechungen auf sich nehmen muss. Sie denken jetzt vielleicht, es würde genügen, die Sicherheit auf das Niveau *behördlich ausgestellter* Identitätsdokumente zu heben? Bedenken Sie, dass es spezialisierte Verbrecherorganisationen gibt, die Ihnen weit voraus sind. Selbst wenn alle kriminellen Organisationen zerschlagen würden, würden feindselige Regierungen definitiv Millionen von gefälschten Pässen ausgeben, wenn wir so dumm wären, Systeme zu erschaffen, die diese Aktivität rentabel machen. Ganz zu schweigen auch von den Angriffen in die entgegengesetzte Richtung, wenn Institutionen, die Identitätsdokumente ausgeben, marginalisierte Communitys dadurch ihrer demokratischen Teilhaberechte zu berauben versuchen, indem sie ihnen Identitätsdokumente *verweigern* …

Kollusion

In Anbetracht der Tatsache, dass so viele Mechanismen auf derart ähnliche Weise zu versagen scheinen, sobald mehrere Identitäten oder auch liquide Märkte die Bühne betreten, könnte man sich fragen, ob es eine versteckte, all diese Probleme verursachende Gemeinsamkeit gibt. Ich würde darauf mit Ja antworten und sie wie folgt definieren: Es ist viel schwieriger (bzw. wahrscheinlich geradezu unmöglich), Mechanismen mit wünschenswerten Eigenschaften in einem Modell, in dem Teilnehmende stillschweigende Absprachen treffen können, zu erschaffen als in einem Modell, wo sie dies nicht können. Die meisten Menschen haben wahrscheinlich schon ein gewisses intuitives Verständnis davon. Konkrete Beispiele für dieses Prinzip liegen etablierten Normen und oftmals Gesetzen zugrunde, die Wettbewerbsmärkte fördern und Preisfestsetzungskartelle, Stimmen(-ver-)kauf sowie Bestechung einschränken. Das Problem sitzt aber viel tiefer und ist viel allgemeinerer Natur.

In der Version der Spieltheorie, die sich auf individuelle Entscheidungen konzentriert – das heißt die Version, die davon ausgeht, dass alle Teilnehmer:innen unabhängig voneinander entscheiden, und die nicht die Möglichkeit zulässt, dass Gruppen zu ihrem gegenseitigen Nutzen zusammenarbeiten –, gibt es mathematische Beweise, dass in jedem Spiel zumindest ein stabiles Nash-Gleichgewicht existieren muss. Mechanismus-Designer haben hier große Freiheiten, um Spiele »zu konstruieren«, mit denen sich ganz bestimmte Ergebnisse erzielen lassen. In der Version der Spieltheorie, die Koalitionen zulässt, auch *kooperative Spieltheorie* genannt, **gibt es große Spielegattungen, die kein stabiles Ergebnis generieren, von dem eine Koalition nicht profitabel abweichen könnte.**

Mehrheitsspiele, formal beschrieben als Spiele von *n* Agent:innen, bei denen jede Teilmenge von mehr als der Hälfte von ihnen eine feste Belohnung erhalten und unter sich aufteilen kann. Dies ist ein Set-up, das eine geradezu unheimliche Ähnlichkeit mit vielen Situationen in Unternehmensführung und Politik sowie mit anderen Situationen im menschlichen Leben besitzt. Diese gehören zu der Menge der grundsätzlich instabilen Spiele. Das heißt, wenn es eine Situation mit einem festen Pool an Ressourcen und einem etablierten Mechanismus für die Verteilung dieser Ressourcen gibt, wenn es zudem möglich ist, dass sich 51 Prozent der Teilnehmenden verschwören, um sich Zugriff auf die Ressourcen zu verschaffen, dann ist – unabhängig von der aktuellen Konfiguration – immer eine Verschwörung möglich, die für die Teilnehmenden profitabel wäre. Allerdings wäre die Verschwörung dann ihrerseits anfällig für potenzielle neue Verschwörungen, an denen auch frühere Verschwörer:innen und Opfer beteiligt sein könnten … und so weiter und so fort.

Runde	A	B	C
1	1/3	1/3	1/3
2	1/2	1/2	0
3	2/3	0	1/3
4	0	1/3	2/3

Diese Tatsache, also die Instabilität von Mehrheitsspielen im Rahmen der kooperativen Spieltheorie, wird als vereinfachtes allgemeines mathematisches Erklärungsmodell dafür, weshalb es in der Politik wohl niemals ein

»Ende der Geschichte« oder ein vollumfänglich zufriedenstellendes System geben wird, erheblich unterschätzt. Ich persönlich glaube, dass es viel nützlicher ist als zum Beispiel das berühmtere Arrow-Theorem.[32] Man kann dieses Problem über zwei Wege umgehen. Wir können, erstens, versuchen, uns auf die Spielgattungen zu beschränken, die »identitätsfrei« und »kollusionssicher« *sind*, wo wir uns also nicht den Kopf über Bestechungen oder Identitäten zerbrechen müssen. Wir können, zweitens, das Identitäts- und Kollusionswiderstandproblem direkt angehen und gut genug lösen, sodass wir nicht-kollusionssichere Spiele mit den von ihnen gebotenen besseren Eigenschaften implementieren können.

Identitätsfreies und kollusionssicheres Spieldesign

Die identitätsfreie und kollusionssichere Spielgattung ist ziemlich groß. Selbst Proof of Work ist bis zu dem Punkt, an dem ein einzelner Akteur etwa 23,21 Prozent der gesamten Hash-Power besitzt, kollusionssicher – mit intelligentem Design lässt sich diese Grenze sogar auf bis zu 50 Prozent erhöhen. Wettbewerbsmärkte sind bis zu einer recht hohen Grenze, die sich in einigen, aber nicht allen Fällen leicht erreichen lässt, einigermaßen kollusionssicher. Im Fall von *Governance* und dem *Kuratieren von Inhalten* (die beide im Grunde nur Sonderfälle des allgemeinen Identifikationsproblems öffentlicher Güter und Übel sind) ist eine große Gattung von gut funktionierenden Mechanismen die *Futarchie* – die für gewöhnlich als »Governance durch Prognosemärkte« beschrieben wird, wobei ich auch behaupten würde, dass Sicherheitseinlagen im Grunde zur gleichen Gattung gehören. Futarchie-Mechanismen in ihrer allgemeinsten Form machen »Abstimmungen« nicht nur zu einer Meinungsäußerung, sondern auch zu einer *Vorhersage,* wobei zutreffende Vorhersagen belohnt und unzutreffende Vorhersagen bestraft werden. So schlage ich für »Vorhersagemärkte für inhaltskuratierende DAOs« ein halbzentralisiertes Design vor, bei dem alle die eingereichten Inhalte entweder positiv oder negativ bewerten können, wobei diese umso sichtbarer präsentiert werden, je positiver sie bewertet werden. Und ein »Moderationsgremium« trifft die endgültigen Entscheidungen. Für jeden Post gibt es eine geringe Wahrscheinlichkeit (proportional zum Gesamtvolumen der Upvotes und Downvotes dieses Beitrags), dass das Moderationsgremium angerufen wurde, um eine endgültige Entscheidung über den Post zu treffen. Wenn es einen Beitrag gutheißt, werden alle, die ihn positiv bewertet hatten, belohnt, während alle, die ihn negativ bewertet hatten, bestraft werden. Wenn das Moderationsgremium aber einen Post missbilligt, geschieht eben das Gegenteil. Dieser Mechanismus ermutigt Teilnehmende dazu, positive und negative Bewertungen abzugeben, die die Beurteilungen des Moderationsgremiums »vorhersagen«. Ein weiteres mögliches Beispiel für Futarchie ist ein Governance-System für ein Projekt mit einem Token, wo alle, die für eine Entscheidung abstimmten, verpflichtet sind, eine gewisse Token-Menge zu dem direkt zu Beginn der Abstimmung gültig gewesenen Preis zu kaufen, wenn der zur Abstimmung gestellte Vorschlag gewinnt. Dies stellt sicher, dass die Zustimmung zu einer schlechten Entscheidung kostspielig ist, und wenn im Grenzfall eine schlechte Entscheidung eine Abstimmung gewinnt, müssen alle, die die Entscheidung gebilligt haben, im Grunde alle anderen am Projekt Teilnehmenden auszahlen. Dies stellt sicher, dass eine einzelne Abstimmung für eine »falsche« Entscheidung für den Abstimmenden sehr kostspielig sein kann, was wiederum billige Bestechungsangriffe ausschließt.

Allerdings ist die Bandbreite dessen, was diese Mechanismen vollbringen können, begrenzt. Im obigen Beispiel der Inhaltskuration lösen wir im Grund kein Governance-Problem, vielmehr skalieren wir lediglich die Funktionalität eines Governance-Gadgets, von dem bereits angenommen wird, dass es vertrauenswürdig ist. Man könnte versuchen, das Moderationsgremium durch einen Vorhersagemarkt über den Preis eines Tokens zu ersetzen, welches das Recht für den Kauf von Werbeflächen repräsentiert. In der Praxis sind Preise aber ein Indikator, der allzu großen Zufallsschwankungen unterliegt, als dass sie sich für mehr als nur eine niedrige Anzahl wichtiger Entscheidungen eigneten. Oft ist zudem der Wert, den wir zu maximieren versuchen, explizit etwas anderes als der Höchstwert eines Coins. Sehen wir uns also einmal genauer an, warum in dem allgemeineren Fall, in dem wir den Wert einer Governance-Entscheidung nicht einfach durch ihre Auswirkung auf den Preis eines Tokens bestimmen können, gute

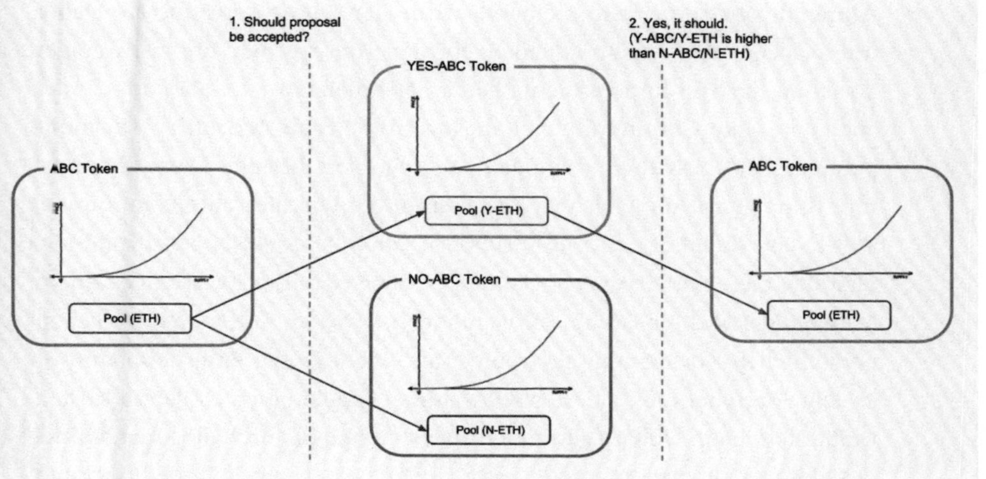

Eine grafische Darstellung einer Form von Futarchie, die zwei Märkte hervorbringt, die für die beiden »möglichen zukünftigen Welten« stehen, und wo diejenige mit dem günstigeren Preis ausgewählt wird.

Mechanismen für die Identifikation öffentlicher Güter und Übel leider nicht identitätsfrei oder kollusionssicher sein können. Wenn man versucht, die Eigenschaft eines identitätsfreien Spiels zu erhalten, indem man ein System aufbaut, in dem Identitäten keine Rolle spielen und nur Coins von Belang sind, gibt es einen unmöglichen Trade-off zwischen entweder der unzureichenden Incentivierung legitimer öffentlicher Güter oder der übermäßigen Subventionierung einer Plutokratie.

Das Argument lautet wie folgt: Angenommen, es gäbe einen Autor, der ein öffentliches Gut produziert (z. B. eine Reihe Blogbeiträge), das für jedes Mitglied einer 10 000-köpfigen Community einen gewissen Wert besitzt. Angenommen, es gibt einen Mechanismus, bei dem Mitglieder der Community eine Aktion durchführen können, durch die dem Autor ein Gewinn von einem Dollar zufließt. Sofern die Mitglieder der Community nicht *extrem* altruistisch sind, funktioniert der Mechanismus nur dann, wenn die Kosten für die Durchführung dieser Aktion viel niedriger sind als ein Dollar. Andernfalls wäre der Anteil an dem Nutzen, den das Mitglied der den Autor unterstützenden Community erhält, viel niedriger als die Kosten für die tatsächliche Unterstützung. Dann wäre das System von der »Tragik der

Allmende« betroffen und niemand würde den Autor unterstützen. Daher muss es eine Verdienstmöglichkeit für den Autor geben, die viel weniger kostet als der von ihm verdiente Dollar. Nehmen wir jetzt aber an, dass es auch eine Fake-Community gibt, die aus 10 000 Fake-Accounts (»sockpuppet acounts«) desselben vermögenden Angreifers besteht. Diese Community führt genau die gleichen Aktionen durch wie die echte Community, außer dass sie nicht den Autor, sondern *ein anderes gefälschtes* Konto unterstützt, das ebenfalls eine Sockenpuppe des Angreifers ist. Wenn es einem Mitglied der »echten Community« möglich war, dem Autor einen Dollar zu persönlichen Kosten von viel weniger als einem Dollar zu geben, dann ist es dem Angreifer möglich, sich *selbst* immer wieder einen Dollar zu Kosten weit unter einem Dollar zukommen zu lassen und dadurch die Finanzmittel des Systems aufzuzehren. Jeder Mechanismus, der wirklich unzureichend koordinierten Parteien bei der Koordination hilft, wird, ohne die richtigen Schutzvorrichtungen, auch bereits koordinierten Parteien (wie den vielen Konten, die von derselben Person kontrolliert werden) helfen, *sich übermäßig zu koordinieren* und so dem System Geld zu entziehen.

Eine ähnliche Herausforderung ergibt sich, wenn das Ziel nicht eine Finanzierung ist, sondern die Entscheidung darüber, welcher Inhalt am sichtbarsten sein sollte. Welcher Inhalt erhält Ihrer Einschätzung nach Unterstützung durch mehr Dollar-Wert? Ein wirklich hochwertiger Blogbeitrag, von dem Tausende von Menschen profitieren, wenn auch jeder Einzelne nur relativ geringfügig, oder das hier?

Oder vielleicht das hier?[33]

Diejenigen, die in jüngster Zeit politische Ereignisse »in der realen Welt« verfolgt haben, könnten auch auf eine andere Art Inhalte verweisen, von denen äußerst zentralisierte Akteur:innen profitieren: die Manipulation sozialer Medien durch feindselige Regierungen. Letztlich stehen sowohl die zentralisierten als auch die dezentralen Systeme vor demselben grundlegenden Problem. Dieses besteht darin, dass **der »Marktplatz der Ideen« (und der öffentlichen Güter im Allgemeinen) weit von einem »effizienten Markt« im ökonomischen Sinne entfernt ist.** Dies führt sowohl zur Unterproduktion öffentlicher Güter selbst in Friedenszeiten als auch zur Anfälligkeit für aktive Angriffe. Es ist ein wirklich schwieriges Problem.

Dies ist auch der Grund, wieso Coin-basierte Abstimmungssysteme (wie Bihu) einen großen Vorteil gegenüber identitätsbasierten Systemen (wie dem Gitcoin CLR oder dem /r/ethtrader Donut-Experiment) haben: Zumindest bringt es nichts, massenhaft Konten zu kaufen, weil alles Handeln proportional zur Anzahl der besessenen Coins ist, unabhängig davon, auf wie viele Konten die Coins aufgeteilt werden. Allerdings können Mechanismen, die sich nicht auf ein Identitätsmodell, sondern nur auf Coins stützen, nicht das Problem lösen, dass konzentrierte Interessen zersplitterte Communitys, die für öffentliche Güter eintreten, ausstechen können. Ein identitätsfreier Mechanismus, der verteilte Communitys ermächtigt, kann nicht vermeiden, dass er zentralisierten Plutokraten, die vorgeben, verteilte Communitys zu sein, ein übermäßiges Gewicht einräumt. Spiele um öffentliche Güter sind aber nicht nur anfällig für Identitätsprobleme, sondern auch für Bestechungen. Um zu verstehen, warum, wollen wir noch einmal obiges Beispiel betrachten, aber anstelle der »Fake-Community« aus 10 001 Sockenpuppen des Angreifers hat der Angreifer nur eine Identität (das Konto, das Geld erhält), während die anderen 10 000 Konten echte User sind – aber solche, die jeweils mit einem Cent bestochen werden, um die Aktion auszuführen, die dem Angreifer einen zusätzlichen Dollar Gewinn einbringt. Wie oben erwähnt, können diese Bestechungsgelder in hohem Maße verschleiert sein, sogar durch Dritte, die im Gegenzug für Annehmlichkeiten treuhänderisch im Namen von Usern abstimmen – und im Fall einer »Coin-Abstimmung« ist es sogar noch leichter, die Bestechung zu verschleiern: Man kann sich Coins auf dem Markt leihen und mit ihnen an Abstimmungen teilnehmen. Während einige Spielarten, insbesondere auf dem Vorhersagemarkt-Spiele oder Spiele auf Basis hinterlegter Sicherheiten, also kollusionssicher und identitätsfrei gemacht werden können, scheint die allgemeine Finanzierung öffentlicher Güter eine Gattung von Problemen zu sein, bei der kollusionssichere und identitätsfreie Strategien leider nicht funktionieren.

Kollusionsresistenz und Identität

Die Alternative besteht darin, das Identitätsproblem frontal anzugehen. Wie oben erwähnt, wird es in einem großen Maßstab nicht funktionieren, einfach auf zentralisierte Identitätssysteme einer höheren Sicherheitsstufe wie Reisepässe oder andere amtliche Personalausweise umzustellen. In einem Kontext mit hinreichenden Anreizen sind sie äußerst unsicher und anfällig gegenüber den ausstellenden Behörden selbst! Vielmehr ist die Art von »Identität«, über die wir hier sprechen, eine Art robuste, multifaktorielle Reihe von Behauptungen, dass die Akteur:innen, die durch eine Reihe Botschaften identifiziert werden, tatsächlich jeweils einzigartige Individuen sind. Ein früher Prototyp dieser Art von vernetzter Identität dürfte die Soziale Schlüssel-Wiederbeschaffung im HTC Blockchain Phone sein:

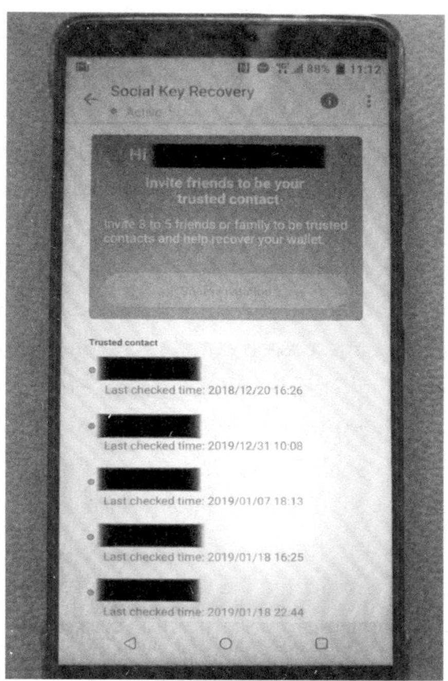

Die Grundidee davon ist, dass Sie Ihren privaten Schlüssel heimlich mit bis zu fünf vertrauenswürdigen Kontakten teilen und zwar so, dass mathematisch sichergestellt ist, dass für die Wiederbeschaffung des ursprünglichen Schlüssels Einvernehmen zwischen mindestens drei von ihnen bestehen muss. Das erfüllt die Kriterien eines »Identitätssystems« – es sind Ihre fünf Freund:innen, die entscheiden, ob jemand, der Ihr Konto wiederherstellen will, tatsächlich mit Ihnen identisch ist. Allerdings handelt sich um ein spezielles Identitätssystem, das versucht, ein Problem zu lösen – die persönliche Kontosicherheit –, das sich von dem Problem, einzigartige Menschen zu identifizieren, unterscheidet (und leichter ist). Allerdings kann das allgemeine Modell von Individuen, die Behauptungen übereinander aufstellen, ziemlich wahrscheinlich in eine Art robusteres Identitätsmodell eingebunden werden. Diese Systeme könnten auf Wunsch mit der oben beschriebenen »Futarchie«-Mechanik erweitert werden: Wenn jemand die Behauptung aufstellt, jemand sei ein einzigartiger Mensch, aber jemand anderes dem widerspricht, und wenn dann beide Seiten gewillt sind, für die Klärung der Streifrage in eine Anleihe einzuzahlen, kann das System ein Urteilsgremium zusammenrufen, um zu entscheiden, wer recht hat.

Aber wir wollen noch eine weitere, überaus wichtige Eigenschaft: Wir wollen eine Identität, die man nicht auf glaubwürdige Weise verleihen oder verkaufen kann. Wir können Leute offensichtlich nicht davon abhalten, eine Vereinbarung zu treffen (»Du schickst mir 50. Ich sende dir meinen Schlüssel«), aber wir *können* versuchen, zu verhindern, dass solche Vereinbarungen *glaubwürdig* sind, indem wir dafür sorgen, dass Verkäufer:innen Käufer:innen leicht betrügen und diesen einen nichtfunktionierenden Schlüssel geben können. Eine Möglichkeit besteht darin, einen Mechanismus herzustellen, durch den Eigentümer:innen eines Schlüssels eine Transaktion senden können, die den Schlüssel widerruft und ihn durch einen anderen von ihnen ausgewählten Schlüssel ersetzt – ohne dass es nachweisbar ist. Das lässt sich vielleicht am einfachsten dadurch umgehen, dass man entweder auf eine vertrauenswürdige Partei zurückgreift, die die Berechnung durchführt und nur die Ergebnisse veröffentlicht (zusammen mit Null-Wissen-Beweisen, die die Ergebnisse beweisen, sodass der vertrauenswürdigen Partei nur hinsichtlich der geschützten Privatsphäre, aber nicht hinsichtlich der Integrität vertraut wird) oder dadurch, dass man die gleiche Funktionalität durch Mehrparteien-Berechnung dezentralisiert. Solche Vorgehensweisen werden das Problem der Kollusion nicht vollständig beheben; eine Gruppe von Freund:innen könnte nach wie vor zusammenkommen, auf derselben Couch sitzen und Abstimmungen koordinieren. Die Kollusion könnte aber auf ein beherrschbares Ausmaß reduziert werden, das nicht zu einem kompletten Systemversagen führen würde.

Es gibt ein weiteres Problem: die anfängliche Verteilung des Schlüssels. Was geschieht, wenn User ihre Identität innerhalb eines Drittanbieter-Treuhänder-Dienstes erstellen, der dann den privaten Schlüssel speichert und nutzt, um insgeheim an Abstimmungen teilzunehmen? Dies wäre eine implizite Bestechung, bei der es darum ginge, sich das Stimmrecht der User im Gegenzug für die Bereitstellung einer Annehmlichkeit zu verschaffen. Mehr noch: Wenn das System in dem Sinne sicher ist, dass es erfolgreich Bestechungen verhindert, indem es Abstimmungen nicht nachweisbar macht, dann wären geheime Stimmabgaben durch Dritt-Hosts *ebenfalls* nicht nachweisbar. Die einzige Strategie gegen dieses Problem scheint … die persönliche Überprüfung zu sein. So könnte man ein Ökosystem aus »Emittenten« haben, bei dem jeder Emittent Chipkarten mit privaten Schlüsseln ausgibt, die die User sofort auf ihr Smartphone laden können, woraufhin sie eine Nachrichten senden können, um den Schlüssel durch einen anderen zu ersetzen, deren Existenz sie niemandem verraten. Diese Emittenten könnten Treffen und Konferenzen sein oder auch Individuen, die von einem Abstimmungsmechanismus bereits als vertrauenswürdig eingestuft wurden.

Der Aufbau der Infrastruktur, um kollusionsresistente Mechanismen zu ermöglichen, einschließlich robuster dezentraler Identitätssysteme, ist eine schwierige Herausforderung, aber wenn wir das Potenzial derartiger Mechanismen freisetzen wollen, müssen wir einfach alles in unserer Macht Stehende versuchen. Es stimmt, dass das gegenwärtige Dogma der Computersicherheit zum Beispiel in Bezug auf die Einführung von Online-Abstimmungen einfach lautet »tut es nicht«. Wenn wir jedoch wollen, dass abstimmungsähnliche Mechanismen einschließlich fortgeschrittenerer Formen (wie quadratische Abstimmung und quadratische Finanzierung) eine breitere Anwendung finden, dann müssen wir die Herausforderung frontal angehen, uns richtig ins Zeug legen, sodass es uns hoffentlich gelingt, zumindest für einige Anwendungsfälle hinreichend sichere Lösungen zu finden.

ÜBER REDEFREIHEIT

vitalik.ca, 16. April 2019

> Eine Aussage kann sowohl wahr als auch gefährlich sein.
> Der vorhergehende Satz ist eine solche Aussage.
> *– David Friedman*

Redefreiheit ist ein Thema, mit dem in den letzten 20 Jahren viele Internet-Communitys gerungen haben. Insbesondere in Kryptowährungs- und Blockchain-Communitys, für die der Widerstand gegen Zensur ein wesentlicher Teil ihres Daseinszwecks ist, hat die Redefreiheit einen extrem hohen Stellenwert. In den letzten Jahren haben aber das schnelle Wachstum dieser Communitys und die Tatsache, dass in finanzieller und gesellschaftlicher Hinsicht viel auf dem Spiel steht, die Anwendbarkeit und die Grenzen des Konzepts mehrfach auf die Probe gestellt. In diesem Beitrag möchte ich einige der Widersprüche auflösen und verdeutlichen, wofür die Norm der »Redefreiheit« wirklich steht.

»Gesetze über Redefreiheit« und »Redefreiheit«

Ein gängiges und meines Erachtens ärgerliches Argument, das ich immer wieder höre, lautet, dass »Redefreiheit« ausschließlich eine gesetzliche Schranke für staatlichen Eingriffe darstelle und nicht für Handlungen privater Institutionen wie Unternehmen, Plattformen in Privatbesitz,

Internetforen und Konferenzen gelte. Eines der bedeutenderen Beispiele »privater Zensur« in Kryptowährungs-Communitys war die Entscheidung von Theymos, dem Moderator des /r/bitcoin-Subreddits, diesen Subreddit stark zu moderieren, indem er Argumente zugunsten der Steigerung der Transaktionskapazität der Bitcoin-Blockchain über einen Hard Fork verbot.

[–] theymos -45 points 1 year ago*

You can promote BIP 101 as an idea. You can't promote (on /r/Bitcoin) the actual *usage* of BIP 101. When the idea has consensus, *then* it can be rolled out.

Bitcoin is not a democracy. Not of miners, and not of nodes. Switching to XT is not a vote for BIP 101 -- it is abandoning Bitcoin for a separate network/currency. It is good that you have the freedom to do this. One of the great things about Bitcoin *is* its lack of democracy: even if 99% of people use Bitcoin, you are free to implement BIP 101 in a separate currency without the Bitcoin users being able to democratically coerce you into using the real Bitcoin network/currency again. But I am not obligated to allow these separate offshoots of Bitcoin to exist on /r/Bitcoin, and I'm not going to.

Verteidiger von Theymos' Zensur haben oftmals ins Feld geführt, die strenge Moderation sei in Ordnung, weil /r/bitcoin »ein privates Forum« in seinem Besitz sei, und daher könne er tun, was er wolle. Diejenigen, denen dies missfalle, sollten zu anderen Foren wechseln.

beaner 6 months ago [-]

Bitcoin cash isn't censored. It has its own subreddit (and the rest of the internet) where discussion can be had about it.

Equating "censored in r/bitcoin" with censorship in general sort of proves that it's mostly about politics; you want to be uncensored _in a specific private community_. If BCH can stand on its own merit (and hopefully it can!) then you don't need that. Those who think it does need that aren't trying to make BCH successful, they want to control Bitcoin. And so it makes sense that people with those motives should not be allowed.

Layer 2 is a scaling solution, I don't see why it wouldn't be.

Und es stimmt, Theymos hat *gegen keine Gesetze verstoßen*, indem er sein Forum in dieser Weise moderiert. Den meisten Menschen ist aber bewusst, dass die Redefreiheit trotzdem in irgendeiner Weise verletzt wird. Was ist da los? Zunächst einmal muss auf jeden Fall anerkannt werden, dass die Redefreiheit nicht bloß ein *Gesetz in einigen Ländern* ist, sondern auch ein soziales Prinzip. Das Ziel des sozialen Prinzips ist deckungsgleich mit dem Ziel des Gesetzes: ein Umfeld fördern, in dem sich die guten Ideen durchsetzen und nicht bloß die, die zufällig von Menschen in Machtpositionen präferiert werden. Und Regierungsgewalt ist nicht die einzige Art von Macht, vor der wir Schutz benötigen; es gibt auch die Macht eines Unternehmens, eine:n Mitarbeiter:in zu entlassen, die Macht eines Internetforum-Moderators, praktisch jeden Beitrag in einem Diskussionsthread zu löschen und viele andere Arten von – harter und weicher – Macht.

Was also ist das grundlegende soziale Prinzip hier? Zitieren wir Eliezer Yudkowsky:[34]

> Es gibt in der menschlichen Kunst der Rationalität nur wenige strenge Gebote (*injunctions*) ohne Wenns, Unds, Abers oder Ausnahmeklauseln. Dies ist eines davon. Schlechte Argumente bekommen Gegenargumente. Sie bekommen keine Kugel. Niemals. Nie und nimmer nie für immer.

Slatestarcodex führt näher aus:[35]

> Was meint »Kugel« in obigem Zitat? Bezieht es sich auch auf andere Geschosse? Pfeile? Mit Katapulten geschleuderte Felsblöcke? Wie steht es mit Nahkampfwaffen wie Schwertern oder Keulen? Wo genau ziehen wir die Grenze für »unangemessene Reaktionen auf ein Argument«? Eine gute Reaktion auf ein Argument ist eine, die auf eine Idee eingeht; ein schlechtes Argument ist eines, das sie zum Schweigen bringt. Wenn Sie sich bemühen, auf eine Idee einzugehen, hängt Ihr Erfolg davon ab, wie gut die Idee ist; wenn Sie versuchen, sie zum Schweigen zu bringen, hängt Ihr Erfolg davon ab, wie mächtig Sie sind und wie viele Mistgabeln und Fackeln Sie in kurzer Zeit beschaffen können. Kugeln zu verschießen ist eine gute Methode, um eine Idee zum Schweigen zu

bringen, ohne auf sie einzugehen. Das Gleiche gilt für das Verschießen von Steinen mit Katapulten oder das Aufschlitzen von Menschen mit Schwertern oder das Zusammenrufen eines Mistgabeln schwingenden Mobs. Wenn man aber anstrebt, dass jemand dafür entlassen wird, weil er eine bestimmte Idee verritt, hat man die Idee auch zum Schweigen gebracht, ohne auf sie einzugehen.

Allerdings gibt es manchmal einen guten Grund für »sichere Räume«, wo sich Menschen, die sich, aus welchem Grund auch immer, einfach nicht mit Argumenten eines bestimmten Typs auseinandersetzen wollen, zusammenfinden können und wo diese Argumente tatsächlich zum Schweigen gebracht werden. Die vielleicht harmlosesten von allen sind Räume wie ethresear.ch, wo Beiträge einfach nur deshalb zum Schweigen gebracht werden, weil sie »nicht zum Thema gehören«, weil die Diskussion sonst nicht fokussiert verläuft. Das Konzept der »sicheren Räume« hat jedoch auch eine dunkle Seite, wie Ken White[36] beschreibt:

> Es mag manchen erstaunen, aber ich bin ein Befürworter »sicherer Räume«. Ich unterstütze sichere Räume, weil ich ein Anhänger der Vereinigungsfreiheit bin. Wenn sichere Räume so gestaltet werden, dass sie sich an Prinzipien orientieren, dann sind sie einfach ein Anwendungsbeispiel für diese Freiheit … Aber nicht alle stellen sich »sichere Räume« so vor. Manche benutzen das Konzept der »sicheren Räume« als Schwert, das geschwungen wird, um öffentliche Räume einzunehmen und zu fordern, dass die Menschen dort sich nun den neuen, eigenen Normen fügen. Das hat nichts mit Vereinigungsfreiheit zu tun.

Aha. Es ist also völlig in Ordnung, irgendwo seinen eigenen sicheren Raum einzurichten, aber es gibt auch das Konzept eines »öffentlichen Raums«. Dabei ist es dann wiederum nicht in Ordnung, wenn man einen öffentlichen Raum in einen sicheren Raum für ein bestimmtes Sonderinteresse verwandeln will. Was also ist ein »öffentlicher Raum«? Es ist absolut klar, dass ein öffentlicher Raum *nicht* einfach »ein Raum ist, der sich im Besitz einer staatlichen Institution befindet und/oder von einer solchen geleitet wird«; das Konzept öffentlicher Räume im Privatbesitz ist fest etabliert. Dies trifft sogar im informellen Sinne zu: So glauben viele, dass es auf moralischer Ebene weniger schlimm ist, wenn eine Privatperson Verstöße wie etwa rassistische und Genderdiskriminierung begeht, als wenn dies ein Einkaufszentrum täte. Vom /r/bitcoin-Subreddit kann man annehmen, dass unabhängig davon, wer die/der oberste Moderator:in des Subreddits ist, dieses weitestgehend ein öffentlicher Raum ist. Einige Argumente stechen hier besonders heraus:

- Es besetzt ein »Filet-Grundstück«, insbesondere durch das Wort »Bitcoin«, was Leute dazu veranlasst, es für *den* Ort schlechthin für Diskussionen über Bitcoin zu halten.
- Der Wert des Raumes wurde nicht nur von Theymos geschaffen, sondern von Tausenden Menschen, die sich in der stillschweigenden Erwartung, es sei ein öffentlicher Raum für die Diskussion über Bitcoin, bei dem Subreddit anmeldeten, um genau dies zu tun.
- Theymos' Regeländerung kam für viele überraschend und war im Vorfeld unvorhersehbar.

Wenn Theymos stattdessen ein Subreddit namens /r/bitcoinsmallblockers erschaffen und ausdrücklich gesagt hätte, dass es ein kuratierter Raum für Small-Blocks sei und dass der Versuch der Initiierung von umstrittenen Hard Forks unerwünscht sei, dann hätten wahrscheinlich nur wenige Leute etwas daran auszusetzen gehabt. Sie hätten zwar seine Ideologie abgelehnt, aber nur wenige (zumindest in den Blockchain-Communitys) würden behaupten, dass es *unangemessen* sei, dass Menschen mit Ideologien, die ihrer eigenen entgegengesetzt seien, Räume für interne Diskussionen haben sollten. In der Wirklichkeit aber versuchte Theymos »einen öffentlichen Raum einzunehmen und zu fordern, dass Menschen dort sich nun den neuen eigenen Normen fügen«. So haben wir jetzt also das Block-Size-Schisma in der Bitcoin-Community, eine höchst erbitterte Fork- und Chain-Spaltung und auch noch einen kalten Frieden zwischen Bitcoin und Bitcoin Cash.[37]

Deplatforming

Vor ungefähr einem Jahr habe ich auf der »Deconomy«-Konferenz [38] öffentlich Craig Wright ausgebuht, einen Betrüger, der behauptete, Satoshi Nakamoto zu sein, und ich beendete meine Erläuterungen, warum es keinen Sinn ergeben habe, was er gesagt hatte, mit der Frage: »Warum darf dieser Betrüger auf dieser Konferenz sprechen?« Daraufhin erhoben seine Anhänger – nicht unerwartet – mir gegenüber Zensurvorwürfe.

Habe ich versucht, Craig Wright »zum Schweigen zu bringen«? Ich würde sagen, nein. Man könnte behaupten, das liege daran, dass »Deconomy kein öffentlicher Raum ist«, aber ich denke, es wäre ein viel besseres Argument, zu sagen, dass eine Konferenz etwas ganz anderes ist als ein Internetforum. Ein Internetforum kann tatsächlich versuchen, ein vollkommen neutrales Diskussionsmedium zu sein, wo »alles erlaubt ist«. Eine Konferenz dagegen besteht ihrem Wesen nach aus einer hochgradig kuratierten Liste von Präsentationen, sie weist Vorträgen eine begrenzte Anzahl von Zeitnischen zu und kanalisiert aktiv eine große Menge an Aufmerksamkeit auf die Glücklichen, die die Gelegenheit bekommen, einen Vortrag zu halten. Eine

Konferenz ist ein editorischer Akt der Organisatoren, die sagen, »hier sind ein paar Ideen und Ansichten, die unseres Erachtens Menschen unbedingt nähergebracht werden sollten«. Jede Konferenz »zensiert« praktisch jede Sichtweise, weil es nicht genügend Möglichkeiten gibt, um ihnen allen eine Chance zur Präsentation zu geben – es wohnt dem Format inne. Daher ist es absolut legitim, Einwände gegen die Auswahlentscheidungen einer Konferenz zu erheben.

Dies gilt auch für andere Formen selektiver Plattformen: Online-Plattformen wie Facebook, Twitter und YouTube betreiben bereits aktive Selektion durch Algorithmen, die beeinflussen, was User mit höherer Wahrscheinlichkeit empfohlen wird. Meist gibt es dafür eigennützige Gründe; sie stellen ihre Algorithmen so ein, dass sie das »Engagement« der User auf ihrer Plattform maximieren. Dies hat oft unbeabsichtigte Nebenwirkungen wie etwa die Förderung von Verschwörungstheorien zur Folge. In Anbetracht der Tatsache, dass diese Plattformen bereits eine (automatisierte) selektive Präsentation betreiben, kann man sie mit Fug und Recht dafür kritisieren, dass sie nicht die gleichen Hebel für prosozialere Ziele einsetzen oder zumindest für prosoziale Ziele, auf die sich alle größeren, vernunftgeleiteten politischen Gruppierungen verständigt haben (wie einen anspruchsvollen intellektuellen Diskurs). Zudem beeinträchtigt die »Zensur« nicht ernsthaft jemandes Fähigkeit, Craig Wrights Version der Geschichte zu hören, denn man kann einfach seine Website besuchen: coingeek.com. **Wenn jemand bereits eine Plattform betreibt, die editorische Entscheidungen trifft, scheint es vernünftig zu sein, diese Person zu bitten, solche Entscheidungen im gleichen Umfang wie bisher, aber mit prosozialeren Kriterien zu treffen.**

Ein Beispiel aus neuerer Zeit für die praktische Umsetzung dieses Prinzips ist die #DelistBSV-Kampagne, wo einige Kryptowährungsbörsen, am bekanntesten Binance, dem Handel mit BSV (die von Craig Wright promotete Bitcoin-Fork) ihre Unterstützung entzogen haben. Einmal mehr haben viele – darunter auch viele vernünftige – Menschen dieser Kampagne einen Akt der Zensur vorgeworfen. Sie wiesen auf Parallelen zur Blockade von WikiLeaks durch Kreditkartengesellschaften hin:

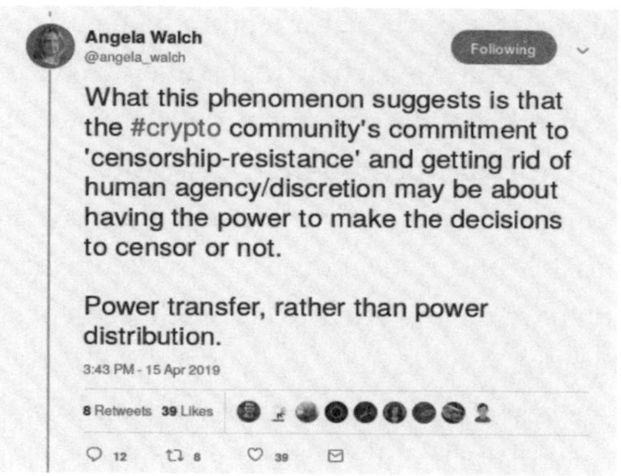
Angela Walch
@angela_walch
Following

What this phenomenon suggests is that the #crypto community's commitment to 'censorship-resistance' and getting rid of human agency/discretion may be about having the power to make the decisions to censor or not.

Power transfer, rather than power distribution.

3:43 PM - 15 Apr 2019

8 Retweets 39 Likes

12 8 39

Ich persönlich habe bereits die Macht zentralisierter Handelsplattformen kritisiert. Sollte ich deshalb #DeListBSV aus Gründen der Redefreiheit ablehnen? Ich würde behaupten, nein, denn es ist in Ordnung, sie zu unterstützen – dennoch ist es dieses Mal definitiv eine schwierigere Entscheidung.

Viele #DelistBSV-Promoter:innen wie die Plattform Kraken sind definitiv keine »Alles ist erlaubt«-Plattformen. Sie treffen bereits viele editorische Entscheidungen darüber, welche Währungen sie annehmen und ablehnen. So nimmt Kraken nur etwa ein Dutzend Währungen an, sie »zensiert« also so gut wie jede andere auf passive Weise. Shapeshift unterstützt mehr Währungen, außer SPANK oder KNC. In diesen beiden Fällen gleicht das Delisting von BSV mehr der Neuzuteilung einer knappen Ressource (Aufmerksamkeit/Legitimität) als einer Zensur. Bei Binance verhält es sich etwas anders, denn sie akzeptiert eine breite Palette von Kryptowährungen, folgt einer viel offeneren »Alles ist erlaubt«-Philosophie und hat eine einzigartige Position als Marktführerin mit einer Menge liquider Mittel. Dennoch lassen sich zwei Punkte zugunsten von Binance ins Feld führen: Erstens, die Zensur revanchiert sich für einen wirklich bösartigen Akt der Zensur seitens einiger Core-Mitglieder der BSV-Community, als sie Kritiker:innen wie Peter McCormack mit rechtlichen Schritten drohten. In »anarchischen« Umfeldern mit erheblichen Meinungsverschiedenheiten über die Normen, die gelten sollten, ist eine Vergeltung von Gleichem mit Gleichem eine der besseren sozialen Normen, weil sie sicherstellt, dass Menschen nur solche Strafen erhalten, bei denen sie durch ihre eigenen Handlungen in gewisser

Weise gezeigt haben, dass sie diese für legitim halten. Außerdem erschweren es die Delistings den Menschen nicht über Gebühr, BSV zu (ver-)kaufen; Coinex hat erklärt, dass sie nicht delisten werden (und ich wäre tatsächlich gegen ein Delisting zweitrangiger »Alles ist erlaubt«-Börsen). Die Delistings senden aber eine starke Botschaft der sozialen Verurteilung von BSV, die nützlich und notwendig ist. Also kann man alle bisherigen Delistings mit guten Gründen befürworten, auch wenn bei genauerer Überlegung eine Weigerung von Binance, »wegen der Freiheit« zu delisten, nicht so unvernünftig gewesen wäre, wie es auf den ersten Blick erscheint.

Es ist im Allgemeinen absolut vernünftig, einerseits eine Konzentration der Macht abzulehnen, aber andererseits dennoch zu befürworten, dass diese dann für Zwecke genutzt wird, die man als prosozial betrachtet, solange diese Konzentration existiert. Als Beispiel aus einem anderen Bereich kann man hier Bryan Caplans Ausführungen darüber vergleichen, wie sich das Einsetzen für offene Grenzen mit dem Befürworten von Reisebeschränkungen wegen der Ebola-Epidemie in Einklang bringen lässt.[39] Die Ablehnung von Machtkonzentrationen erfordert nur, dass man glaubt, dass diese *unter dem Strich* schädlich und missbräuchlich seien; es bedeutet nicht, dass man jegliches Handeln dieser Machtkonzentrationen ablehnen muss.

Wenn es jemandem gelänge, eine *vollkommen erlaubnisfreie* Chain-übergreifende dezentrale Börse zu erschaffen, die den Handel zwischen jedem beliebigen Asset und jedem beliebigen anderen Asset erleichtert, dann würde das »Gelistet-Sein« an dieser Börse *kein* soziales Signal senden, weil alle gelistet wären. Und ich würde eine solche Börse auch dann befürworten, wenn sie den Handel mit BSV unterstützen würde. Allerdings unterstütze ich es, wenn BSV aus bereits hervorgehobenen Positionen entfernt würde, die höhere Grade an Legitimität verleihen als nur schlichte Existenz.

Halten wir abschließend also fest: Zensur in öffentlichen Räumen ist schlecht, selbst wenn diese nicht staatlich kontrolliert sind; Zensur in genuin privaten Räumen (insbesondere Räumen, die keine »Standards« für eine breitere Community sind) kann in Ordnung sein. Es ist schlecht, wenn man Projekte mit dem Ziel und dem Effekt ächtet, den Zugang zu ihnen zu verweigern, dies aber zu tun, um ihnen knappe Legitimität zu verweigern, kann in Ordnung sein.

KONTROLLE ALS BÜRDE

vitalik.ca, 9. Mai 2019

Das regulatorische und rechtliche Umfeld für internetbasierte Dienste und Anwendungen hat sich im Lauf der letzten zehn Jahr erheblich verändert. Als große Social-Networking-Plattformen in den 2000er-Jahren immer populärer wurden, lautete die allgemeine Einstellung gegenüber massenhafter Datensammlung im Grunde »Warum nicht?«. Dies war das Zeitalter Mark Zuckerbergs, der sagte, das Zeitalter der Privatsphäre sei vorüber, und Eric Schmidts, der behauptete: »Wenn Sie etwas vor allen geheim halten wollen, sollten Sie es vielleicht gar nicht erst tun.« Und das Argument war für sie persönlich durchaus sinnvoll: Jeder Brocken Information, den man sich über andere verschaffen kann, war ein potenzieller Vorteil beim maschinellen Lernen, jede einzelne Beschränkung eine Schwäche, und wenn etwas mit diesen Daten geschah, waren die Kosten vergleichsweise gering. Zehn Jahre später hat sich die Lage grundlegend verändert.

Es lohnt sich, einige spezifische Trends besonders genau anzuschauen.

- **Privatsphäre:** Im Lauf der letzten zehn Jahre wurde eine Reihe von Datenschutzgesetzen verabschiedet, am offensivsten in Europa, aber auch andernorts – wobei die Datenschutz-Grundverordnung (DSGVO) die jüngste ist. Sie besteht aus zahlreichen Teilen, aber zu den bedeutendsten gehören: erstens, Erfordernisse der ausdrücklichen Zustimmung, zweitens, Erfordernis einer rechtlichen Grundlage für die Verarbeitung von Daten, drittens, das Recht von Usern, all ihre eigenen Daten herunterzuladen, viertens, das Recht von Usern, die Löschung all ihrer Daten zu verlangen. Andere Länder erwägen ähnliche Regelwerke.

- **Datenlokalisierungsregeln:** Indien, Russland und viele andere Länder haben – oder erwägen – Regeln, die verlangen, dass Daten von inländischem Usern innerhalb des Landes gespeichert werden. Und selbst wenn es keine ausdrücklichen Gesetze gibt, nehmen die Bedenken zu, dass Daten in Länder transferiert werden, die diese mutmaßlich nicht ausreichend schützen.
- **Regulierung der Sharing-Economy:** Unternehmen der Sharing-Economy wie Uber fällt es immer schwerer, Gerichte davon zu überzeugen, dass sie in Anbetracht des Ausmaßes, in dem ihre Applikationen die Aktivitäten von Fahrer:innen kontrollieren und steuern, rechtlich nicht als Arbeitgeber eingestuft werden sollten.
- **Regulierung von Kryptowährungen:** Vor Kurzem veröffentlichte Leitlinien des US-amerikanischen FinCen (Financial Crimes Enforcement Network) bemühen sich darum, klarzustellen, welche Kategorien kryptowährungsbezogener Aktivitäten in den USA behördlichen Genehmigungspflichten unterliegen. Das Betreiben einer gehosteten Wallet? Reguliert. Das Betreiben einer Wallet, in der die User ihre Gelder kontrollieren? Unreguliert. Das Betreiben eines anonymisierenden Kryptowährungsmixers? Wenn Sie den Dienst *betreiben*, ist er genehmigungspflichtig. Wenn Sie lediglich Code schreiben … *unreguliert.*

Die Kryptowährungs-Leitlinien des FinCen sind keineswegs willkürlich, sondern versuchen vielmehr, Kategorien von Anwendungen, bei denen Entwickler:innen Gelder aktiv kontrollieren, von Anwendungen zu unterscheiden, bei denen Entwickler:innen keine Kontrolle haben. Die Leitlinien legen ausführlich dar, warum »Multisignatur-Wallets«, bei denen sowohl Betreiber als auch User Schlüssel besitzen, manchmal reguliert werden, aber manchmal nicht:

Wenn sich der Multisignatur-Wallet-Provider darauf beschränkt, ungehostete Wallets zu erstellen, bei denen ein zweiter Autorisierungsschlüssel zum privaten Schlüssel der Wallet-Besitzer:innen hinzugefügt werden muss, um Transaktionen zu bestätigen und abzuschließen, dann ist der

Provider kein Geldübermittler, weil er keinen Wertbetrag annimmt und überträgt. Wenn andererseits … der Wertbetrag als Eintrag in den Konten des Providers repräsentiert ist, die Eigentümer:innen also nicht direkt mit dem Zahlungssystem interagieren, oder der Provider eine vollständige unabhängige Kontrolle über den Wert behält, dann gilt der Provider auch als Geldübermittler.

Obwohl diese Ereignisse in unterschiedlichen Kontexten und Branchen stattfinden, zeigt sich hier meiner Meinung nach ein allgemeiner Trend: **Die Kontrolle über die Daten und digitalen Besitztümer sowie Aktivitäten von Usern wird schnell vom Vorteil zur Bürde**. Früher war jedes bisschen Kontrolle, das Sie hatten, gut: Es gab Ihnen mehr Flexibilität, um Einnahmen zu erzielen – wenn nicht sofort, dann wenigstens in der Zukunft. Jetzt ist jedes bisschen Kontrolle, das Sie haben, eine Bürde, denn Sie könnten deshalb reguliert werden. Wenn Sie augenscheinlich die Kryptowährungs-Guthaben Ihrer User kontrollieren, gelten Sie als Dienstleister für Geldüberweisungen. Wenn Sie »allein über die Höhe der Fahrpreise entscheiden und Fahrer:innen eine Stornierungsgebühr in Rechnung stellen können, wenn sie beschließen, eine Fahrt nicht anzunehmen, wenn Sie Fahrer:innen verbieten können, Fahrgäste aufzunehmen, die die App nicht verwenden, und wenn Sie die Konten von Fahrer:innen sperren oder deaktivieren können«, dann sind Sie ein Arbeitgeber. Wenn Sie die Daten Ihrer User kontrollieren, müssen Sie sicherstellen, dass Sie einen triftigen Grund für die Beschäftigung eines Compliance-Managers anführen können, und Ihren Usern die Möglichkeit geben, die Daten herunterzuladen oder zu löschen/löschen zu lassen.

Wenn Sie Applikationen entwickeln und sowohl faul sind als auch juristische Schwierigkeiten befürchten, dann gibt es eine einfache Möglichkeit, um gegen keine der obigen neuen Regeln zu verstoßen: *Entwickeln Sie keine Applikationen, die eine Form der Kontrolle zentralisieren.* Wenn Sie eine Wallet einrichten, in der User im Besitz ihrer privaten Schlüssel sind, sind Sie tatsächlich noch immer »lediglich ein Software-Anbieter«. Wenn Sie ein »dezentralisiertes Uber« aufbauen, das tatsächlich nur eine clevere Benutzerschnittstelle ist, die ein Zahlungssystem mit einem Reputationssystem und einer Suchmaschine kombiniert, Sie aber die Komponenten nicht selbst kontrollieren, sind Sie von vielen dieser juristischen Probleme im Grunde nicht betroffen. Wenn Sie eine Website erstellen, die einfach keine Daten sammelt, müssen Sie sich keine Gedanken über die DSGVO machen.

Eine solche Vorgehensweise ist selbstverständlich nicht für alle realistisch. Es wird weiterhin viele Fälle geben, in denen der Verzicht auf die Annehmlichkeiten zentraler Kontrolle sowohl für Entwickler:innen als auch für User einfach zu große Opfer bedeutet. Es gibt auch Fälle, in denen sich das Geschäftsmodell, das einen eher zentralistischen Ansatz gebietet (so ist es zum Beispiel leichter, nichtzahlende User von der Nutzung der Software auszuschließen, wenn die Software auf eigenen Servern bleibt), durchsetzt. Wir sind aber definitiv weit davon entfernt, die ganze Bandbreite von Möglichkeiten der dezentralen Ansätze zu erkunden.

Im Allgemeinen gelten unbeabsichtigte Folgen von Gesetzen, die von ganzen Kategorien an Aktivitäten abschrecken, während man lediglich mit chirurgischer Präzision einige spezifische Punkte verbieten wollte, als etwas Negatives. Hier würde ich allerdings behaupten, dass der erzwungene Einstellungswandel bei Entwickler:innen von »Ich will für alle Fälle mehr Aspekte kontrollieren« hin zu »Ich will für alle Fälle weniger Aspekte kontrollieren« auch viele positive Konsequenzen hat. Es fällt vielen Menschen nicht leicht, freiwillig Kontrolle abzugeben und freiwillig Schritte zu unternehmen, um sich selbst der Fähigkeit zu berauben, Schaden anzurichten. Und auch wenn es schon heute ideologisch motivierte Projekte gibt, die darauf abzielen, ein höchstmögliches Maß an Dezentralisierung zu realisieren, ist es auf den ersten Blick alles andere als selbstverständlich, dass solche Dienste auch weiterhin die Norm in der Branche sein werden. Allerdings verleiht dieser Trend in der Regulierung jenen Anwendungen einen kräftigen Schub, die die Minimierung der Zentralisierung und die Maximierung der User-Souveränität als für »nichts Schlechtes« halten.

Auch wenn diese regulatorischen Änderungen vermutlich der Freiheit wenig förderlich sind, zumindest in Bezug auf die Freiheit der App-Entwickler:innen, und die Transformation des Internets zu einem Gegenstand politischer Fokussierung wohl viele negative Folgewirkungen nach sich ziehen dürfte, ist der spezifische Trend, dass Kontrolle zu einer Belastung wird, auf eine eigentümliche Weise *sogar noch mehr pro-Cypherpunk* (wenn auch unabsichtlich!), als es politische Maßnahmen mit dem Ziel, App-Entwickler:innen größtmögliche Freiheiten zu verschaffen, gewesen wären. Obgleich die gegenwärtige regulatorische Landschaft aus Sicht der Präferenzen fast aller Betroffenen alles andere als optimal ist, so hat sie der Bewegung für die Minimierung unnötiger Zentralisierung und für die Maximierung der Kontrolle der User über ihre eigenen Aktiva, ihre privaten Schlüssel und Daten doch überraschend gute Chancen für die Umsetzung der eigenen Vision verschafft. Und es wäre wirklich gut für die Bewegung, wenn sie diese nutzen würde.

WEIHNACHTSSPEZIAL

vitalik.ca, 24. Dezember 2019

Da jetzt Weihnachtszeit ist und wir uns eigentlich freuen und Zeit mit unseren Familien verbringen sollten, statt endlos heilige Twitter-Kriege zu führen, werde ich in diesem Blogbeitrag Spiele vorstellen, die ihr mit euren Freund:innen spielen könnt. Sie ermöglichen es euch, Spaß zu haben *und* gleichzeitig einige unheimliche mathematische Konzepte zu verstehen!

A vignette from the IC3 Bootcamp, where people unwind, among other things, by playing "1.58 dimensional chess," a game of Vitalik's invention that's surprisingly fun.

1,58-dimensionales Schach

Dies ist eine Schachvariante, bei der das Brett wie folgt aufgebaut ist:

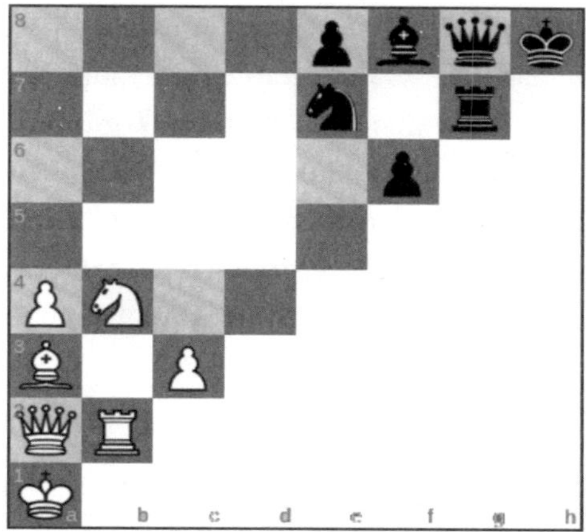

Das Brett ist nach wie vor ein normales 8 × 8-Brett, aber mit nur 27 offenen Feldern. Die anderen 37 Felder sollten mit Dame-, Go-Spielsteinen oder etwas anderem besetzt werden, um sie so zu blockieren. Die restlichen Regeln sind wie beim normalen Schach, mit einigen wenigen Ausnahmen:

- Weiße Bauern bewegen sich nach oben, schwarze Bauern bewegen sich nach links. Weiße Bauern schlagen, indem sie nach links und oben oder nach rechts und oben ziehen, schwarze Bauern schlagen, indem sie nach links und unten oder nach links und oben ziehen. Weiße Bauern werden umgewandelt, wenn sie die oberste Reihe erreichen, schwarze Bauern werden umgewandelt, wenn sie die linke Linie erreichen.
- Keine En-passant-Züge, keine Rochade und keine Zwei-Schritt-vorwärts-Bauernsprünge.
- Schachfiguren dürfen nicht *auf* oder *durch* die 37 besetzten Felder ziehen. Springer dürfen nicht auf die 37 besetzten Felder ziehen, können aber *durch* diese ziehen.

Das Spiel wird 1,58-dimensionales Schach genannt, weil die 27 offenen Felder gemäß einem auf dem Sierpinski-Dreieck basierenden Muster ausgewählt werden. Man beginnt mit einem einzelnen offenen Feld und jedes Mal, wenn man die (Schachbrett-)Weite verdoppelt, nimmt man die Form am Ende des vorhergehenden Schritts und kopiert sie auf die linke obere, die rechte obere und die linke untere Ecke, während man die rechte untere Ecke weiterhin unverfügbar lässt. Während in einer eindimensionalen Struktur die Verdopplung der Breite den Raum um $2x$ vergrößert, in einer zweidimensionalen Struktur die Verdopplung der Breite den Raum um $4x$ ($4 = 2^2$) vergrößert und in einer dreidimensionalen Struktur die Verdopplung der Breite den Raum um $8x$ ($8 = 2^3$) vergrößert, vergrößert die Verdopplung der Breite den Raum hier um $3x$ ($3 = 2^{1,58496}$), folglich »1,58-dimensional«.

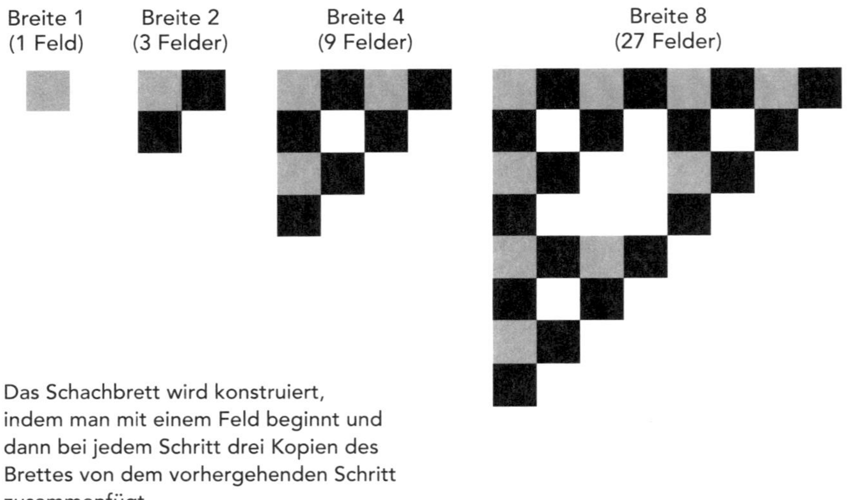

Das Schachbrett wird konstruiert, indem man mit einem Feld beginnt und dann bei jedem Schritt drei Kopien des Brettes von dem vorhergehenden Schritt zusammenfügt.

Das Spiel ist deutlich einfacher und »lenkbarer« als reguläres Schach, und es ist eine interessante Übung, die zeigt, dass die Verteidigung in niedrigerdimensionalen Räumen viel leichter fällt als der Angriff. Man beachte, dass der relative Wert verschiedener Figuren sich hier verändern kann, sodass neue Arten von Spielausgängen möglich werden (z. B. kann man mit nur einem Läufer schachmatt setzen).

Dreidimensionales Tic Tac Toe

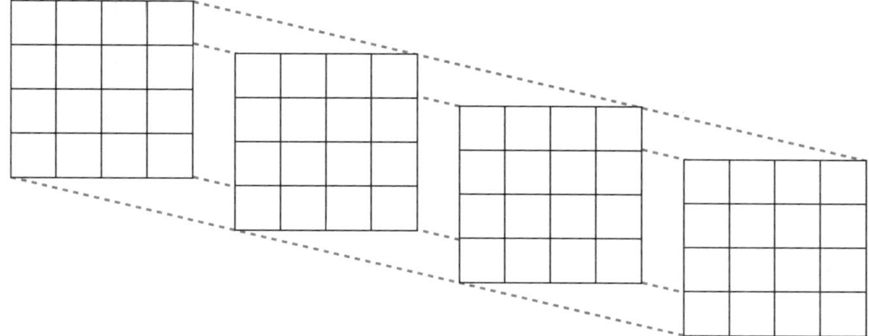

Das Ziel besteht hier darin, vier Zeichen in einer geraden Linie anzuordnen, wobei die Linie in jede beliebige Richtung verlaufen kann, entlang einer Achse oder diagonal, auch zwischen mehreren Ebenen. In dieser Konfiguration zum Beispiel gewinnt X:

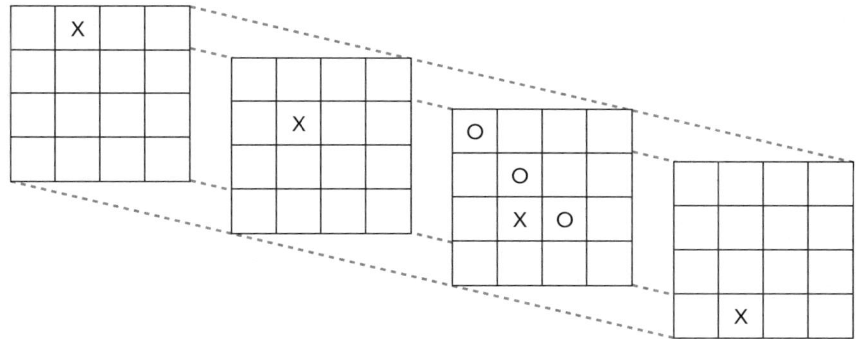

Es ist viel schwerer als traditionelles zweidimensionale Tic Tac Toe, aber hoffentlich auch viel unterhaltsamer!

Modulares Tic Tac Toe

Hier gehen wir wieder auf zwei Dimensionen zurück, außer, dass wir es zulassen, dass sich Linien herumwickeln:

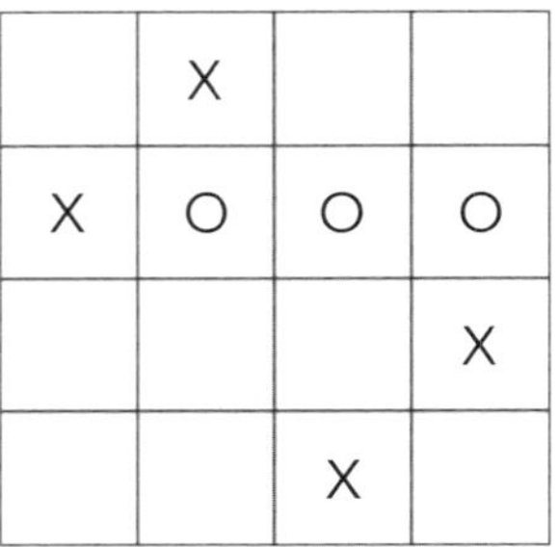

X gewinnt

Beachten Sie, dass wir diagonale Linien beliebiger Neigung zulassen, solange sie alle vier Punkte durchlaufen. Dies bedeutet, dass Linien mit einer Neigung von +/– 2 und +/– ½ zulässig sind:

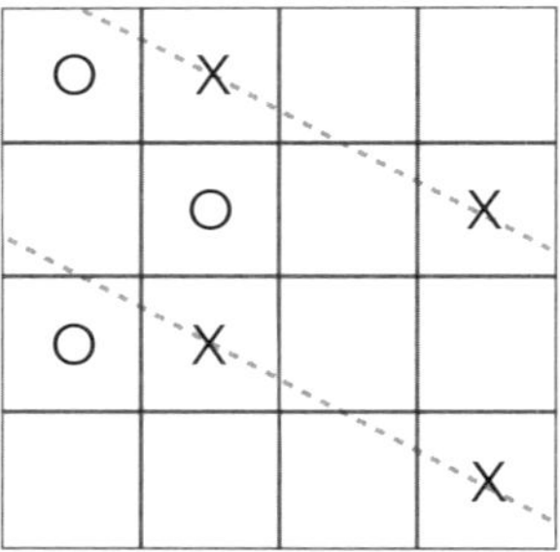

Mathematisch gesehen, lässt sich das Feld als zweidimensionaler Vektorraum über ganzen Zahlen modulo 4 interpretieren. Das Ziel besteht darin, eine Linie auszufüllen, die durch vier Punkte über diesen Raum verläuft. Man beachte, dass es zumindest eine Linie gibt, die durch beliebige zwei Punkte verläuft.

Tic Tac Toe über das binäre Vier-Elemente-Feld

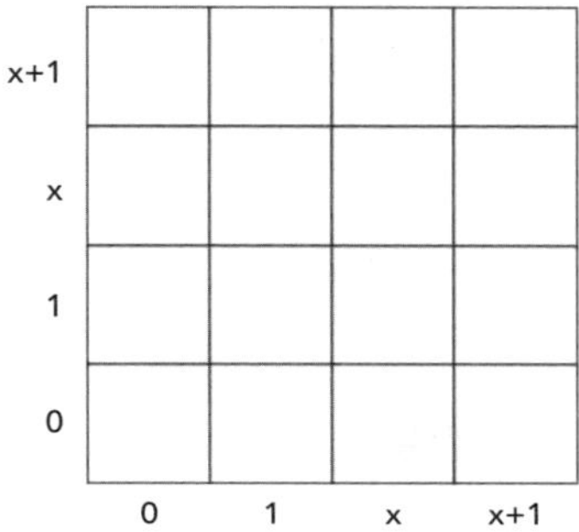

Hier haben wir das gleiche Konzept wie oben, nur dass wir eine noch unheimlichere mathematische Struktur benutzen, das Vier-Elemente-Feld aus Polynomen über Z_2 Modulo $x^2 + x + 1$. Diese Struktur hat mehr oder weniger keine vernünftige geometrische Interpretation, also werde ich Ihnen einfach im Folgenden die Additions- und Multiplikationstabellen zeigen:

Addition

	0	1	x	x+1
x+1	x+1	x	1	0
x	x	x+1	0	1
1	1	0	x+1	x
0	0	1	x	x+1

Multiplikation

	0	1	x	x+1
x+1	0	x+1	1	x
x	0	x	x	1
1	0	1	x	x+1
0	0	0	0	0

Okay, bestens, hier nun, der Kürze wegen, alle möglichen Linien – mit Ausnahme der horizontalen und vertikalen (die ebenfalls zulässig sind):

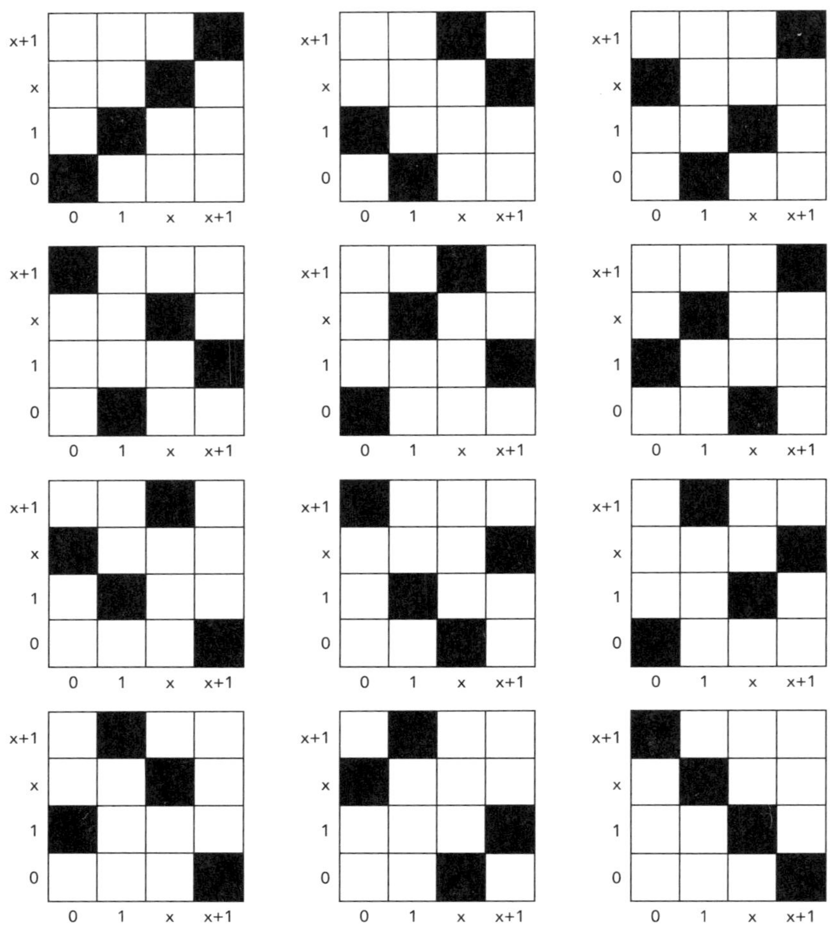

Das Fehlen einer geometrischen Interpretation erschwert das Spiel, denn man muss die 20 Gewinner-Kombinationen mehr oder minder auswendig lernen, allerdings sollten Sie beachten, dass es *im Grunde* Rotationen und Spiegelungen derselben vier Grundformen sind (Achsenlinie, diagonale Linie, diagonale in der Mitte beginnende Linie, das seltsame Ding, das nicht wie eine Linie aussieht).

Spielen Sie jetzt 1,77-dimensionales Vier Gewinnt.
Ich fordere Sie hiermit heraus.

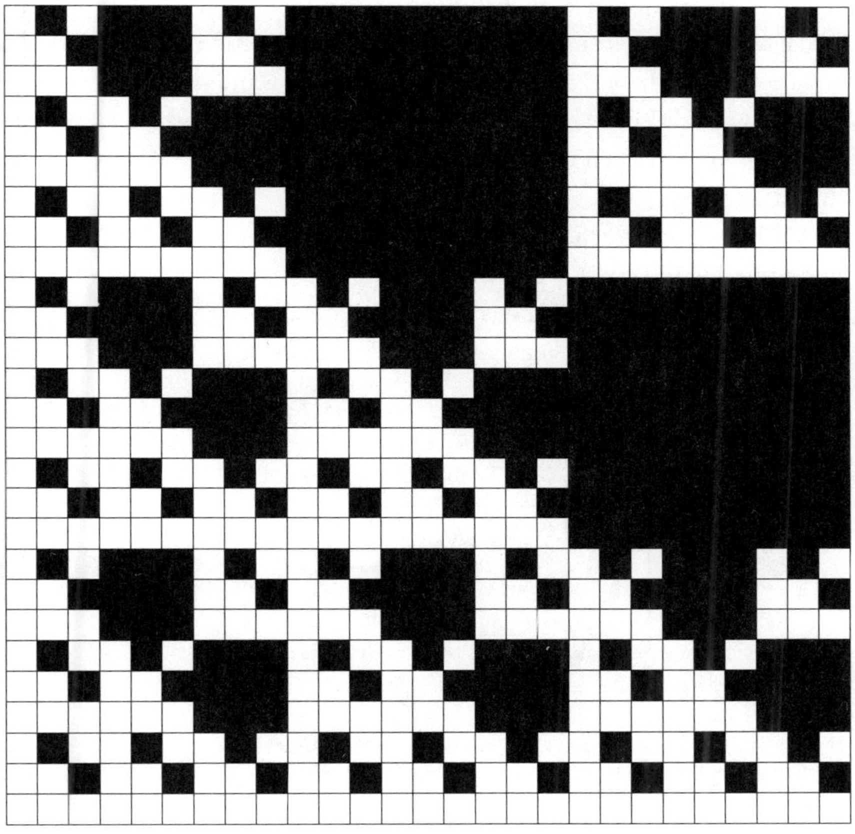

Modulares Poker

Alle bekommen jeweils fünf Karten (Sie können hier nach den Regeln beliebiger Pokervariationen bezüglich der Kartenvergabe und der Tauschmöglichkeiten der Spieler:innen spielen). Die Karten werden interpretiert als: Bube = 11, Königin = 12, König = 0, Ass = 1. Eine Hand ist stärker als eine andere, wenn sie eine längere Folge enthält – mit jeder beliebigen konstanten Differenz zwischen aufeinanderfolgenden Karten (was Wrap-arounds zulässt).

Mathematisch gesehen ist eine Hand stärker, wenn die Spieler:innen eine Linie $L(x) = mx + b$ präsentieren können, sodass sie Karten für die Zahlen $L(0), L(1) \ldots L(k)$ für das höchste k haben.

Beispiel einer vollständigen Gewinnerhand aus fünf Karten. $y = 4x + 5$.

Um zwischen gleichen Folgen maximaler Länge eine Entscheidung zu treffen, zählt man die Anzahl verschiedener Folgen der Länge Drei; die Hand mit mehr verschiedenen Folgen der Länge Drei gewinnt.

Diese Hand hat vier Folgen der Länge Drei: K-2-4, K-4-8, 2-3-4, 3-8-K. Dies ist selten.

Berücksichtigen Sie nur Linien der Länge Drei oder höher. Wenn eine Hand drei oder mehr gleichwertige Karten hat, dann zählt dies als eine Folge, aber wenn eine Hand zwei gleichwertige Karten hat, dann gelten sämtliche Folgen, die diesen Wert durchlaufen, nur als eine Folge.

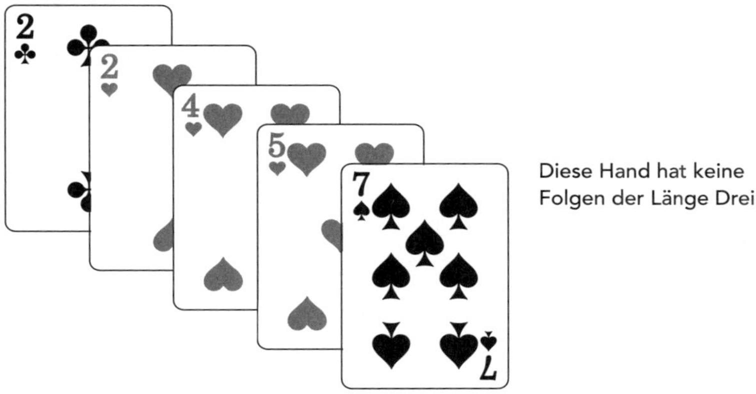

Diese Hand hat keine Folgen der Länge Drei.

Wenn zwei Hände die gleiche Stärke haben, gewinnt die Hand mit der höheren höchsten Karte (auch hier gilt Bube = 11, Königin = 12, König = 0, Ass = 1).

Viel Spaß!

TEIL 3
PROOF OF STAKE

Anfang 2020 hatte sich Ethereum von seinen Anfangsschwierigkeiten erholt. Für die großen Sicherheitsdebakel waren tragfähige Lösungen gefunden worden, Ether gewann an Wert, und Ethereum stand kurz davor, während der ausufernden Lockdowns der COVID-19-Pandemie das Betriebssystem für eine rasant wachsende Anzahl NFT-geminter Kunstwerke zu werden. Buterin, der sich selbst von seiner charismatischen Rolle während des The-DAO-Hacks distanzierte, betonte den Grundsatz der »glaubwürdigen Neutralität« und dachte darüber nach, wie ein dezentrales System umfassende Legitimität erreichen könnte. Er konzentrierte sich weniger auf unmittelbare Krisen als auf das langfristige Problem der »öffentlichen Güter«: Wie können Systeme, die auf ökonomischen Anreizen basieren, essenzielle, aber nicht immer profitable Güter produzieren? Wer wird für die Straßen und Brücken dieser neuen Welt zahlen? Er bemühte sich, ebenso schnell Antworten zu finden, wie Fragen aufkamen.

Die Idee der dezentralen autonomen Organisation (DAO) wurde schließlich Wirklichkeit. DAOs, die manchmal völlig von jedem »irdischen« Unternehmen oder jeder Stiftung losgelöst waren, erzeugten Produkte und bezahlten Arbeitnehmer:innen. Einige verwalteten Vermögen von vielen Millionen Dollar, andere explodierten als spektakuläre Fehlschläge. Krypto-Communitys experimentierten zwangsläufig mit neuen Arten von Governance- und Entscheidungsprozessen – mit Abstimmungssystemen, die die Macht von Token und Menschen ausbalancierten, Identitätssystemen auf der Basis von Beziehungen zwischen Usern anstatt ihrer Beziehung zum Staat. Wie Ungleichheit gemessen wird, so behauptet Buterin, müsse für eine Welt mit vielen überlappenden Formen von Wertschöpfung neu gedacht werden. Wenn er in einem Vorhersagemarkt eine Wette auf den Ausgang der US-Präsidentschaftswahl von 2020 abschließt, sehen wir, wie verwirrend die Nutzung von Software sein kann, die auf dem von ihm konzipierten Protokoll basiert.

Es kann passieren, dass man den Wald vor lauter Bäumen nicht sieht. Was sollen Wetten in Vorhersagemärkten eigentlich bringen? Buterin hofft, dass bessere Mechanismen die Informationen und das Urteilsvermögen, die ungleichmäßig unter uns verteilt sind, effizienter nutzen und uns zu besseren kollektiven Entscheidungen führen werden. Gute Absichten und intelligente Designs haben aber auch ihre Grenzen. Die nicht zu kontrollierende Alchemie der Token-Preise droht immer, alles andere in den Schatten zu stellen.

Hier vollzieht sich der Übergang zu Ethereum 2.0 – den Buterin von Anfang an erhofft hatte. Menschen konnten 2021 ihre ETH in Proof of Stake einsetzen, auch wenn Proof of Work sich noch etwas länger hielt. Die Phase der Energieverschwendung war fast vorüber. »Layer 2«-Protokolle mit Namen wie »optimistic Rollups« und »ZK-Rollups« sollten schon bald den Verzögerungen und Transaktionskosten, die alle ärgerten, die Ethereum für Käufe oder Apps nutzen wollten, ein Ende setzen. Unterdessen behaupteten neuere Blockchains, sie hätten diese Probleme von Anfang gelöst und nahmen langsam Ethereum Marktanteile weg. In dem Aufsatz über »Krypto-Städte« scheint sich für Buterin ein Kreis zu schließen: Er stimmt wieder die gleichen hoffnungsvollen Lobgesänge über aufkommende Projekte an wie früher im *Bitcoin Magazine* – nun aber mit einer anderen Implikation: Statt alte Institutionen wie Regierungen zu ersetzen, treten Blockchains in Beziehungen zu ihnen. Buterin hat gesagt, er habe gelernt, zentralisierte Plattformen zu verabscheuen, als das Unternehmen hinter dem Spiel *World of Warcraft* mit einer Software-Änderung schwächelte. (»Ich habe mich in den Schlaf geweint«, fügte er hinzu und habe das Spiel aufgegeben.) Aber er beginnt den abschließenden Essay mit der Behauptung, Krypto könne etwas von einem Konzept in Warcraft lernen, dem, was »seelengebunden« ist: Sachen, die ein/e Spieler:in hat, die aber weder käuflich noch verkäuflich seien. Statt sich ausschließlich auf ökonomische Faktoren zu stützen, auf das Käufliche und Verkäufliche, müssten Blockchains die besondere menschliche Qualität der User stärker ins Auge fassen. In der Art und Weise, wie wir unsere soziale Infrastruktur gestalten, steht unsere Menschlichkeit auf dem Spiel.

– N. S.

GLAUBWÜRDIGE NEUTRALITÄT ALS LEITPRINZIP

Nakamoto, 3. Januar 2020

Ziehen Sie das Folgende in Betracht:

- Menschen sind manchmal verärgert darüber, dass Regierungen 5 Prozent des BIP ausgeben, um bestimmte Projekte oder bestimmte Wirtschaftszweige zu fördern, aber sie ärgern sich oft nicht darüber, dass dieselbe Regierung mit der Durchsetzung von Eigentumsrechten viel größere Kapitalumverteilungen verursacht.
- Menschen ärgern sich manchmal über Blockchain-Projekte, die viele Coins direkt den Empfänger:innen zuteilen (bzw. »pre-minen«), die von Entwickler:innen handverlesen wurden, aber sie empören sich nicht über die Milliarden von Dollar an Vermögenswerten, die bedeutende Blockchains wie Bitcoin und Ethereum an Proof-of-Work-Miner übertragen.
- Menschen regen sich manchmal über Social-Media-Plattformen auf, die Inhalte mit spezifischen in Ungnade gefallenen politischen Ideologien zensieren oder runter-priorisieren, sogar Ideologien, die sie selbst ablehnen, aber sie regen sich oft nicht über die Tatsache auf, dass Fahrgemeinschaftsplattformen Fahrer:innen von der Plattform werfen, wenn ihre Bewertungen zu schlecht sind.

Eine mögliche Reaktion auf einige dieser Situationen besteht darin, »erwischt!« zu rufen und sich in dem Ruhm zu sonnen, scheinbare Heuchler:innen entlarvt zu haben. Und tatsächlich ist diese Reaktion manchmal angemessen. Meines Erachtens ist es ein echter Fehler, Kohlenstoffsteuern als staatlichen Interventionismus zu behandeln, während man die staatliche Durchsetzung von Eigentumsrechten einfach nur als Durchsetzung eines Naturrechts behandelt. Genauso ist es meines Erachtens ein Fehler, Minern, die sich bei der Sicherung einer Blockchain abmühen, als Arbeiter:innen zu behandeln, die echte thermodynamische Arbeit leisten, die eine Entlohnung verdient hätte, während man jeden Versuch, Entwickler:innen, die den Code der Blockchain verbessern, zu entlohnen, als einen Akt des »Druckens von Gratisgeld« behandelt.

Tiefverwurzelte moralische Überzeugungen wie diese sind selten vollkommen wertlos, auch wenn Bemühungen, die eigenen Einsichten zu *systematisieren*, oftmals fehlschlagen. In diesem Fall würde ich zudem behaupten, dass hier ein wichtiges Prinzip ins Spiel kommt, das wahrscheinlich von zentraler Bedeutung für den Diskurs darüber werden wird, wie man effiziente, freiheitliche, faire und inklusive Institutionen aufbauen kann, die verschiedene Sphären unseres Lebens beeinflussen und beherrschen. Dieses Prinzip lautet: **Bei der Entwicklung von Mechanismen, die über Ergebnisse von hoher Tragweite entscheiden, ist es wichtig, dass diese Mechanismen in *glaubwürdiger* Weise neutral sind.**

Mechanismen sind Algorithmen plus Anreize

Zuerst einmal: Was ist ein Mechanismus? Hier verwende ich den Begriff so ähnlich, wie er in der spieltheoretischen Literatur verwendet wird, wenn von Mechanismus-Design die Rede ist: Ein Mechanismus ist im Wesentlichen ein Algorithmus mit Anreizen. Ein Mechanismus ist ein Tool, das Inputs von mehreren Personen aufnimmt und diese nutzt, um Aussagen über die Werte seiner Teilnehmenden zu treffen, sodass er Entscheidungen treffen kann, die für Menschen von Belang sind. Bei einem gut funktionierenden Mechanismus ist dessen Entscheidung sowohl effizient – in dem Sinne, dass die Entscheidung unter Berücksichtigung der Präferenzen der Teilnehmenden das bestmögliche Ergebnis ist – als auch anreizkompatibel, was bedeutet, dass Menschen den Anreiz haben, »in ehrlicher Weise« mitzuwirken. Beispiele für Mechanismen lassen sich leicht anführen:

- **Privateigentum und Handel:** Die »Inputs« sind die Fähigkeit der User, durch Schenkung oder Handel Eigentum neu zuzuteilen, während der »Output« eine (manchmal formalisierte, manchmal nur implizierte) Datenbank derjenigen ist, die das Entscheidungsrecht darüber haben, wie jedes physische Objekt genutzt wird. Ziel ist es, die Produktion nützlicher physischer Objekte zu fördern und sie an Menschen zu übertragen, die sie dann bestmöglich nutzen.
- **Auktionen:** Der Input sind Gebote, während der Output besagt, wer den zum Verkauf stehenden Artikel bekommt, sowie die Summe, die Käufer:innen bezahlen müssen.
- **Demokratie:** Der Input sind Stimmen, während der Output besagt, wer die Ämter/Parlamentsmandate kontrolliert, die zur Wahl standen.
- **Upvotes, Downvotes, Likes und Retweets in den sozialen Medien:** Der Input sind Upvotes, Downvotes, Likes und Retweets, während der Output besagt, wer welchen Inhalt zu sehen bekommt. Ein spieltheoretischer Pedant würde vielleicht behaupten, dies sei lediglich ein Algorithmus, kein Mechanismus, weil ihm eingebaute Anreize fehlten – aber zukünftige Versionen könnten durchaus eingebaute Anreize besitzen.
- **Von der Blockchain vergebene Anreize für Proof of Work und Proof of Stake:** Der Input ist, welche Blöcke und andere Benachrichtigungen Teilnehmende produzieren, während der Output die Kette ist, die das Netzwerk als kanonisch akzeptiert, zudem wird mit Belohnungen »richtiges« Verhalten gefördert.

Wir treten in ein hyper-vernetztes, hyper-vermitteltes und sich schnell weiterentwickelndes Informationszeitalter ein, in dem zentralisierte Institutionen öffentliches Vertrauen verlieren und Menschen nach Alternativen suchen. Von daher werden verschiedene Formen von Mechanismen – als Methode, die »Weisheit der Vielen« in intelligenter Weise zu aggregieren (und sie von der ebenfalls immer gegenwärtigen Nicht-Weisheit der Vielen zu trennen) – unsere Art der Interaktion wahrscheinlich immer stärker beeinflussen.

Was ist glaubwürdige Neutralität?

Lassen Sie uns jetzt über die äußerst wichtige Idee der »glaubwürdigen Neutralität« sprechen. Im Grunde ist ein Mechanismus dann in glaubwürdiger Weise neutral, wenn schon ein Blick auf das Mechanismus-Design genügt, um zu erkennen, dass der Mechanismus nicht bestimmte Menschen diskriminiert oder begünstigt. Er behandelt alle fair, zumindest soweit es eben möglich ist, Menschen in einer Welt, in der alle so unterschiedliche Fähigkeiten und Bedürfnisse haben, fair zu behandeln. »Alle, die einen Block schürfen, bekommen 2 ETH« ist glaubwürdig neutral, aber »Bob bekommt 1000 Coins, weil wir wissen, dass er viel Code geschrieben hat, und wir sollten ihn belohnen« ist es nicht. »Jeder Post, der von fünf Personen als schlecht markiert wird, wird nicht gezeigt« ist glaubwürdig neutral, aber »jeder Post, der nach Einschätzung unseres Moderationsteams gegen blauäugige Menschen voreingenommen ist, wird nicht gezeigt« ist es nicht. »Die Regierung gewährt ein 20-jähriges begrenztes Monopol auf jede Erfindung« ist glaubwürdig neutral (auch wenn eine Festlegung ziemlich schwierig sein dürfte, welche Erfindungen genau die Kriterien erfüllen), aber »die Regierung beschließt, dass die Heilung von Krebs ein wichtiges Ziel ist und setzt aus diesem Grund einen Ausschuss ein, der eine Milliarde Dollar unter Menschen verteilt, die Krebs heilen wollen« ist es nicht.

Selbstverständlich gibt es keine hundertprozentige Neutralität. Block-Belohnungen begünstigen diejenigen, die besondere Beziehungen haben, die ihnen Zugang zu Hardware und billigem Strom geben. Der Kapitalismus begünstigt konzentrierte Interessen und die Wohlhabenden, und benachteiligt die Armen und jene, die in hohem Maße von öffentlichen Gütern abhängig sind. Der politische Diskurs benachteiligt alles, was auf der falschen Seite dessen liegt, was sozial erwünscht ist. Und jeder Mechanismus, der Koordinationsversagen korrigiert, muss gewisse Annahmen darüber machen, worin dieses Versagen besteht, und benachteiligt jene, deren Koordinationsversagen er unterschätzt. Dies ändert aber nichts an der Tatsache, dass einige Mechanismen viel neutraler sind als andere. Aus diesem Grund ist Privateigentum so effektiv: nicht, weil es ein gottgegebenes Recht ist, sondern weil es ein glaubwürdiger neutraler Mechanismus ist, der eine Menge Probleme in der Gesellschaft löst – keineswegs alle Probleme, aber dennoch eine Menge. Aus diesem Grund ist das Filtern nach Popularität in Ordnung, während das Filtern nach politischer Ideologie problematisch ist: Man kann sich leichter darüber einigen, dass ein neutraler Mechanismus alle ziemlich fair behandelt, als eine diverse Gruppe von Personen davon zu überzeugen, dass eine bestimmte schwarze Liste unzulässiger politischer Standpunkte richtig ist. Und aus diesem Grund werden On-Chain-Entwicklungsbelohnungen argwöhnischer betrachtet als On-Chain-Mining-Belohnungen: Es lässt sich leichter überprüfen, wer Miner ist, als wer ein:e Entwickler:in ist, und die meisten Bemühungen, Letztere herauszufinden, sehen sich in der Praxis oftmals Vorwürfen der Günstlingswirtschaft ausgesetzt.

Man beachte, dass hier nicht einfach nur Neutralität, sondern *glaubwürdige* Neutralität verlangt wird. Das heißt, es genügt nicht, dass ein Mechanismus nicht darauf ausgelegt ist, bestimmte Personen oder Ergebnisse gegenüber anderen zu begünstigen, sondern es ist auch von entscheidender Bedeutung, dass ein Mechanismus eine große und diverse Gruppe von Menschen davon überzeugen kann, dass der Mechanismus zumindest sicherstellt, dass diese grundlegenden Bemühungen fair sind. Mechanismen wie Blockchains, politische Systeme und soziale Medien sind so gestaltet, dass sie die Kooperation zwischen großen und diversen Personengruppen fördern. Damit ein Mechanismus tatsächlich als eine solche gemeinsame Grundlage dienen kann, müssen alle Teilnehmenden erkennen können, dass alle anderen ebenfalls erkennen können, dass der Mechanismus fair ist, weil alle Teilnehmenden sicher sein wollen, dass alle anderen den Mechanismus nicht am nächsten Tag aufgeben werden.

Aus diesem Grund brauchen wir so etwas wie ein spieltheoretisches Konzept des gemeinsamen Wissens – oder, weniger mathematisch ausgedrückt, einen weitgehend geteilten Begriff der *Legitimität*. Um diese Art des gemeinsamen Wissens über Neutralität zu erreichen, muss die Neutralität des Mechanismus leicht zu erkennen sein – so leicht, dass selbst relativ ungebildete Beobachter:innen diese erkennen können, trotz böswilliger Propagandabemühungen, die darauf abzielen, den Mechanismus als voreingenommen und nicht vertrauenswürdig hinzustellen.

Der Aufbau glaubwürdig neutraler Mechanismen

Es gibt vier Hauptregeln für die Erstellung eines glaubwürdig neutralen Mechanismus:

1. Schreiben Sie keine spezifischen Personen oder Ergebnisse in den Mechanismus hinein,
2. Quelloffenheit und öffentlich überprüfbare Ausführung,
3. einfache Gestaltung,
4. ändern Sie den Mechanismus nicht allzu häufig.

Die erste Regel ist leicht zu verstehen. Um auf unsere früheren Beispiele zurückzukommen: »Alle, die einen Block schürfen, erhalten 2 ETH« ist glaubwürdig neutral, aber »Bob bekommt 1000 Coins« ist es nicht. »Negative Bewertungen bedeuten, dass ein Beitrag seltener gezeigt wird« ist glaubwürdig neutral, aber »Voreingenommenheit gegenüber blauäugigen Menschen bedeutet, dass ein Beitrag seltener gezeigt wird« ist es nicht. »Bob« ist eine konkrete Person, und »Voreingenommenheit gegenüber blauäugigen Menschen« ist ein spezifisches Ergebnis. Nun ist es durchaus möglich, dass Bob ein großartiger Entwickler ist, der am Erfolg eines Blockchain-Projekts maßgeblich beteiligt war und somit eine Belohnung verdient. Voreingenommenheit gegenüber blauäugigen Menschen ist zweifellos eine Einstellung, von der ich mir wünsche, dass sie nicht um sich greift – und ich hoffe, Sie sehen das genauso. Beim Design glaubwürdig neutraler Mechanismen besteht aber das Ziel darin, dass diese gewünschten Ergebnisse nicht in den Mechanismus hineingeschrieben werden; vielmehr sollten sie aus den Handlungen der Teilnehmenden graduell entdeckt werden. Auf einem freien Markt wird die Tatsache, dass Charlies Geräte unnütz sind, während Davids Geräte nützlich sind, graduell durch den Preismechanismus entdeckt: Über kurz oder lang kauft niemand mehr Charlies Geräte, sodass er in Konkurs geht, während David Gewinne erwirtschaftet sowie expandieren und noch mehr Geräte produzieren kann. **Die meisten Einzelinformationen im**

Output sollten aus den Inputs der Teilnehmenden stammen, nicht aus den hartkodierten Regeln innerhalb des Mechanismus selbst.

Die zweite Regel ist ebenfalls leicht zu verstehen: Die Regeln des Mechanismus sollten öffentlich sein, und es sollte möglich sein, öffentlich zu überprüfen, dass die Regeln richtig ausgeführt werden. Beachten Sie, dass man in vielen Fällen nicht will, dass die Inputs oder Outputs öffentlich sind. Mein Artikel »Über Kollusion« beschäftigt sich mit den Gründen dafür, warum ein strenger Schutz der Privatsphäre, bei dem man, selbst wenn man es wollte, das eigene Ausmaß an Mitwirkung nicht nachweisen kann, oft eine gute Idee ist. Zum Glück lassen sich Überprüfbarkeit und Schutz der Privatsphäre mit einer Kombination von Null-Wissen-Beweisen und Blockchains erreichen.

Die dritte Regel, die Idee der Einfachheit, ist ironischerweise die am wenigsten einfache. Je einfacher ein Mechanismus ist und je weniger Parameter ein Mechanismus hat, desto weniger Raum ist vorhanden, um ein verstecktes Privileg für oder gegen eine Zielgruppe in ihn hineinzuschreiben. Wenn ein Mechanismus 50 Parameter hat, die in komplizierter Weise miteinander wechselwirken, dann kann man wahrscheinlich für jedes gewünschte Ergebnis Parameter finden, die es erzielen. Wenn aber ein Mechanismus nur ein oder zwei Parameter hat, ist das weitaus schwieriger. Man kann weit gefasste Gruppen (»Demagogen«, »die Reichen« etc.) privilegieren, aber man kann keine eng gefasste Gruppe Menschen anvisieren, und die Fähigkeit, spezifische Ergebnisse anzupeilen, nimmt mit der Zeit weiter ab, da der »Schleier der Unwissenheit« zwischen dem Zeitpunkt A, an dem der Mechanismus erschaffen wird, und seinen Nutznießern zum Zeitpunkt B sowie der konkreten Situation, in der sich diese befinden werden und die sie womöglich unverhältnismäßig von dem Mechanismus profitieren lassen wird, immer undurchdringlicher wird.

Und dies bringt uns zur vierten Regel: dass der Mechanismus nicht allzu oft geändert werden sollte. Die Veränderung des Mechanismus ist eine Form von Komplexität und sie »stellt auch die Uhr [in Bezug auf den Schleier der Unwissenheit] zurück«. Dies gibt Ihnen wiederum die Gelegenheit, den Mechanismus zu korrigieren, um bestimmte Freund:innen zu begünstigen und bestimmte Feind:innen anzugreifen, mit den aktuellsten

Informationen darüber, in welchen singulären Positionen sich diese Gruppen befinden und wie verschiedene Korrekturen des Mechanismus sich auf sie auswirken würden.

Nicht nur Neutralität: auch Effizienz zählt

Ein verbreiteter Denkfehler der extremeren Versionen der Ideologien, auf die ich zu Beginn dieses Posts angespielt habe, ist eine Art von Neutralitätsmaximalismus: Wenn es nicht vollkommen neutral bewerkstelligt werden kann, sollte es gar nicht getan werden! Der Denkfehler besteht hier darin, dass diese Sichtweise eng gefasste Neutralität auf Kosten von Neutralität im weiteren Sinne erreicht. So können Sie zum Beispiel gewährleisten, dass alle Miner allen anderen gleichgestellt sein werden (12,5 BTC oder 2 ETH pro Block) und dass alle Entwickler:innen allen anderen gleichgestellt sein werden (ohne Belohnung, abgesehen von einem Dankeschön für ihren Dienst an der Öffentlichkeit). Sie opfern dabei jedoch etwas: Die Anreize für die Entwicklungsarbeit sind weitaus geringer als die Anreize für das Mining. Es ist unwahrscheinlich, dass die letzten 20 Prozent der Miner mehr zum Erfolg einer Blockchain beisteuern als ihre Entwickler:innen – dennoch scheinen gegenwärtigen Belohnungsstrukturen genau das zu implizieren.

Allgemein gesprochen, gibt es in einer Gesellschaft viele Arten von Sachen, die produziert werden müssen: private Güter, öffentliche Güter, exakte Informationen, gute Governance-Entscheidungen, Güter, die wir heute noch nicht wertschätzen, aber in Zukunft wertschätzen werden, und so weiter. Für einige dieser Sachen lassen sich glaubwürdige neutrale Mechanismen leichter entwickeln als für andere. Wenn wir uns also einen kompromisslosen Neutralitätspurismus im engeren Sinne zu eigen machen, der besagt, dass nur extrem glaubwürdige neutrale Mechanismen akzeptabel sind, dann werden nur solche Probleme gelöst werden, für die sich solche Mechanismen leichter erstellen lassen. Die anderen Bedürfnisse der Community erhalten überhaupt keine systematische Unterstützung, worunter die Neutralität im weiteren Sinne leidet.

Daher muss das Prinzip der glaubwürdigen Neutralität durch eine weitere Idee – das Effizienzprinzip – ergänzt werden. Ein guter Mechanismus ist zugleich ein Mechanismus, der die uns wichtigen Probleme tatsächlich löst. Oft bedeutet das, dass auch Entwickler:innen der ganz offensichtlich glaubwürdigen, neutralen Mechanismen offen für Kritik sein sollten, da es durchaus möglich ist, dass ein Mechanismus glaubwürdig neutral und zugleich schrecklich ist (wie es oft über Patente gesagt wird).

Manchmal bedeutet dies sogar, dass – sofern noch kein glaubwürdig neutraler Mechanismus zur Problemlösung gefunden wurde – kurzfristig ein unvollkommen neutraler Mechanismus übernommen werden sollte. Pre-Mines (Coin-Gutschriften vor der offiziellen Markteinführung einer Kryptowährung) und zeitlich befristete Entwicklungsbelohnungen in Blockchains sind ein Beispiel dafür; ein weiteres sind die Nutzung zentralisierter Methoden für das Aufspüren von Konten, die einer eindeutig identifizierbaren Person zugeordnet werden können, und das Herausfiltern anderer, wenn dezentralisierte Methoden noch nicht verfügbar sind. Dennoch ist es wichtig, glaubwürdige Neutralität als etwas äußerst Nützliches zu erkennen und danach zu streben, diesem Ideal im Lauf der Zeit näherzukommen.

Wenn man wirklich befürchtet, dass ein unvollkommen neutraler Mechanismus zu Vertrauensverlust oder politischer Vereinnahmung führt, dann gibt es Möglichkeiten, eine »ausfallsichere« Strategie für seine Implementierung zu übernehmen. So kann man Entwickler:innen zum Beispiel Transaktionsgebühren statt emittierte Coins zukommen lassen und einen »Schelling-Zaun«[40] errichten, der den Geldbetrag, den man verdienen kann, begrenzt. Man kann Zeitlimits oder ein »Eiszeitalter« hinzufügen, wo die Belohnungen im Lauf der Zeit sinken und aktiv erneuert werden müssen. Man kann den Mechanismus innerhalb eines »Layer 2«-Systems[41] implementieren, der aber mit koordinierten Bemühungen beendet werden kann, wenn der Mechanismus nicht richtig funktioniert. Wenn wir mit einem möglichen Versagen rechnen, können wir die Risiken abschwächen, indem wir die Ausstiegsfreiheit verbessern.

In der Theorie gibt es glaubwürdig neutrale Mechanismen zur Lösung vieler Problemarten, aber sie müssen in der Praxis weiterentwickelt und verbessert werden. Hier einige Beispiele:

- Prognosemärkte – zum Beispiel electionbettingodds.com als eine »glaubwürdig neutrale« Quelle von Wahrscheinlichkeiten in Bezug auf Sieger:innen bei Wahlen in naher Zukunft.
- Quadratische Abstimmung und Finanzierung als Weg, um in Fragen der Governance und öffentlicher Güter Einvernehmen zu erzielen.
- Harberger-Steuern[42] als effizientere Alternative zu reinen Eigentumsrechten für die Zuteilung non-fungibler und illiquider Vermögenswerte.
- Peer-Vorhersage.[43]
- Reputationssysteme mit transitiven Vertrauensgraphen.

Wir wissen noch nicht genau, welche Versionen dieser und ähnlicher Ideen und welche völlig neuen Ideen gut funktionieren werden, wir werden auch viel experimentieren müssen, um herauszufinden, welche Regeln in verschiedenen Kontexten zu guten Ergebnissen führen. Die Notwendigkeit, dass die Regeln des Mechanismus offen, aber gleichzeitig angriffsresistent sein müssen, stellt eine besondere Herausforderung dar, auch wenn kryptografische Entwicklungen, die offene Regeln, nachprüfbare Ausführung und Outputs zusammen mit privaten Inputs erlauben, einiges erheblich erleichtern werden.

Wir wissen grundsätzlich, dass es durchaus möglich ist, derartige robuste Regelwerke zu erstellen – wie oben erwähnt, haben wir es im Grunde genommen bereits oft getan. Da aber die Zahl der verschiedenartigen Software-vermittelten Marktplätze, auf die wir uns stützen, immer weiter zunimmt, muss immer mehr dafür gesorgt werden, dass diese Systeme nicht zu guter Letzt einer kleinen Gruppe Auserwählter Macht geben – ob nun den Betreiber:innen dieser Plattformen oder auch mächtigeren Kräften, die sie über kurz oder lang vereinnahmen –, sondern müssen stattdessen glaubwürdige Regelsysteme erschaffen, hinter die wir uns kollektiv stellen können.

KOORDINATION, GUTE UND SCHLECHTE

vitalik.ca, 11. September 2021

Koordination, die Fähigkeit großer Gruppen von Akteur:innen, für gemeinsame Interessen zusammenzuarbeiten, ist eine der stärksten Kräfte im Universum. Es ist der Unterschied zwischen einem König, der als gewalttätiger Diktator ein Land bequem regiert, und den Menschen, die zusammenkommen und ihn stürzen. Es ist der Unterschied zwischen der globalen Temperatur, die um 35 Grad Celsius ansteigt, und der Temperatur, die um einen viel geringeren Betrag ansteigt, wenn wir zusammenarbeiten, um dem Anstieg Einhalt zu gebieten. Und es ist der Faktor, der Unternehmen, Länder und jede soziale Organisation, die aus mehr als nur ein paar Menschen besteht, überhaupt erst ermöglicht.

Koordination lässt sich in vielfältiger Weise verbessern: schnellere Verbreitung von Informationen, bessere Normen, die bestimmen, welche Verhaltensweisen als Betrug gelten und was effektivere Bestrafungen sind, stärkere und mächtigere Organisationen, Tools wie Smart Contracts, die Interaktionen bei wenig Vertrauen erlauben, Governance-Technologien (Abstimmungen, Beteiligungen, Entscheidungsmärkte …) und vieles mehr. Tatsächlich werden wir als Spezies in all diesen Punkten mit jedem Jahrzehnt besser.

Koordination hat aber auch eine deutlich philosophische, kontraintuitive dunkle Seite. **Während es ausdrücklich zutrifft, dass »alle stimmen sich mit allen ab« zu viel besseren Ergebnissen führt als »alle jeweils für sich allein«, bedeutet dies NICHT, dass jeder einzelne Schritt hin**

zu mehr Koordination auch wirklich nützlich ist. Wenn Koordination unausgewogen verbessert wird, können die Ergebnisse schnell negativ ausfallen.

Wir können dies in Form einer Karte visualisieren, auch wenn die Karte tatsächlich nicht zwei, sondern viele Milliarden »Dimensionen« hat:

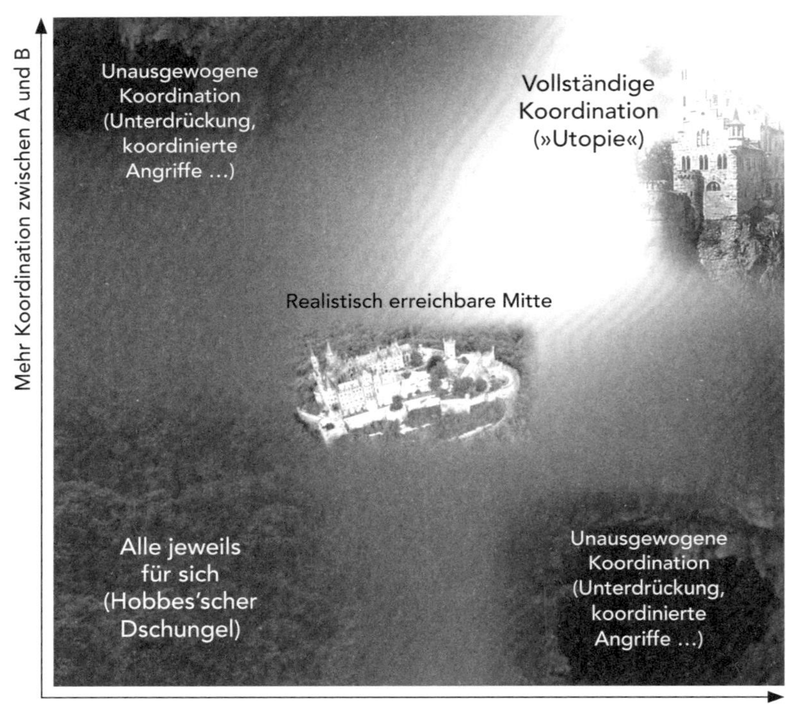

Die untere linke Ecke, »alle jeweils für sich«, ist der Ort, an dem wir nicht sein wollen. Die rechte obere Ecke, vollständige Koordination, ist zwar ideal, aber wahrscheinlich unerreichbar. Die Landschaft in der Mitte ist jedoch weit von einer gleichmäßig ansteigenden Fläche entfernt; dort befinden sich viele einigermaßen sichere und produktive Orte, an denen man sich am besten niederlassen sollte, und viele dunkle Höhlen, die es zu meiden gilt. Was sind nun diese gefährlichen Formen der teilweisen Koordination, wo jemand, der sich mit *einigen* Mitmenschen, aber mit *anderen* nicht abstimmt, in eine tiefe dunkle Höhle führt? Das dürfte sich wohl am besten anhand von Beispielen beschreiben lassen:

- Bürger:innen einer Nation, die sich in einem Krieg tapfer für das übergeordnete Wohl ihres Landes opfern … wenn sich herausstellt, dass dieses Land Deutschland oder Japan zur Zeit des Zweiten Weltkriegs ist.
- Ein Lobbyist, der einem Politiker dafür, dass dieser sich für die präferierten politischen Maßnahmen des Lobbyisten einsetzt, ein Bestechungsgeld zukommen lässt.
- Jemand, der bei einer Wahl die eigene Stimme verkauft.
- Alle Verkäufer:innen eines Produktes, die sich auf einem Markt heimlich absprechen, um ihre Preise gleichzeitig zu erhöhen.
- Große Miner einer Blockchain, die sich heimlich untereinander absprechen, um einen 51-Prozent-Angriff durchzuführen.

In allen obengenannten Fällen sehen wir eine Gruppe von Menschen, die zusammenkommen und miteinander kooperieren, allerdings zu Lasten einer Gruppe, die außerhalb des Koordinationskreises steht, und damit, unter dem Strich, zum Schaden der Welt insgesamt. Im ersten Fall sind es Menschen, die Opfer der Aggression der genannten Nationen wurden, die außerhalb des Koordinationskreises sind und die folglich schwer in Mitleidenschaft gezogen werden; im zweiten und dritten Fall sind es die Menschen, die von den Entscheidungen betroffen sind, die korrupte Wähler:innen und Politiker:innen treffen; im vierten Fall sind es die Kund:innen; und im fünften Fall sind es die nicht-partizipierenden Miner und die Blockchain-User. Es ist nicht so, dass ein Individuum sich gegen die Gruppe wendet, sondern es wendet sich vielmehr eine Gruppe gegen eine größere Gruppe, oftmals die ganze Welt.

Dieser Typ von teilweiser Koordination wird oft »Kollusion« genannt, aber dabei muss uns bewusst sein, dass die Bandbreite der damit gemeinten Verhaltensweisen ziemlich groß ist. Im üblichen Sprachgebrauch wird das Wort »Kollusion« häufig zur Beschreibung relativ symmetrischer Beziehungen verwendet, aber in den genannten Fällen gibt es jede Menge Beispiele mit einem stark asymmetrischen Charakter. Sogar *erpresserische* Beziehungen (»stimme für die von mir präferierten Gesetzesvorhaben oder ich werde deine Affäre publik machen«) sind eine Form von Kollusion in diesem Sinne. In diesem Beitrag werden wir von jetzt an den Begriff »Kollusion« im Sinne einer »unerwünschten Koordination« im Allgemeinen verwenden.

Bewerten Sie Absichten, nicht Handlungen (!!)

Eine wichtige Eigenschaft insbesondere leichterer Fälle von Kollusion besteht darin, dass man nicht herausfinden kann, ob eine Handlung Teil einer unerwünschten Kollusion ist, indem man einfach nur die Handlung betrachtet. Dies ist darauf zurückzuführen, dass die Handlungen einer Person das Produkt einer Kombination aus dem inneren Wissen, den Zielen und Präferenzen dieser Person sowie ihr von außen auferlegter Anreize sind. Folglich überschneiden sich Handlungen von Menschen, die sich heimlich abgesprochen haben, und Handlungen, die Menschen aus eigenem Willensentschluss (oder indem sie sich in einer wohlwollenden Weise mit anderen abstimmen) ausführen. Betrachten wir zum Beispiel den Fall der Kollusion zwischen Verkäufer:innen (ein kartellrechtlicher Verstoß). Wenn sie unabhängig voneinander agieren, setzen alle drei Verkäufer:innen für ein Produkt vielleicht einen Preis zwischen 5 und 10 Dollar fest; die Differenzen innerhalb dieser Bandbreite sind auf schwer ersichtliche Faktoren wie ihre internen Kosten, ihre Bereitschaft, für unterschiedliche Löhne zu arbeiten, Lieferkettenprobleme und Ähnliches zurückzuführen. Wenn die Verkäufer:innen aber in heimlichem Einverständnis handeln, legen sie vielleicht einen Preis zwischen 8 und 13 Dollar fest. In der Bandbreite spiegeln sich abermals verschiedene Möglichkeiten in Bezug auf interne Kosten und andere schwer ersichtliche Faktoren wider. Wenn man sieht, dass jemand das Produkt für 8,75 Dollar verkauft, tun sie dann etwas Unrechtes? Ohne zu wissen, ob sie sich tatsächlich mit anderen Verkäufer:innen absprechen, kann man das nicht sagen! Es wäre aber eine schlechte Idee, ein Gesetz zu erlassen, das es verbietet, dieses Produkt für mehr als 8 Dollar zu verkaufen. Vielleicht gibt es legitime Gründe dafür, dass die Preise zum gegenwärtigen Zeitpunkt hoch sein müssen. Das ideale Ergebnis erhält man, wenn man ein Gesetz gegen Kollusion erlässt und es erfolgreich durchsetzt – man bekommt den Preis von 8,75 Dollar, wenn der Preis so hoch sein muss, um die Kosten der Verkäufer:innen zu decken, aber man bekommt diesen Preis nicht, wenn die Faktoren, die Preise auf natürliche Weise nach oben treiben, niedrig sind.

Dies gilt auch bei Bestechung und Stimmrechtsverkauf: Es mag durchaus der Fall sein, dass einige Bürger:innen aus legitimen Gründen für die Orange Partei stimmen, aber andere stimmen deshalb für die Orange Partei, weil sie dafür bezahlt worden sind. Aus der Sicht einer Person, die die Regeln für den Abstimmungsmechanismus festlegt, ist es so, dass sie im Vorhinein nicht weiß, ob die Orange Partei gut oder schlecht ist. Sie weiß jedoch, dass eine Abstimmung, bei der Menschen auf der Grundlage ihrer ehrlichen inneren Überzeugungen abstimmen, einigermaßen gut funktioniert, während eine Abstimmung, bei der die Abstimmenden ihre Stimme problemlos kaufen und verkaufen können, überhaupt nicht funktioniert. Dies ist darauf zurückzuführen, dass Stimmrechtsverkauf ein Beispiel der »Tragik der Allmende« ist: Alle Abstimmenden erhalten jeweils nur einen kleinen Teil des Nutzens, wenn sie ehrlich abstimmen, sie würden jedoch die gesamte Bestechungssumme bekommen, wenn sie im Sinne des Bestechenden abstimmen würden. Daher ist die notwendige Höhe des Bestechungsgeldes, um die einzelnen Abstimmenden zu ködern, viel geringer als die Bestechungssumme, die die Bevölkerung für die Kosten der Maßnahme, die der Bestechende will, entschädigen würde. Daher führt eine Situation, in der Stimmrechtsverkauf erlaubt ist, schnell zu einer Plutokratie.

Dezentralisierung als Kollusionsabwehr

Aber aus diesen Überlegungen folgt noch etwas anderes, etwas, das vielversprechender und besser umsetzbar ist: Wenn wir stabile Mechanismen erschaffen wollen, dann wissen wir jetzt, dass wir Wege finden müssen, um (insbesondere groß angelegte) Kollusionen zu verhindern. Im Fall von Abstimmungen haben wir die geheime Stimmabgabe – ein Mechanismus, der sicherstellt, dass Abstimmende gegenüber Dritten nicht beweisen können, wie sie abgestimmt haben, selbst wenn sie dies wollen (MACI ist ein Projekt, das versucht, kryptografische Methoden anzuwenden, um die Grundsätze der geheimen Stimmabgabe auf den Online-Kontext zu erweitern). Dies zerstört das Vertrauen zwischen Abstimmenden und Bestecher:innen, was den Spielraum für unerwünschte Kollusionen erheblich einschränkt. Im Fall von Kartellrechtsverstößen und anderen rechtswidrigen Handlungen von Unternehmen stützen wir uns oft auf Whistleblower:innen und geben ihnen sogar Belohnungen, wodurch jene, die sich an einer schädlichen Kollusion beteiligen, einen ausdrücklichen Anreiz zum Ausstieg erhalten. Im Fall öffentlicher Infrastruktur allgemein können wir zudem auf ein altbewährtes Konzept zurückgreifen: **Dezentralisierung.**

Aus naiver Sicht ist Dezentralisierung deshalb so nützlich, weil sie Risiken verringert, die aus technischem Versagen an einzelnen Punkten resultieren. In traditionellen »unternehmerischen« verteilten Systemen ist dies oft tatsächlich zutreffend, aber wir wissen, dass dies in vielen anderen Fällen nicht genügt, um Vorgefallenes zu erklären. Hier hilft die Betrachtung von Blockchains. Ein großer Miningpool, der öffentlich zeigt, wie die Teilnehmenden intern ihre Knoten und Netzwerkabhängigkeiten verteilt haben, tut nicht viel, um Community-Mitglieder zu beruhigen, die Angst vor der Zentralisierung des Mining haben. Und Bilder wie dieses, die zeigen, dass 90 Prozent der Bitcoin-Hash-Power zu jener Zeit beim gleichen Konferenzforum auftauchen konnten, jagen Menschen einige Angst ein:

Aber warum ist dieses Bild angsteinflößend? Vom Standpunkt der »Dezentralisierung ist Fehlertoleranz« aus betrachtet, verursachen große Gruppen von Minern, die sich miteinander austauschen können, keinen Schaden. Wenn wir »Dezentralisierung« als die Anwesenheit von Schranken für schädliche Kollusion betrachten, wird das Bild recht beängstigend, weil es zeigt, dass diese Schranken nicht annähernd so effektiv sind wie gedacht. In Wirklichkeit sind diese Schranken allerdings noch immer weit von null entfernt; die Tatsache, dass diese Miner sich in technischen Fragen leicht absprechen können und wahrscheinlich alle in denselben WeChat-Gruppen sind, bedeutet tatsächlich *nicht*, dass Bitcoin »in der Praxis kaum besser als ein zentralistisches Unternehmen« ist.

Was also sind die verbliebenen Kollusionsschranken? Hier einige der wichtigsten:

- **Moralische Schranken:** In *Liars and Outliers* erinnert uns Bruce Schneier daran, dass viele »Sicherheitssysteme« (Schlösser an Türen, Warnschilder, die Menschen an Strafen erinnern …) auch eine moralische Funktion erfüllen, indem sie potenziellen Normübertretern zu verstehen geben, dass sie im Begriff sind, einen gravierenden Normverstoß zu begehen, und dass sie dies nicht tun sollten, wenn sie ein guter Mensch sein wollen. Dezentralisierung dürfte diesem Zweck dienlich sein.
- **Scheitern interner Verhandlungen:** Die einzelnen Unternehmen beginnen vielleicht, für ihre Teilnahmen an der Kollusion Zugeständnisse zu verlangen, was dazu führen könnte, dass die Verhandlungen komplett zum Stillstand kommen (vgl. »Holdout-Probleme« in den Wirtschaftswissenschaften).
- **Gegenkoordination:** Die Tatsache, dass ein System dezentralisiert ist, erleichtert es Teilnehmenden, bei der Kollusion nicht mitzumachen, um einen Fork zu erstellen, der die sich heimlich abstimmenden Angreifer:innen ausschließt, um das System von da aus fortzusetzen. Schranken für Usern, sich dem Fork anzuschließen, sind niedrig, und die *Absicht* der Dezentralisierung erzeugt einen moralischen Druck zur Mitwirkung an dem Fork.

- **Risiko der Defektion:** Es ist nach wie vor viel schwieriger für fünf Unternehmen, sich zum gemeinsamen, schlecht angesehenen Handeln abzustimmen, als sich für eine nicht-kontroverse oder gute Sache zusammenzutun. Die fünf Unternehmen kennen einander nicht sonderlich gut, sodass das Risiko besteht, dass eines von ihnen nicht mitmachen und die anderen schnell verpfeifen wird. Und den Teilnehmenden fällt es schwer, dieses Risiko abzuschätzen. Auch einzelne Mitarbeitende innerhalb der Unternehmen können die Kollusion aufdecken.

In der Summe handelt es sich tatsächlich um erhebliche Schranken – die oft so hoch sind, dass sie potenzielle Angriffe von Anfang an unterbinden, auch wenn diese fünf Unternehmen sich durchaus schnell absprechen könnten, um etwas Zulässiges zu tun. Ethereum-Blockchain-Miner zum Beispiel können durchaus Erhöhungen des Gaslimits koordinieren, aber das bedeutet nicht, dass sie sich genauso leicht zwecks eines Angriffs auf die Chain absprechen könnten.

Die Blockchain-Erfahrung zeigt, dass das Designen von Protokollen als institutionell dezentralisierten Architekturen, selbst wenn im Vorhinein bekannt ist, dass die meisten Aktivitäten von einigen wenigen Unternehmen dominiert werden, oft eine nützliche Sache sein kann. Diese Idee ist nicht auf Blockchains begrenzt, sondern kann auch in anderen Kontexten angewandt werden.

Forking als Gegenkoordination

Aber wir können schädliche Kollusionen nicht immer wirkungsvoll verhindern. Und um mit den Fällen klarzukommen, in denen sich eine schädliche Kollusion ereignet, wäre es sinnvoll, wehrhaftere Systeme zu erstellen – teurer für diejenigen, die sich heimlich absprechen, und für das System leichter zu bewältigen. Es gibt zwei zentrale Funktionsprinzipien, die wir uns zunutze machen können, um dieses Ziel zu erreichen: Erstens, **Gegenkoordination unterstützen**, und, zweitens, »**skin in the game**« (ein persönliches Risiko eingehen). Der Gegenkoordination liegt folgende Idee zugrunde: Wir wissen, dass wir keine Systeme designen können, die *auf passive Weise* robust gegen Kollusionen sind, vor allem deshalb, weil sich eine Kollusion auf zahllose unterschiedliche Weisen einfädeln lässt, es aber keinen passiven Mechanismus gibt, der sie aufspüren kann. Wir können aber *aktiv* auf Kollusionen reagieren und zurückschlagen. In digitalen Systemen wie Blockchains (dies ließe sich auch auf konventionellere Systeme wie zum Beispiel DNS[44] anwenden) ist **Forking** eine große und überaus wichtige Form der Gegenkoordination.

Wenn ein System von einer Koalition übernommen wird, die möglichst viel Schaden anrichten will, können die Dissident:innen zusammenkommen und eine alternative Version des Systems erschaffen, die (größtenteils) die gleichen Regeln hat, außer, dass sie der angreifenden Koalition die Macht zur Systemkontrolle nimmt. In einem quelloffenen Software-Kontext ist Forking leicht umzusetzen, denn die größte Herausforderung bei der Erstellung eines erfolgreichen Fork besteht in der Regel darin, sich die erforderliche **Legitimität** zu verschaffen (die spieltheoretisch als eine Form des »gemeinsamen Wissens« aufgefasst wird), um all jene, die mit der Richtung der Hauptkoalition nicht einverstanden sind, dazu zu bringen, Ihnen zu folgen.

Märkte und persönliche Risiken

Eine weitere Klasse von kollusionsresistenten Strategien beruht auf der Idee des **»skin in the game«.** Es bezeichnet in diesem Zusammenhang im Grunde jeden Mechanismus, der Mitwirkende an einer Entscheidung für ihre Beiträge individuell zur Rechenschaft zieht. Wenn eine Gruppe eine schlechte Entscheidung trifft, müssen diejenigen, die die Entscheidung billigten, mehr leiden als jene, die zu widersprechen versuchten. Dies verhindert die »Tragik der Allmende«, die allen Abstimmungssystemen innewohnt.

Forking ist eine starke Form der Gegenkoordination, eben weil sie das persönliche Risiko einführt.

Märkte sind im Allgemeinen gerade deshalb äußerst leistungsfähige Werkzeuge, weil sie das individuelle Risiko maximieren. **Entscheidungsmärkte** (Vorhersagemärkte, die als Entscheidungshilfen genutzt werden; auch »Futarchie« genannt) sind ein Versuch, diesen Vorteil von Märkten auf die Entscheidungsfindung in Organisationen auszuweiten. Gleichwohl können Entscheidungsmärkte nur einige Probleme lösen; insbesondere können sie uns nicht sagen, welche Variablen wir überhaupt optimieren sollten.

Koordination strukturieren

Das alles führt uns zu einer interessanten Sicht darauf, was Menschen, die soziale Systeme aufbauen, eigentlich tun. Eines der wichtigsten Ziele beim Aufbau eines effektiven Sozialsystems besteht darin, *die Struktur der Koordination* zu bestimmen: Welche Gruppen von Menschen können in welchen Konfigurationen zusammenkommen, um ihre Gruppenziele voranzubringen, aber welche Gruppen können dies nicht?

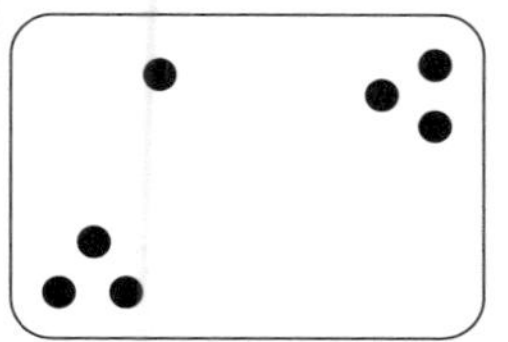
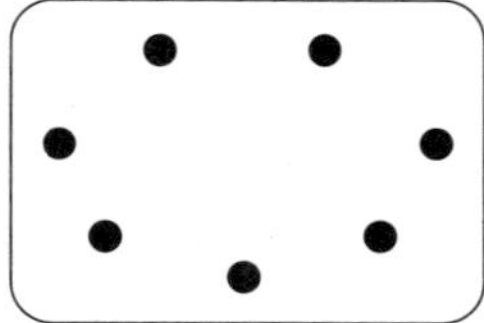
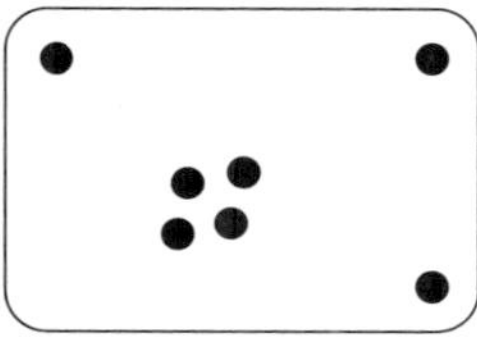

Verschiedene Koordinationsstrukturen, verschiedene Ergebnisse.

Manchmal ist mehr Koordination gut: Es ist besser, wenn Menschen zusammenarbeiten können, um ihre Probleme gemeinschaftlich zu lösen. Zu anderen Zeiten ist mehr Koordination gefährlich: eine Teilmenge von Teilnehmenden könnte sich absprechen, um alle anderen zu entrechten. Und zu wieder anderen Zeiten ist mehr Koordination aus einem anderen Grund notwendig: damit die breitere Community gegen eine Kollusion, die das System angreift, »zurückschlagen« kann.

In allen drei Fällen lassen sich diese Ziele mithilfe verschiedener Mechanismen erreichen. Selbstverständlich ist es schwierig, Kommunikation vollständig zu unterbinden, und es ist ebenso schwierig, eine perfekte Koordination hinzubekommen. Es gibt jedoch viele Optionen dazwischen, die trotzdem starke Effekte haben können. Nachfolgend einige mögliche Techniken zur Strukturierung der Koordination:

- Technologien und Normen, die die Privatsphäre schützen.
- Technologische Mittel, die den Beweis erschweren, wie sich jemand verhalten hat (geheime Stimmabgabe, MACI und ähnliche Technologien).
- Gezielte Dezentralisierung, Verteilung der Kontrolle über einen Mechanismus auf eine breite Gruppe von Menschen, von denen man weiß, dass sie nicht gut koordiniert sind.
- Dezentralisierung im physischen Raum, Aufteilung verschiedener Funktionen (oder verschiedener Teile derselben Funktion) auf verschiedene Standorte.
- Dezentralisierung zwischen rollenbasierten Bezugsgruppen, Aufteilung verschiedener Funktionen (oder verschiedener Teile derselben Funktion) auf verschiedene Typen von Teilnehmenden (z. B. in einer Block-

chain: »Core-Entwickler:innen«, »Miner«, »Coin-Besitzer:innen«, »App-Entwickler:innen«, »User«).

- Schelling-Punkte, die es großen Gruppen von Menschen ermöglichen, sich schnell auf einen bestimmten Zukunftspfad zu verständigen. Komplexe Schelling-Punkte könnten möglicherweise sogar in Code ausgeführt werden (zum Beispiel könnte die Erholung nach 51-Prozent-Angriffen davon profitieren).
- Das Sprechen einer gemeinsamen Sprache (beziehungsweise, alternativ, die Aufspaltung der Kontrolle auf mehrere Bezugsgruppen, die verschiedene Sprachen sprechen).
- Pro-Person-Abstimmungen statt Pro-Coin- oder Pro-Share-Abstimmungen, um die Anzahl der Personen, die sich heimlich für eine Entscheidungsbeeinflussung absprechen müssten, deutlich zu erhöhen.
- Förderung von »Überläufer:innen«, die die Öffentlichkeit über bevorstehende Kollusionen informieren.

Keine dieser Strategien ist perfekt, aber sie können in verschiedenen Szenarien mit unterschiedlichem Erfolg eingesetzt werden. Außerdem können und sollten diese Techniken mit einem Mechanismus-Design kombiniert werden, das versucht, schädliche Kollusionen möglichst weniger profitabel, aber dafür riskanter zu machen; persönliche Risiken sind in dieser Hinsicht ein äußerst leistungsfähiges Werkzeug. Welche Kombination am besten funktioniert, hängt letztlich vom konkreten Anwendungsfall ab.

Besonderer Dank an Karl Floersch und Jinglan Wang für Kommentare und Kritik.

PROGNOSEMÄRKTE: GESCHICHTEN VON DEN PRÄSIDENTSCHAFTSWAHLEN

vitalik.ca, 18. Februar 2021

Trigger-Warnung: Ich äußere politische Überzeugungen.

Prognose- bzw. Vorhersagemärkte sind ein Thema, das mich seit vielen Jahren interessiert. Die Idee, allen Bürger:innen zu erlauben, Wetten auf zukünftige Ereignisse abzuschließen, und die Quoten, zu denen diese Wetten eingegangen werden, als glaubwürdige neutrale Quelle für die Vorhersagewahrscheinlichkeiten dieser Ereignisse zu nutzen, ist eine faszinierende Anwendung des Mechanismus-Designs. Eng verwandte Ideen wie Futarchie haben mich von jeher als innovative Tools interessiert, die Governance und Entscheidungsfindung verbessern könnten. Und wie Augur, Omen und, in jüngster Vergangenheit, Polymarket gezeigt haben, sind Vorhersagemärkte auch eine faszinierende Anwendung von Blockchains (in allen drei Fällen: Ethereum).

Seit den US-Präsidentschaftswahlen von 2020 hat es den Anschein, als würden Vorhersagemärkte endlich ins Rampenlicht rücken, wobei sich insbesondere das Volumen Blockchain-basierter Märkte von fast null im Jahr 2016 auf mehrere Millionen Dollar im Jahr 2020 erhöht hat. Als jemand, der überaus stark daran interessiert ist, dass Ethereum-Anwendungen breite Akzeptanz finden, erregte dies natürlich mein Interesse. Zuerst wollte ich einfach zuschauen und nicht selbst mitmischen: Ich bin kein Experte im US-Wahlsystem. Warum sollte meine Meinung also zutreffender sein als die aller anderen, die bereits wetteten? Aber in meiner Twitter-Sphäre sah ich mehr und mehr Argumente von sehr schlauen Menschen, die ich respektierte und die behaupteten, dass sich die Märkte irrational verhielten und dass ich mitmachen und gegen sie wetten sollte, wenn ich könnte. Irgendwann war ich schließlich überzeugt.

Ich beschloss, ein Experiment mit der Blockchain zu starten, die ich miterschaffen hatte: Ich kaufte auf Augur NTRUMP (Token, die einen Dollar auszahlen, wenn Trump verliert) im Wert von 2000 Dollar. Ich ahnte damals nicht, dass der Wert meiner Position schließlich auf 308 249 Dollar steigen und mir einen Gewinn von 56 803 Dollar einbringen würde, und dass ich all diese verbliebenen Wetten gegen bereitwillige Kontrahent:innen abschließen würde, nachdem Trump die Wahl bereits verloren hatte. Das, was im Lauf der nächsten beiden Monate bekannt wurde, sollte sich als eine faszinierende Fallstudie in Sozialpsychologie, Expertise, Arbitrage und den Grenzen der Markteffizienz erweisen, inklusive einiger aufschlussreicher Lehren für alle, die sich für die Möglichkeiten des Designs ökonomischer Institutionen interessieren.

Vor der Wahl

Meine erste Wette auf den Wahlausgang schloss ich nicht auf einer Blockchain ab. Als Kanye im Juli seine Präsidentschaftskandidatur ankündigte, behauptete ein politischer Theoretiker, den ich für seine fundierten und originellen Kommentare schätze, sofort auf Twitter, er sei fest davon überzeugt, das würde das Lager der Trump-Gegner spalten und zu Trumps Sieg führen. Ich hielt diese Meinung für Selbstüberschätzung, vielleicht sogar ein Ergebnis der Überinternalisierung jener Heuristik, wonach eine Sichtweise, wenn sie klug und unkonventionell erscheint, wahrscheinlich zutreffend ist. Also bot ich eine Wette über 200 Dollar an – ich setzte auf das konventionelle Ergebnis eines Biden-Siegs –, und er nahm ehrenhaft an.

Im September erschien die Wahl wieder auf meinem Radar, diesmal zogen aber die Vorhersagemärkte meine Aufmerksamkeit auf sich. Die Märkte gaben Trump eine fast 50-prozentige Gewinnchance, aber vielen von mir hochgeschätzten sehr schlauen Menschen in meinem Twitter-Umfeld erschien diese Zahl viel zu hoch. Sie führte selbstverständlich zur vertrauten »Debatte über effiziente Märkte«: Wenn man ein Token kaufen kann, das einem für 0,52 Dollar einen Dollar auszahlt, wenn Trump verliert, und die Wahrscheinlichkeit, dass Trump verliert, tatsächlich viel höher ist, warum kaufen die Leute dann das Token nicht einfach, bis der Preis weiter steigt? Und wenn das niemand getan hat: Für wen halten sie sich, dass sie glauben, schlauer als alle anderen zu sein?

Ne0liberals Twitter-Thread unmittelbar vor dem Wahltag fasst in hervorragender Weise die Argumente zusammen, die aus seiner Sicht dagegensprechen, dass die Vorhersagemärkte zu diesem Zeitpunkt richtiglagen. Kurz gesagt: Die (nicht-Blockchain-basierten) Vorhersagemärkte, die die meisten Leute zumindest vor dem Jahr 2020 nutzten, haben alle möglichen Beschränkungen, die es ihnen erschweren, sich mit mehr als nur einer kleinen Summe Bargeld zu beteiligen. Wenn daher eine wirklich schlaue Person oder Fachorganisation eine Wahrscheinlichkeit sah, die ihres Erachtens falsch war, könnte sie nur deutlich begrenzt den Preis in die für sie richtige Richtung treiben.

Die wichtigsten Einschränkungen, auf die das Paper[45] hinweist:

- Niedrige Obergrenzen für den Betrag, den eine Person setzen kann (weit unter 1000 Dollar)
- Hohe Gebühren (zum Beispiel eine Abhebungsgebühr von 5 Prozent auf PredictIt)

Genau da widersprach ich im September ne0liberal: Auch wenn die schwerfälligen, altmodischen zentralisierten Vorhersagemärkte niedrige Limits und hohe Gebühren haben mögen, galt dies doch nicht für die Krypto-Märkte! Auf Augur oder Omen gäbe es kein Limit dafür, wie viel jemand kaufen oder verkaufen könne, wenn er oder sie den Preis eines Ergebnistokens für zu niedrig oder zu hoch halte. Zudem folgten die Blockchain-basierten Vorhersagemärkte denselben Preisen wie PredicIt. Wenn die Märkte Trump tatsächlich überschätzten, weil hohe Gebühren und niedrige Handelslimits die besonneneren Trader davon abhielten, die übermäßig optimistischen zu überbieten, stellt sich die Frage, warum Blockchain-basierte Märkte, die nicht mit diesen Problemen behaftet sind, die gleichen Preise zeigten.

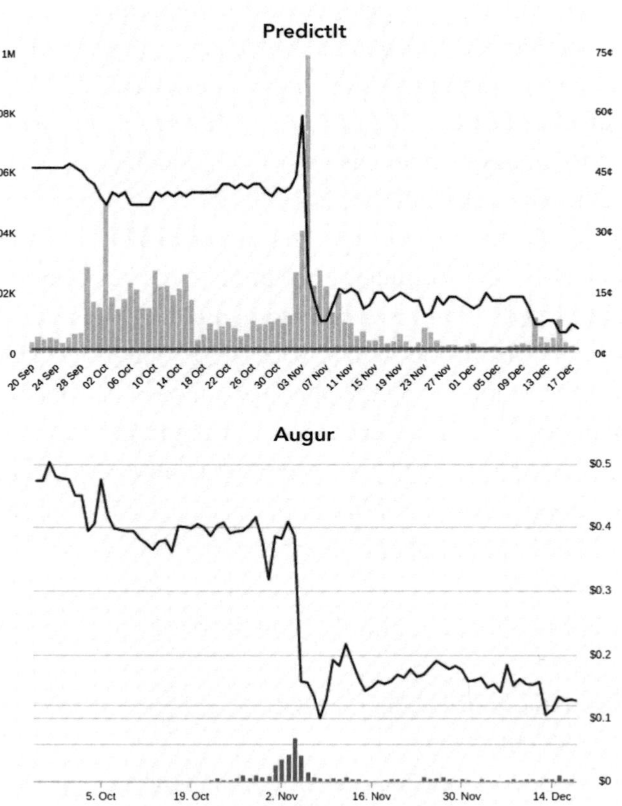

Die häufigste Antwort, die meine Twitter-Freund:innen darauf gaben, war, dass Blockchain-basierte Märkte enge Nischenmärkte seien und dass nur wenige Menschen, insbesondere wenige gut über Politik informierte Menschen, leichten Zugang zu Kryptowährungen hätten. Dies erschien plausibel, aber ich hielt dennoch nicht allzu viel von diesem Argument. Und so wettete ich 2 000 Dollar gegen Trump und hielt mich raus.

Die Wahl

Dann fand die Wahl statt. Nach einem anfänglichen Schreck, als Trump mehr Stimmen als von uns erwartet gewann, wurde deutlich, dass Biden die Wahl gewonnen hatte. Ob die Wahl selbst die Effizienz von Vorhersagemärkten bestätigt oder widerlegt hat, ist meines Erachtens weitgehend eine Frage der Interpretation. Einerseits sollte ich bei standardmäßiger Anwendung einer Bayes'schen Regel mein Vertrauen in Vorhersagemärkte verringern, zumindest im Vergleich zu Nate Silver, einem Journalisten und Statistiker. Vorhersagemärkte sagten einen Sieg Bidens mit 60-prozentiger Wahrscheinlichkeit voraus, aber Nate Silvers lag bei 90 Prozent. Da Biden tatsächlich gewonnen hat, ist das ein Beweisstück dafür, dass ich in einer Welt lebe, in der Nate die zutreffendsten Antworten gibt.

Aber andererseits kann man argumentieren, dass die Vorhersagemärkte den Stimmenvorsprung des Siegers besser abschätzten. Der Median der Wahrscheinlichkeitsverteilung von Nate sagte voraus, dass rund 370 von 538 Stimmen im Wahlausschuss an Biden gehen würden:

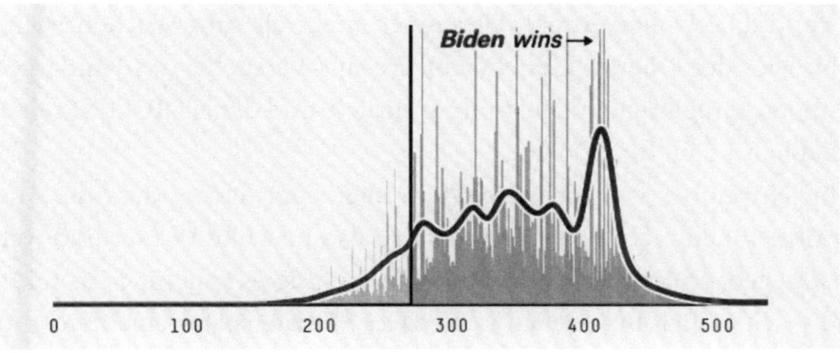

Die Trump-Märkte gaben keine Wahrscheinlichkeitsverteilung an, aber wenn man aus der statistischen Aussage »Trump wird mit einer Wahrscheinlichkeit von 40 Prozent gewinnen« eine Wahrscheinlichkeitsverteilung ableiten sollte, würde man wahrscheinlich eine mit einem Median bei rund 300 Stimmen im Wahlausschuss für Biden vorlegen. Das tatsächliche Ergebnis: 306. Bei genauerem Nachdenken ist es meines Erachtens unklar, wie Vorhersagemärkte unter dem Strich gegenüber Nate abschneiden.

Nach der Wahl

Aber ich hätte mir damals nicht vorstellen können, dass die Wahl selbst erst der Anfang sein sollte. Einige Tage nach der Wahl wurde Biden von mehreren größeren Organisationen und selbst von einigen ausländischen Regierungen zum Sieger erklärt. Trump focht die Wahlergebnisse erwartungsgemäß vor verschiedenen Gerichten an, jede dieser Klagen wurde bald abgewiesen – aber mehr als einen Monat lang *verharrte der Preis der NTRUMP-Token bei 85 Cents!*

Anfangs schien es vernünftig, anzunehmen, dass Trump eine 15-prozentige Chance hätte, das Ergebnis zu kippen, schließlich hatte er drei Richter:innen am Obersten Gerichtshof ernannt, zu einer Zeit verstärkter parteipolitischer Polarisierung, in der viele »den Zusammenhalt des Teams« über Prinzipien stellten. Im Verlauf der nächsten drei Wochen zeigte sich jedoch immer deutlicher, dass die Anfechtungen zum Scheitern verurteilt waren. Trumps Hoffnungen schwanden täglich mehr dahin, aber der NTRUMP-Preis rührte sich nicht und tatsächlich fiel er kurzzeitig sogar auf rund 0,82 Dollar. Am 11. Dezember, mehr als fünf Wochen nach der Wahl, wies der Oberste Gerichtshof Trumps Versuche, das Wahlergebnis zu kippen, endgültig und einstimmig zurück, und der NTRUMP-Preis stieg schließlich … auf 0,88 Dollar.

Im November war ich schließlich überzeugt davon, dass die Marktskeptiker:innen recht hatten. Ich sprang also ins kalte Wasser und wettete selbst gegen Trump. Bei der Entscheidung ging es mir nicht so sehr um Geld – schließlich machte ich keine zwei Monate später einen viel größeren Gewinn mit meinen Dogecoin-Guthaben und spendete die Summe an GiveDirectly. Vielmehr wollte ich nicht nur als Beobachter, sondern auch als aktiver Teilnehmer bei dem Experiment dabei sein und auf diese Weise besser verstehen, warum alle anderen nicht schon vor mir ins kalte Wasser gesprungen waren, um NTRUMP-Token zu kaufen.

Eintauchen

Ich kaufte meine NTRUMP auf Catnip, einer Frontend-Benutzeroberfläche, die den Vorhersagemarkt Augur mit Balancer, einem Constant-Function Market Maker im Stil von Uniswap, verbindet. Catnip war mit Abstand *die* Schnittstelle, an der sich diese Handelsgeschäfte am leichtesten durchführen ließen, und sie leistete meines Erachtens einen erheblichen Beitrag zu Augurs Benutzerfreundlichkeit.

Es gibt zwei Möglichkeiten, mit Catnip gegen Trump zu wetten:

1. Man kann NTRUMP auf Catnip direkt mit DAI[46] kaufen.
2. Man kann über Foundry auf eine Augur-Funktion zugreifen, die es einem erlaubt, ein DAI in ein NTRUMP + ein YTRUMP + ein ITRUMP (das »I« steht für »invalid« [ungültig] – mehr dazu später) umzutauschen und YTRUMP auf Catnip zu verkaufen.

Zuerst kannte ich nur die erste Option. Dann fiel mir aber auf, dass Balancer viel mehr Liquidität für YTRUMP besaß, und wechselte zur zweiten Option.

Es gab noch ein weiteres Problem: Ich hatte keine DAI. Ich hatte zwar Ether und hätte diese verkaufen können, um mir DAI zu besorgen, aber ich wollte meine Ether-Positionen nicht dafür opfern. Es wäre eine Schande gewesen, wenn ich durch eine Wette gegen Trump 50 000 Dollar verdient hätte, aber mir gleichzeitig 500 000 Dollar aufgrund von Änderungen des Ether-Kurses entgangen wären. Also beschloss ich, mein Ether-Kursänderungsrisiko unverändert zu lassen, indem ich auf MakerDAO eine besicherte Kreditposition (CDP, mittlerweile auch »Vault« [Tresor] genannt) eröffnete.

Sämtliche DAI werden mit einer CDP generiert: User hinterlegen ihre Ether in einem Smart Contract, und sie dürfen einen Betrag in Höhe von bis zu zwei Dritteln des Wertes ihrer hinterlegten Ether an neu generierten DAI abheben. Sie können ihre Ether zurückbekommen, wenn sie den gleichen Betrag an DAI, den sie abgehoben haben, plus einer zusätzlichen Zinsgebühr (gegenwärtig 3,5 Prozent) zurücksenden. Wenn der Wert der von Ihnen als Sicherheit hinterlegten Ether auf weniger als 150 Prozent des Wertes der DAI fällt, die Sie abgehoben haben, dann kann jede:r kommen und den Vault »liquidieren«, die Ether also zwangsweise verkaufen, um die DAI zurückzukaufen, und Ihnen eine hohe Strafgebühr berechnen. Folglich ist es eine gute Idee, im Fall plötzlicher Preisbewegungen eine hohe Besicherungsquote zu haben: Ich hatte daher in meiner CDP für jeden Dollar, den ich abhob, Ether im Gegenwert von über drei Dollar.

Das folgende Schaubild fasst den gesamten Prozess zusammen:

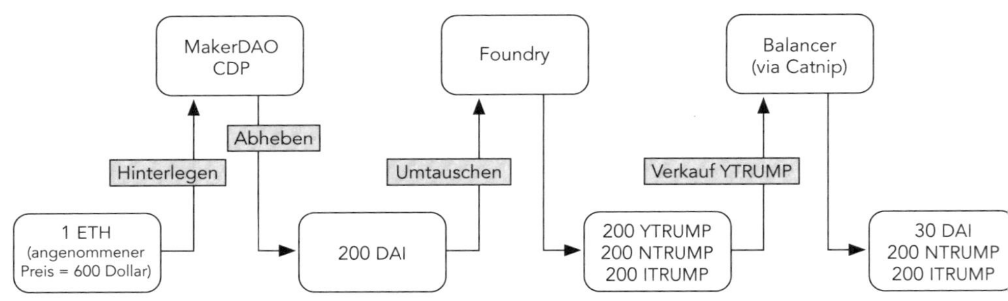

Ich habe dies viele Male getan; die Slippage auf Catnip bedeutete, dass ich normalerweise Trades jeweils höchstens über 5 000 bis 10 000 Dollar abschließen konnte, ohne dass der Kurs allzu ungünstig wurde (als ich Foundry übersprungen und NTRUMP mit DAI direkt gekauft hatte, lag das Limit näher an 1 000 Dollar). Und nach zwei Monaten hatte ich über 367 000 NTRUMP angehäuft.

Warum nicht alle anderen?

Bevor ich eingestiegen bin, hatte ich vier Hypothesen darüber, warum nur so wenige Menschen Dollar für 85 Cents aufkauften:

1. Die Befürchtung, dass entweder die Smart Contracts von Augur gebrochen würden oder dass Trump-Unterstützer:innen das Orakel manipulieren würden (ein dezentraler Mechanismus, bei dem Besitzer:innen von Augurs REP-Token abstimmen, indem sie ihre Token auf ein Ergebnis oder ein anderes setzen), damit es ein falsches Ergebnis ausspuckt.
2. Kapitalkosten: Für den Kauf dieser Token muss man Gelder über zwei Monate lang fest anlegen, sodass man diese nicht ausgeben und während dieser Zeit keine anderen gewinnbringende Trades machen kann.
3. Das Trading ist für die allermeisten technisch zu kompliziert.
4. Viel weniger Menschen als ich dachte sind hinreichend motiviert, um eine ungewöhnliche Gelegenheit zu ergreifen, selbst wenn sie sich geradezu aufdrängt.

Alle vier Hypothesen haben gute Gründe, die für sie sprechen. Dass Smart Contracts gebrochen werden, ist ein echtes Risiko, und das Augur-Orakel war noch nie zuvor unter so schwierigen Rahmenbedingungen getestet worden. Kapitalkosten sind real, und obgleich es in einem Vorhersagemarkt leichter als auf einem Aktienmarkt ist, gegen etwas zu wetten, weil man weiß, dass die Kurse nie über einen Dollar steigen werden, konkurriert das Einfrieren von Kapital dennoch mit anderen lukrativen Gelegenheiten auf den Krypto-Märkten. Transaktionen in DApps sind technisch kompliziert, und ein gewisses Maß an Angst vor dem Unbekannten ist durchaus verständlich.

Meine Erfahrungen damit, selbst finanzielle Risiken einzugehen und die Entwicklung der Kurse auf diesem Markt zu beobachten, aber lehrten mich eine Menge über diese Hypothesen.

Furcht vor Smart-Contract-Exploits

Zuerst dachte ich, dass »Furcht vor Smart-Contract-Exploits« einen wesentlichen Teil der Erklärung ausmachen musste. Im Laufe der Zeit gelangte ich aber zu der Überzeugung, dass es wohl *kein* maßgeblicher Faktor ist. Dies kann man meines Erachtens leicht erkennen, wenn man die Preise für YTRUMP und ITRUMP vergleicht. ITRUMP steht für »Invalid Trump«; »invalid« ist das Ergebnis eines Ereignisses, das in einigen außergewöhnlichen Fällen ausgelöst werden soll: wenn die Beschreibung des Ereignisses unklar ist, wenn das Ergebnis des Ereignisses zu dem Zeitpunkt, zu dem der Markt »geklärt« wird, noch unbekannt ist, wenn der Markt unethisch ist (z. B. Märkte für Mordanschläge), und in einigen anderen, ähnlichen Situationen. In diesem Markt blieb der Kurs von ITRUMP durchgehend unter 0,02 Dollar. Wenn jemand mit einem Angriff auf den Markt einen Gewinn machen wollte, wäre es für die Person viel lukrativer gewesen, YTRUMP nicht für 0,15 Dollar, sondern ITRUMP zu 0,02 Dollar zu kaufen. Wenn sie eine große Menge an ITRUMP kaufen würde, könnte sie einen Ertrag von 50*x* erwirtschaften, wenn sie das Auslösen des »invaliden« Ergebnisses erzwingen kann. Wenn man also einen Angriff befürchtet, ist der Kauf von ITRUMP bei Weitem die vernünftigste Reaktion. Und dennoch taten dies nur äußerst wenige Menschen.

Ein weiteres Argument gegen die Furcht vor Smart-Contract-Exploits ist selbstverständlich die Tatsache, dass Menschen bei allen Krypto-Anwendungen *mit Ausnahme von* Vorhersagemärkten (z. B. Compound, die verschiedenen Yield-Farming-Strategien) den Risiken von Smart Contracts erstaunlich gleichgültig gegenüberstehen. Wenn Menschen bereit sind, selbst für ein Versprechen von nur 5 bis 8 Prozent an jährlichen Erträgen ihr Geld in alle möglichen riskanten und ungeprüften Anlagen zu stecken, warum sollten sie dann hier plötzlich übervorsichtig werden?

Kapitalkosten

Kapitalkosten – die Unannehmlichkeit und die Opportunitätskosten, die mit dem Einfrieren großer Geldbeträge verbunden sind – sind eine Herausforderung, die ich heute viel besser ermessen kann als früher. Wenn ich nur die Augur-Seite der Dinge betrachte, muss ich 308 249 DAI für durchschnittlich etwa zwei Monate fest anlegen, um 56 803 Dollar Gewinn zu machen. Dies entspricht einem Jahreszinssatz von etwa 175 Prozent; soweit ein ziemlich gutes Geschäft, selbst im Vergleich zu den verschiedenen Yield-Farming-Booms im Sommer 2020. Dies aber wird noch schlimmer, wenn man berücksichtigt, was ich auf MakerDAO tun musste: Weil ich meine Ether-Positionen unverändert lassen wollte, musste ich mir meine DAI über eine CDP beschaffen, und die sichere Nutzung einer CDP erforderte eine mehr als dreifache Besicherungsquote. Daher betrug die gesamte Kapitalsumme, die ich *tatsächlich* festlegen musste, rund eine Million Dollar.

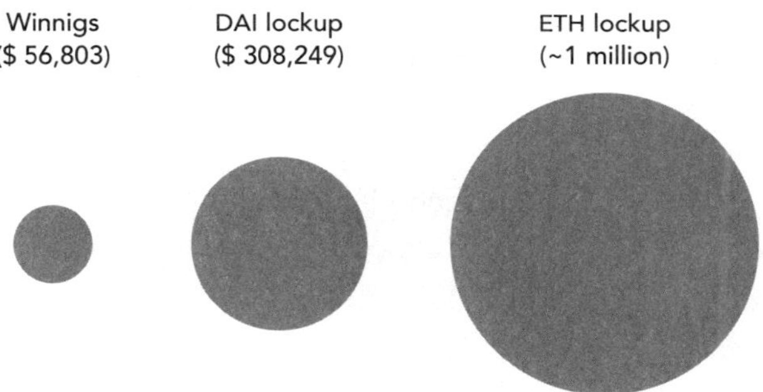

Jetzt sehen die Zinssätze schon weniger günstig aus. Und wenn man dazu noch die – wenn auch vielleicht entfernte – Möglichkeit hinzunimmt, dass ein Smart-Contract-Hack oder ein wirklich beispielloses politisches Ereignis tatsächlich eintreten *wird*, sehen sie noch ungünstiger aus.

Aber bei Annahme einer Kapitalbindung von 3*x* und einer Wahrscheinlichkeit von 3 Prozent, dass es zu einem plötzlich Ausschlag auf dem Augur-Vorhersagemarkt kommt (ich hatte ITRUMP gekauft, um das Risiko abzudecken, dass es zu einem Durchbruch in der »Invalid«-Richtung kommt, also musste ich mir nur Sorgen wegen des Risikos von Durchbrüchen in der »Ja«-Richtung machen, also dem unverhohlenen Gelddiebstahl), ergibt dies eine risikoneutrale Rate von rund 35 Prozent oder vielleicht sogar noch niedriger, wenn man die Risikoeinstellungen realer Menschen berücksichtigt. Der Deal ist immer noch äußerst attraktiv, aber andererseits erscheint es jetzt absolut verständlich, dass solche Zahlen echte Fans von Kryptowährungen mit ihren häufigen extremen Kursschwankungen wenig beeindrucken.

Trump-*Unterstützer:innen* andererseits waren mit keiner dieser Herausforderungen konfrontiert: Sie neutralisierten meine Wette über 308 249 Dollar, indem sie lediglich 60 000 Dollar aufboten (mein Gewinn ist wegen der Gebühren niedriger). Wenn Wahrscheinlichkeiten nahe 0 oder 1 betragen, wie es hier der Fall ist, ist das Spiel *sehr* zugunsten derer verzerrt, die die Wahrscheinlichkeit von dem Extremwert wegdrücken wollen. Und dies erklärt nicht nur das Phänomen Trump, sondern ist auch der Grund, warum allen möglichen bei einer bestimmten Bevölkerungsgruppe populären »Nischenkandidat:innen« ohne echte Siegeschance oftmals eine Gewinnwahrscheinlichkeit von bis zu 5 Prozent zugeschrieben wird.

Technische Komplexität

Ich hatte zunächst versucht, NTRUMP auf Augur zu kaufen, aber technische Störungen in der Benutzeroberfläche verhinderten, dass ich sie direkt dort ordern konnte (andere, mit denen ich sprach, hatten dieses Problem nicht … ich bin mir immer noch nicht sicher, was da los war). Catnips Benutzeroberfläche ist viel einfacher und funktioniert hervorragend. Allerdings funktionieren automatisierte Market Maker wie Balancer (und Uniswap) am besten für kleinere Trades, für größere Trades ist aber die Slippage zu hoch. Dies ist ein guter Mikrokosmos für die breitere Kontroverse darüber, ob »automatisierte Market Maker (AMM) oder Orderbücher« besser seien: AMMs sind bequem, aber Orderbücher funktionieren tatsächlich besser für großvolumige Trades. Uniswap v3 führt ein AMM-Design mit besserer Kapitaleffizienz ein. Die Zeit wird zeigen, ob das die Situation verbessert.

Es gab auch noch andere technische Komplexitäten, auch wenn diese zum Glück anscheinend alle leicht zu lösen sind. Es gibt keinen Grund, warum eine Schnittstelle wie Catnip den »DAI → Foundry → verkaufe YTRUMP«-Pfad nicht in einen Vertrag integrieren können sollte, sodass man auf diese Weise NTRUMP in einer einzigen Transaktion kaufen könnte. Tatsächlich könnte die Schnittstelle sogar die Preis- und Liquiditätsmerkmale des »DAI → NTRUMP«-Pfades und des »DAI → Foundry → verkaufe YTRUMP«-Pfades überprüfen und Ihnen automatisch den besseren Trade vermitteln. Selbst das Abheben von DAI von einer MakerDAO CDP könnte in diesen Pfad einbezogen werden. Meine Schlussfolgerung hier ist optimistisch: Fragen der technischen Komplexität waren dieses Mal eine echte Beteiligungshürde, aber in Zukunft werden in dem Maße, wie sich die Technologie verbessert, die nächsten Runden viel leichter ablaufen.

Intellektuelle Selbstunterschätzung

Und jetzt haben wir die letzte Möglichkeit: Dass viele Menschen (und solche mit Intelligenz im Besonderen) unter exzessiver Bescheidenheit leiden und allzu leicht schlussfolgern, dass, wenn niemand sonst etwas unternommen hat, es einen guten Grund dafür geben muss, warum sich Handeln nicht lohnt.

Eliezer Yudkowsky verwendet den zweiten Teil seines hervorragenden Buches *Inadequate Equilibria* auf eine ausführliche Darlegung dessen. Er behauptet, allzu viele Menschen machten übermäßigen Gebrauch von dem, was er »epistemologische Bescheidenheit« nennt, und wir sollten uns viel mehr nach den Ergebnissen unserer eigenen Überlegungen richten, auch wenn diese darauf hindeuten, dass die große Mehrheit der Bevölkerung irrational oder faul ist, beziehungsweise sich in etwas irrt. Als ich diese Abschnitte zum ersten Mal las, war ich nicht überzeugt – Eliezer wirkte einfach übermäßig arrogant. Nachdem ich aber nun diese Erfahrung gemacht hatte, erkannte ich, dass dieser Standpunkt durchaus einiges für sich hat. Es war nicht das erste Mal, dass ich erlebte, dass es sich lohnt, sich auf sein eigenes Urteil zu verlassen. Als ich mit meiner Arbeit an Ethereum begonnen hatte, trieb mich die Furcht um, dass das Projekt aus irgendeinem legitimen Grund zum Scheitern verurteilt sei. Eine vollständig programmierbare Smart-Contract-fähige Blockchain, so meine Überlegung, war ganz klar eine so große Verbesserung gegenüber dem, was vorher da war, dass sicherlich schon viele Menschen vor mir auf diese Idee gekommen sein mussten. Daher erwartete ich, dass mir sehr viele schlaue Kryptograf:innen nach meiner Veröffentlichung des Konzepts die sehr guten Gründe nennen würden, aus denen so etwas wie Ethereum grundsätzlich unmöglich sei. Jedoch hat das niemand je getan.

Selbstverständlich leiden nicht alle unter übermäßiger Bescheidenheit. Viele der Menschen, die Trumps Wahlsieg vorhersagten, wurden wohl von ihrem eigenen überzogenen Nonkonformismus in die Irre geführt. Ethereum profitierte von meinem eigenen jugendlichen Übermut, der Bescheidenheit und Befürchtungen unterdrückte, aber es gibt eine Vielzahl anderer Projekte, die von mehr intellektueller Bescheidenheit hätten profitieren und ihr Scheitern verhindern können.

Jemand, der nicht an übermäßiger Bescheidenheit leidet.

Trotzdem scheint es mir zutreffender denn je zu sein, dass, wie es in dem berühmten Yeats-Zitat heißt, »den Besten jegliche Überzeugung fehlt, während die Schlimmsten voller leidenschaftlicher Kraft sind«. Was für Fehler auch immer gelegentlich auf das Konto von übermäßigem Selbstbewusstsein oder Nonkonformismus gehen, ist es meines Erachtens völlig klar, dass die Lösung nicht darin liegt, dass man die Botschaft verbreitet, man müsse nur einfach dem Output der Gesellschaft vertrauen, unabhängig davon, ob dieser von akademischen Institutionen, Medien, Behörden oder Märkten stamme. All diese Institutionen funktionieren nur, weil es Individuen gibt, die denken, dass sie nicht funktionieren, oder die denken, dass sie sich manchmal irren.

Lektionen für die Futarchie

Die Bedeutung von Kapitalkosten und ihres Wechselspiels mit Risiken aus eigener Erfahrung zu kennen, ist auch wichtig, um Systeme wie die Futarchie beurteilen zu können. Futarchie und »Entscheidungsmärkte« im Allgemeinen sind eine wichtige und potenziell gesellschaftlich überaus nützliche Anwendung von Vorhersagemärkten. Es liegt kein großer gesellschaftlicher Nutzen darin, geringfügig zutreffendere Vorhersagen über den nächsten Präsidenten zu treffen. **Bedingte Vorhersagen** dagegen haben einen hohen gesellschaftlichen Nutzen: *Wenn wir A tun, wie hoch ist dann die Wahrscheinlichkeit, dass es zu einer guten Sache X führt, wenn wir aber stattdessen B tun, wie hoch ist die Wahrscheinlichkeit dann?* Bedingte Vorhersagen sind wichtig, weil sie nicht einfach nur unsere Neugierde befriedigen, sondern uns auch bei der Entscheidungsfindung helfen können.

Auch wenn Vorhersagemärkte für Wahlergebnisse viel weniger nützlich sind als bedingte Vorhersagen, können sie doch bei der Klärung einer wichtigen Frage helfen: Wie widerstandsfähig sind sie gegen Manipulation oder auch gegen nur voreingenommene und falsche Meinungen? Wir können diese Frage beantworten, indem wir uns ansehen, wie schwierig Arbitrage ist: angenommen, ein bedingter Vorhersagemarkt gibt gegenwärtig Wahrscheinlichkeiten an, die (Ihrer Meinung nach) *falsch* sind (sei es wegen schlecht informierter Trader, sei es wegen eines expliziten Manipulationsversuchs – das ist im Grunde nebensächlich). Was können Sie bewirken und wie viel Gewinn können Sie machen, wenn Sie das Ganze richtigstellen?

Beginnen wir mit einem konkreten Beispiel und nehmen an, wir versuchen, mithilfe eines Vorhersagemarkts zwischen Entscheidung A und Entscheidung B zu wählen, wobei jede Entscheidung eine gewisse Wahrscheinlichkeit für ein gewünschtes Ergebnis hat. Nehmen wir weiterhin an, Sie sind der Auffassung, Entscheidung A werde das Ziel mit einer Wahrscheinlichkeit von 50 Prozent erreichen, und Entscheidung B mit 45 Prozent. Der Markt dagegen ist (Ihrer Meinung nach irrigerweise) der Auffassung, dass Entscheidung B eine Erfolgswahrscheinlichkeit von 55 Prozent und Entscheidung A eine Erfolgswahrscheinlichkeit von 40 Prozent habe.

Wahrscheinlichkeit eines guten Ergebnisses, wenn wir Strategie … wählen	Gegenwärtige Marktposition	Ihre Meinung
A	40 %	50 %
B	55 %	45 %

Angenommen, Sie sind ein kleiner Teilnehmer, sodass Ihre individuellen Wetten das Ergebnis nicht beeinflussen – nur viele Wettende, die gemeinsam handeln, könnten dies. Wie viel von Ihrem Geld sollten Sie setzen?

Die Standardtheorie stützt sich dabei auf das Kelly-Kriterium. Dieses besagt im Wesentlichen, dass man so handeln sollte, dass man den Erwartungswert des Logarithmus seiner Vermögenswerte maximiert. In diesem Fall können wir die sich daraus ergebende Gleichung lösen. Nehmen wir also an, Sie investieren den Anteil *r* Ihres Geldes in den Kauf von A-Token für 0,40 Dollar. Ihr neuer Erwartungswert des Logarithmus Ihres Kapitals wäre aus Ihrer Sicht:

$$0{,}5 \times \log((1 - r) + \frac{r}{0{,}4}) + 0{,}5 \times \log(1 - r)$$

Der erste Term ist die (aus Ihrer Sicht) 50-prozentige Wahrscheinlichkeit, dass sich die Wette auszahlt, und der Anteil *r*, den Sie investieren, wächst um 2,5*x* (da Sie Dollar zu 40 Cents kauften). Der zweite Term ist die 50-prozentige Wahrscheinlichkeit, dass sich die Wette nicht auszahlt und Sie den von Ihnen gesetzten Anteil verlieren. Mithilfe der Infinitesimalrechnung können wir das *r* bestimmen, das dies maximiert. Die Antwort lautet $r = 1/6$. Wenn andere Leute kaufen und der Preis von A auf den Märkten auf 47 Prozent ansteigt (und B auf 48 Prozent sinkt), können wir die Berechnung für den letzten Trader, der den Markt drehen würde, sodass er richtigerweise A begünstigt, erneut durchführen:

$$0{,}5 \times \log((1 - r) + \frac{r}{0{,}4}) + 0{,}5 \times \log(1 - r)$$

Hier beträgt der Erwartungswert des den Logarithmus des Kapitals maximierenden *r* lediglich 0,0566. Die Schlussfolgerung ist klar: Bei knappen Entscheidungen und bei viel Furore zeigt sich, dass nur die Investition eines kleinen Teils Ihres Geldes in einem Markt sinnvoll ist. Dies geht zudem von der Annahme rationalen Handelns aus – die meisten Menschen investieren weniger in unsichere Glücksspiele, als sie nach dem Kelly-Kriterium tun sollten. Kapitalkosten fallen zusätzlich noch stärker ins Gewicht. Wenn ein Angreifer aber *wirklich* Ergebnis B aus persönlichen Gründen erzwingen will, kann er einfach sein *gesamtes* Kapital für den Kauf dieses Tokens aufwenden. Alles in allem kann das Spiel leicht mehr als 20 zu 1 zugunsten des Angreifers verzerrt sein. Selbstverständlich sind Angreifer:innen in Wirklichkeit nur selten gewillt, ihr gesamtes Kapital auf eine Entscheidung zu setzen. Außerdem ist Futarchie nicht der einzige für Angriffe anfällige Mechanismus: Aktienmärkte sind ähnlich verwundbar, wie auch nicht-marktbasierte Entscheidungsmechanismen ebenfalls von entschlossenen, vermögenden Angreifern auf vielfältige Weise manipuliert werden können.

Trotzdem sollten wir uns vor der Annahme hüten, dass Futarchie uns auf neue Höhen der Treffgenauigkeit von Entscheidungen katapultieren wird.

Interessanterweise scheint die Mathematik nahezulegen, dass Futarchie am besten funktionieren würde, wenn die erwarteten Manipulator:innen das Ergebnis zu einem Extremwert hin verschieben wollten. Ein Beispiel dafür könnte die Haftpflichtversicherung sein, weil jemand, der auf unlautere Weise eine Versicherung ergattern wollte, tatsächlich versuchen würde, die marktgeschätzte Wahrscheinlichkeit eines ungünstigen Ereignisses auf null zu drücken. Und wie sich zeigt, ist die Haftpflichtversicherung das neue politische Lieblingsprojekt des Futarchie-Erfinders Robin Hanson.

Können Vorhersagemärkte besser werden?

Die letzte Frage, die wir stellen wollen, lautet: Sind Vorhersagemärkte dazu verdammt, so gravierende Fehler zu wiederholen, wie Trump Anfang Dezember eine 15-prozentige Chance zu geben, das Wahlergebnis zu kippen, und eine 12-prozentige Chance, es zu kippen, nachdem der Oberste Gerichtshof mit den drei von ihm ernannten Richtern ihm gesagt hatte, er solle sich verduften? Oder könnten sich die Märkte im Lauf der Zeit verbessern? Meine Antwort fällt überraschenderweise entschieden optimistisch aus, denn ich sehe einige gute Gründe für Optimismus.

Märkte als natürliche Selektion

Zunächst einmal haben die Ereignisse mir eine neue Sicht darauf vermittelt, wie Markteffizienz und Rationalität in Wirklichkeit entstehen. Allzu oft behaupten Verfechter von Markteffizienz-Theorien, sie sei darauf zurückzuführen, dass die meisten Marktteilnehmenden rational handelten (beziehungsweise, dass zumindest die Rationalen jede geschlossene Gruppe verblendeter Personen in den Schatten stellten), was ein wahres Axiom sei. Wir könnten aber stattdessen die Vorgänge auch einfach aus einer *evolutionären* Perspektive betrachten.

Krypto ist ein junges Ökosystem. Eins, das – ungeachtet von Elons jüngsten Tweets[47] – noch immer weitgehend losgelöst vom Mainstream existiert und noch nicht über viel Expertise in den Einzelheiten politischer Wahlsysteme verfügt. Diejenigen, die sich gut in Wahlrecht und -systemen auskennen, haben es schwer, in die Krypto-Sphäre einzudringen, außerdem sind in der Krypto-Welt viele mitunter fragwürdige Formen des Nonkonformismus vertreten, insbesondere in Bezug auf Politik. Dieses Jahr passierte jedoch Folgendes: Innerhalb des Krypto-Welt verzeichneten User von Vorhersagemärkten, die richtigerweise einen Sieg Bidens erwarteten, einen 18-prozentigen Zuwachs ihres Kapitals, während User von Vorhersagemärkten, die fälschlicherweise einen Sieg Trumps erwarteten, einen Schwund ihres Kapitals um 100 Prozent erlebten (oder zumindest des Anteils, den sie verwettet hatten).

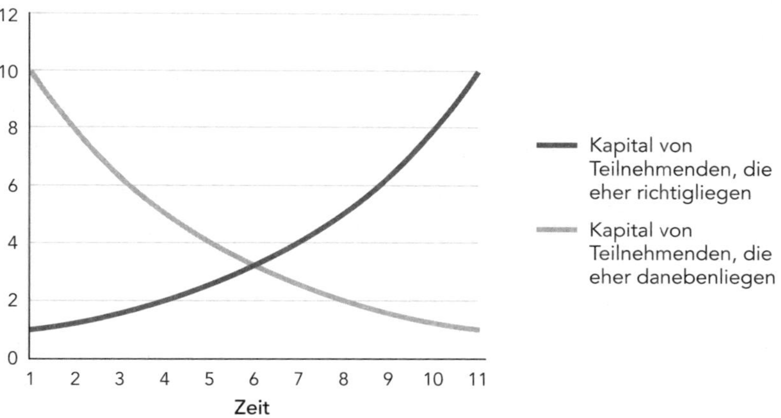

Folglich wirkt ein *Selektionsdruck* zugunsten jener Personen, die Wetten abschließen, die sich als richtig herausstellen. Nach zehn Wettrunden haben gute Prognostiker:innen mehr Kapital, das sie verwetten können, während schlechte Prognostiker:innen weniger Kapital für den Einsatz haben. Das hat *nichts* damit zu tun, dass jemand »klüger wird« oder »eine Lektion gelernt hat«, oder mit irgendeiner anderen Annahme in Bezug auf die Denk- und Lernfähigkeit von Menschen. Es ist einfach ein Ergebnis der Selektionsdynamik, sodass im Laufe der Zeit Teilnehmende, die gut im Richtig-Raten sind, das Ökosystem dominieren werden.

Beachten Sie, dass Vorhersagemärkte in dieser Hinsicht weit besser abschneiden als Aktienmärkte: Die »Neureichen« der Aktienmärkte verdanken ihr Vermögen oft einem einzigen glücklichen Investment, das ihnen einen tausendfachen Gewinn einbrachte, was das Signal stark verzerrt. In Vorhersagemärkten dagegen bewegen sich Preise immer zwischen 0 und 1, was die Auswirkungen eines einzelnen Ereignisses begrenzt.

Bessere Teilnehmende und bessere Technologien

Zweitens werden sich die Vorhersagemärkte selbst verbessern. Benutzeroberflächen haben das bereits stark getan und werden dies weiterhin tun. Die Komplexität des MakerDAO → Foundry → Catnip-Zyklus wird dann zu einer einzigen Transaktion zusammengefasst. Blockchain-Skalierungstechnologien werden sich verbessern, was die Gebühren für Teilnehmende senken wird.

Drittens wird der Beweis, dass der Vorhersagemarkt richtig funktioniert, Befürchtungen der Teilnehmenden zerstreuen. User werden sehen, dass das Augur-Orakel selbst in strittigen Situationen richtige Outputs liefern kann (dieses Mal gab es zwei Runden von Streitigkeiten, aber die Nein-Seite hat trotzdem glatt gewonnen). Menschen außerhalb der Krypto-Sphäre werden sehen, dass der Prozess funktioniert, und sie werden bereitwilliger teilnehmen. Vielleicht bekommt sogar Nate Silver selbst ein paar DAI und nutzt Augur, Omen, Polymarket und andere Märkte, um im Jahr 2022 und darüber hinaus sein Einkommen aufzubessern.

Viertens könnte sich die Technologie hinter dem Vorhersagemarkt verbessern. Hier ist ein Vorschlag von mir zu einem Marktdesign, der es kapitaleffizienter machen könnte, gleichzeitig gegen viele unwahrscheinliche Ereignisse zu wetten und zu verhindern, dass unwahrscheinliche Ergebnisse irrational hohe Wettquoten erhalten. Zweifellos werden noch weitere Ideen aufkommen, und ich erwarte, dass es in dieser Richtung weitere Experimente geben wird.

Fazit

Diese ganze Saga hat sich als eine unglaublich interessante direkte erste Bewährungsprobe von Vorhersagemärkten erwiesen und gezeigt, wie sie in Widerstreit mit den Komplexitäten der Individual- und Sozialpsychologie geraten. Sie zeigt eine Menge darüber auf, wie Markteffizienz in der Praxis funktioniert, was ihre Grenzen sind und was zu ihrer Verbesserung getan werden könnte. Es war auch eine hervorragende Demonstration der möglichen Leistung von Blockchains – tatsächlich ist es eine der Ethereum-Anwendungen, die mir den größten praktischen Nutzen verschafft hat. Blockchains werden oft als spekulatives Spielzeug kritisiert, das nur für selbstreferenzielle Spiele tauge (Token mit Yield-Farming, deren Erträge durch die Einführung weiterer Token potenziert werden), aber sonst keine sinnvolle Verwendung habe. Es gibt zweifellos Ausnahmen, die die Kritiker:innen nicht erkennen. Ich persönlich habe von ENS und auch von Ether profitiert, die ich bei mehreren Gelegenheiten, als alle Kreditkartenoptionen versagten, für Zahlungen nutzte. In den letzten Monaten sahen wir aber einen Schub neuer Ethereum-Anwendungen, die für Menschen von konkretem Nutzen sind und mit der realen Welt interagieren – Vorhersagemärkte sind ein Paradebeispiel dessen.

Ich erwarte, dass Vorhersagemärkte in den kommenden Jahren zu einer immer wichtigeren Ethereum-Anwendung werden. Die Präsidentschaftswahlen von 2020 waren erst der Anfang und ich erwarte in Zukunft mehr Interesse an Vorhersagemärkten für Wahlen und für bedingte Vorhersagen, Entscheidungsfindung und andere Anwendungen. Die hochtrabenden Versprechungen darüber, was Vorhersagemärkte leisten könnten, wenn sie mathematisch optimal funktionieren, werden weiterhin mit den Grenzen der menschlichen Realität kollidieren. Und hoffentlich werden wir im Laufe der Zeit eine viel klarere Vorstellung davon erhalten, wo genau diese neue Sozialtechnologie den größten Nutzen stiften kann.

Ein besonderer Dank an Jeff Coleman, Karl Floersch und Robin Hanson für kritische Kommentare und Hinweise.

LEGITIMITÄT IST DIE WICHTIGSTE DER KNAPPEN RESSOURCEN

vitalik.ca, 23. März 2021

Bitcoin- und Ethereum-Blockchain-Ökosysteme geben viel mehr für die Sicherheit des Netzwerkes – das Ziel des Proof-of-Work-Mining – als für alles andere zusammengenommen aus. Die Bitcoin-Blockchain hat seit Jahresbeginn durchschnittlich rund 38 Millionen Dollar pro Tag an Block-Belohnungen an Miner ausgezahlt, plus rund 5 Millionen Dollar pro Tag an Transaktionsgebühren. Den zweiten Platz belegt die Ethereum-Blockchain, mit 19,5 Millionen Dollar pro Tag als Block-Belohnungen plus 18 Millionen Dollar pro Tag an Transaktionsgebühren. Das Jahresbudget der Ethereum Foundation (EF), mit dem Forschung, Protokollentwicklung, Zuschüsse und alle möglichen anderen Ausgaben finanziert werden, beträgt demgegenüber lediglich 30 Millionen Dollar pro Jahr. Finanzielle Unterstützung gibt es auch von Quellen außerhalb der EF, aber sie entspricht höchstens einem geringen Vielfachen dieses Betrags. Die Ausgaben des Bitcoin-Ökosystems für Forschung & Entwicklung (F&E) sind wahrscheinlich sogar noch niedriger. Die F&E des Bitcoin-Ökosystems wird hauptsächlich von Unternehmen (wobei bislang insgesamt 250 Millionen Dollar aufgebracht wurden) und 57 Mitarbeitende finanziert; unter der Annahme, dass recht hohe Gehälter gezahlt werden und dass wahrscheinlich viele bezahlte Entwickler:innen, die für Unternehmen arbeiten, nicht gezählt werden, ergibt dies rund 20 Millionen Dollar pro Jahr.

Dieses Ausgabenmuster *ist eine massive Fehlallokation von Ressourcen.* Die letzten 20 Prozent an Netzwerk-Hash-Power haben für das Ökosystem

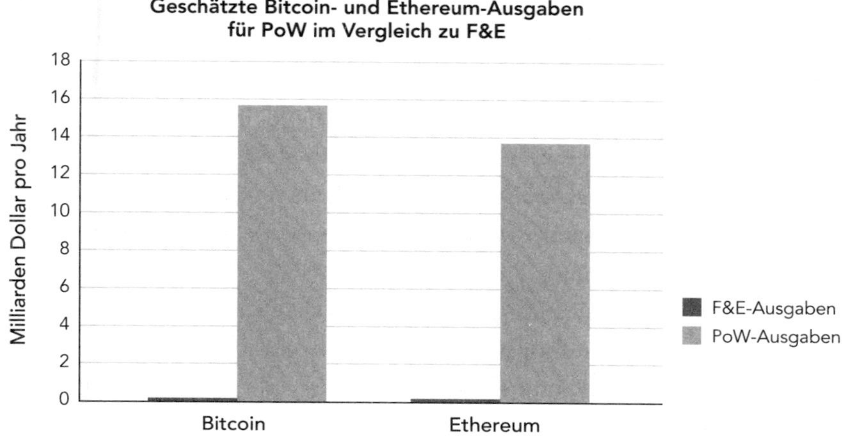

einen *viel geringeren* Nutzen, als diese Ressourcen hätten, wenn sie in die Forschung und Core-Protokoll-Entwicklung geflossen wären. Warum also das PoW-Budget nicht einfach um 20 Prozent kürzen und das Geld für diese anderen Aspekte verwenden?

Die Standardantwort auf diese Frage stützt sich auf Konzepte wie »Public-Choice-Theorie« und »Schelling-Zäune«: Obwohl wir einige wertvolle öffentliche Güter mit Leichtigkeit identifizieren könnten, in die wir einmalig einen Teil der Gelder umleiten könnten, ist es mit langfristig nicht lohnenswerten Risiken des politischen Chaos und der Vereinnahmung verbunden, solche Entscheidungen zu einem *regelmäßigen institutionalisierten* Muster zu machen. Unabhängig von den Gründen sind wir aber mit dieser interessanten Tatsache konfrontiert, dass **die Organismen, die das Bitcoin- und das Ethereum-Ökosystem sind, Milliarden von Dollar an Kapital aufbringen können, aber seltsame und schwer verständliche Beschränkungen für die Verwendung dieses Kapitals haben.**

Es lohnt sich, die mächtige soziale Kraft hinter diesem Effekt zu verstehen. Wie wir sehen werden, liegt die gleiche soziale Kraft der Fähigkeit des Ethereum-Ökosystems zugrunde, diese Ressourcen überhaupt aufzubringen (während das technologisch fast identische Ethereum Classic[48] dies nicht kann). Es ist auch eine soziale Kraft, die einer Chain entscheidend dabei hilft, sich von einer 51-Prozent-Attacke zu erholen. Und es ist eine soziale Kraft, die allen möglichen außerordentlichen leistungsstarken Mechanismen weit jenseits der Blockchain-Sphäre zugrunde liegt. Aus Gründen, die in den kommenden Abschnitten deutlich werden, werde ich diese wirkmächtige soziale Kraft **Legitimität** nennen.

Coins können Eigentum von Sozialkontrakten sein

Um die Kraft, um die es hier geht, besser zu verstehen, wollen wir ein weiteres aufschlussreiches Beispiel betrachten: die grandiose Saga von Steem und Hive. Anfang 2020 kaufte Justin Sun »Steem-the-company«, die nicht das Gleiche ist wie »Steem-the-blockchain«, die aber etwa 20 Prozent der Gesamtmenge der STEEM-Token hielt. Selbstverständlich traute die Community Justin Sun nicht. Also führten sie eine On-Chain-Abstimmung durch, um das zu formalisieren, was sie für ein seit Langem bestehendes »Gentlemen's Agreement« hielten, wonach die Coins von Steem-the-company treuhänderisch zum Wohl von Steem-the-blockchain gehalten würden und nicht für Abstimmungen genutzt werden sollten. Mithilfe von Coins, die von Börsen gehalten wurden, führte Justin Sun einen Gegenangriff durch und verschaffte sich die Kontrolle über genügend Delegierte, um die Kette einseitig zu kontrollieren. Die Community sah keine weiteren protokollinternen Optionen. Also erstellten sie einen Fork von Steem-the-blockchain, Hive genannt, auf das sie sämtliche STEEM-Token-Guthaben übertrugen – außer denjenigen, die an dem Angriff teilnahmen, einschließlich Justin Suns.

Aus dieser Situation können wir folgende Lektion lernen: *Steem-the-company war nie wirklich »Eigentümer« der Coins.* Wenn sie es gewesen wäre, hätte sie die Coins in beliebiger Weise nutzen, genießen und missbrauchen können. Als das Unternehmen aber dann tatsächlich versuchte, die Coins in einer Weise zu genießen und zu missbrauchen, die die Community nicht mochte, *wurde es erfolgreich davon abgehalten.* Was hier geschieht, folgt einem ganz ähnlichen Muster wie das, was wir bei den noch nicht ausgegebenen Bitcoin- und Ethereum-Coin-Belohnungen sahen: Die Coins wurden letztlich nicht von einem kryptografischen Schlüssel, sondern von *einer Art Sozialkontrakt* kontrolliert.

Und sie holten eine Vielzahl von Applikationen an Bord. Wenn ihnen dies nicht gelungen wäre, wären weitaus mehr User entweder auf Steem geblieben oder auf ein ganz anderes Projekt umgestiegen.

Die gleiche Überlegung können wir auf viele andere Strukturen in der Blockchain-Sphäre anwenden. Nehmen wir zum Beispiel die ENS-Root-MultiSig.[49] Die Root-MultiSig wird von sieben bekannten Mitgliedern der ENS- und Ethereum-Community kontrolliert. Was aber wäre, wenn sich vier von ihnen zusammentäten und das Register zu einem Verzeichnis »upgraden« würden, das all die besten Domains an sie selbst übertragen würde? Innerhalb des Kontextes des ENS-the-smart-contract-system haben sie die vollständige und unanfechtbare Fähigkeit dafür. Wenn sie aber tatsächlich versuchen würden, ihre technischen Fähigkeiten in dieser Weise zu missbrauchen, ist allen die Folge klar: Sie würden aus der Community ausgestoßen, die verbleibenden Mitglieder der ENS-Community würden einen neuen ENS-Kontrakt abschließen, der die ursprünglichen Domain-Eigentümer:innen wiedereinsetzt, und jede Ethereum-Anwendung mit ENS würde auf ihrer Benutzeroberfläche auf den neuen Kontrakt verweisen.

Dies geht weit über Smart-Contract-Strukturen hinaus. Warum kann Elon Musk ein NFT von Elon Musks Tweet verkaufen, während Jeff Bezos etwas Äquivalentes viel schwerer fallen würde? Elon und Jeff sind gleichermaßen in der Lage, Elons Tweet zu screenshotten und ihn in eine NFT-

DApp zu stecken. Was also ist der Unterschied? Für alle, die auch nur ein grundlegendes intuitives Verständnis der menschlichen Sozialpsychologie (oder der Fake-Art-Szene) haben, ist die Antwort offensichtlich: Elon, der Elons Tweet verkauft, ist *das Echte*, und Jeff, der das tut, ist es nicht. Einmal mehr werden Millionen von Dollar an Vermögenswerten nicht von Individuen oder kryptografischen Schlüsseln, sondern von sozialen Legitimitätskonzeptionen kontrolliert und zugeteilt. Wenn man den Kreis dann noch weiterzieht, zeigt sich, dass Legitimität einen beherrschenden Einfluss auf alle möglichen sozialen Statusspiele, den intellektuellen Diskurs, Sprache, Eigentumsrechte, politische Systeme und nationale Grenzen ausübt. Sogar der Blockchain-Konsensmechanismus funktioniert auf diese Weise: Der einzige Unterschied zwischen einem Soft Fork, der von der Community akzeptiert wird, und einem 51-Prozent-Zensurangriff, nach dem die Community einen außerprotokollarischen Recovery-Fork koordiniert, um die Angreifer:innen unschädlich zu machen, ist Legitimität.

Was also ist Legitimität?

Um die innere Mechanik der Legitimität zu verstehen, müssen wir uns tiefer mit der Spieltheorie beschäftigen. Es gibt viele Situationen im Leben, die ein **abgestimmtes Verhalten** erfordern: Wenn Sie auf eine bestimmte Weise allein handeln, erreichen Sie wahrscheinlich nichts (oder schaden sich vielleicht sogar), aber wenn alle gemeinsam handeln, kann ein gewünschtes Ergebnis erreicht werden.

	A	B
A	(5, 5)	(0, 0)
B	(0, 0)	(5, 5)

Ein abstraktes Koordinationsspiel. Sie profitieren sehr, wenn Sie genauso handeln wie alle anderen.

Ein natürliches Beispiel ist das Fahren auf der linken oder auf der rechten Fahrbahnseite: Es spielt im Grunde genommen keine Rolle, auf welcher Fahrbahnseite man fährt, solange alle auf derselben fahren. Wenn Sie die Fahrspur zur gleichen Zeit wie alle anderen wechseln, und die meisten Fahrer:innen die neue Regelung vorziehen, kann dies unter dem Strich für alle von Vorteil sein. Wenn aber nur Sie vom Rechts- auf den Linksverkehr bzw. umgekehrt umstellen, dann wird dies für Sie, völlig unabhängig davon, wie sehr Sie die neue Verkehrsordnung präferieren, ziemlich negativ ausgehen. Jetzt können wir Legitimität definieren:

> **Legitimität ist ein Muster der Akzeptanz höherer Ordnung. Ein Ergebnis ist in einem sozialen Kontext dann *legitim*, wenn die Menschen in diesem sozialen Kontext das Ergebnis weitgehend akzeptieren und aktiv daran mitwirken, das Ergebnis umzusetzen, und jede einzelne Person das tut, weil sie erwartet, dass alle anderen das Gleiche tun.**

Legitimität ist ein Phänomen, das auf natürliche Weise in Koordinationsspielen auftritt. Wenn Sie nicht an einem Koordinationsspiel teilnehmen, gibt es keinen Grund, gemäß Ihrer Erwartung, wie andere Personen handeln werden, zu handeln. Folglich ist Legitimität hier unwichtig. Wie wir aber gesehen haben, sind Koordinationsspiele überall in der Gesellschaft anzutreffen, was beweist, dass Legitimität tatsächlich von großer Bedeutung ist. In praktisch jeder Umgebung mit Koordinationsspielen, die lange genug existiert, entstehen unweigerlich einige Mechanismen, die Menschen bei der Entscheidungsfindung helfen. Diese Mechanismen werden von einer etablierten Kultur getragen, in der alle diese Mechanismen beachten und (für gewöhnlich) das tun, was diese vorgeben. Jede Person sagt sich: Da sich *alle anderen* an diese Mechanismen halten, werde ich, wenn ich davon abweiche, nur für Zwietracht sorgen und Nachteile erleiden, oder zumindest in einem »abgegabelten« Ökosystem vollkommen isoliert sein. Wenn ein Mechanismus tatsächlich die Fähigkeit besitzt, diese Entscheidungen zu treffen, dann besitzt er Legitimität.

In jedem Kontext mit einem hinlänglich lange existierenden Koordinationsspiel gibt es wahrscheinlich eine Konzeption von Legitimität. **Und Blockchains sind voller Koordinationsspiele.** Welche Client-Software haben Sie? Welche dezentrale Domain Name Registry präferieren Sie und welche Adresse entspricht einem .eth-Namen? Welche Kopie des Uniswap-Vertrags akzeptieren Sie als »die« Uniswap-Börse?[50] Selbst NFTs sind ein Koordinationsspiel. Die zwei größten Komponenten des Werts eines NFT sind, erstens, der Stolz auf den Besitz dessen, und die Fähigkeit, Ihr Eigentum daran zur Schau zu stellen, und, zweitens, die Möglichkeit, diesen in Zukunft zu verkaufen. Für diese beiden Komponenten ist es wirklich wichtig, dass, ganz gleich, welchen NFT Sie kaufen, er von allen anderen als *legitim* anerkannt wird. In all diesen Fällen ist es von großem Nutzen, die gleiche Antwort wie alle anderen zu haben, und der Mechanismus, der dieses Gleichgewicht bestimmt, besitzt viel Macht.

Theorien der Legitimität

Legitimität kann auf viele unterschiedliche Weisen zustande kommen. Im Allgemeinen entsteht sie, weil das, was Legitimität gewinnt, die meisten Menschen psychologisch anspricht. Die psychologischen Intuitionen von Menschen können aber selbstverständlich recht komplex sein. Es ist unmöglich, eine vollständige Liste der Theorien der Legitimität vorzulegen, aber wir können mit ein paar beginnen:

- **Legitimität durch rohe Gewalt:** Jemand überzeugt alle anderen davon, dass er mächtig genug ist, um seinen Willen aufzuzwingen, und dass Widerstand ihm gegenüber sehr schwer sein wird. Das veranlasst die meisten Menschen dazu, sich zu unterwerfen, weil alle davon ausgehen, dass *alle anderen* ebenfalls so eingeschüchtert sein werden, dass sie keinen Widerstand leisten.
- **Legitimität durch Kontinuität:** Wenn etwas zum Zeitpunkt T legitim gewesen ist, dann ist es automatisch auch zum Zeitpunkt T + 1 legitim.
- **Legitimität durch Fairness:** Etwas kann legitim werden, weil es einem intuitiven Konzept von Fairness entspricht. Siehe auch: meinen Beitrag über glaubwürdige Neutralität, wenngleich das nicht die einzige Art von Fairness ist.
- **Legitimität durch Prozess:** Wenn ein Prozess legitim ist, gelten auch die Ergebnisse des Prozesses als legitim (z. B. werden von demokratischen Institutionen verabschiedete Gesetze manchmal so beschrieben).
- **Legitimität durch Leistung:** Wenn die Outputs eines Prozesses zu Ergebnissen führen, mit denen Menschen zufrieden sind, dann kann der Prozess an Legitimität gewinnen (»erfolgreiche« Diktaturen werden manchmal so beschrieben).
- **Legitimität durch Mitwirkung:** Wenn Menschen an der Auswahl eines Ergebnisses mitwirken, halten sie es eher für legitim. Es ist vergleichbar mit Fairness, deckt sich aber nicht völlig damit: Sie beruht auf einem psychologischen Wunsch, mit seinen früheren Handlungen in Einklang zu stehen.

Man beachte, dass Legitimität ein deskriptives Konzept ist, denn etwas kann legitim sein, auch wenn Sie persönlich es für schrecklich halten. Wenn allerdings genügend Menschen ein Ergebnis als schrecklich ansehen, ist die Wahrscheinlichkeit höher, dass irgendein Ereignis in der Zukunft dazu führen wird, dass diese Legitimität verschwindet, oft zunächst allmählich, dann ganz plötzlich.

Legitimität ist eine mächtige Sozialtechnologie, die wir nutzen sollten

Die Finanzierung öffentlicher Güter in Kryptowährungs-Ökosystemen lässt sehr zu wünschen übrig. Hunderte Milliarden Dollar an Kapital befinden sich im Umlauf, aber öffentliche Güter, die von zentraler Bedeutung für die Erhaltung dieses Kapitals sind, werden nur mit einem zweistelligen Millionenbetrag pro Jahr unterstützt.

Es gibt zwei mögliche Reaktionen auf diese Tatsache. Die erste besteht darin, stolz auf diese Beschränkung auf die tapferen, wenn auch nicht besonders effektiven Anstrengungen zu sein, die ihre Community unternimmt, um sie zu umschiffen. Dies scheint der Weg zu sein, den das Bitcoin-Ökosystem oft einschlägt (siehe Abbildung auf Seite 235).

Die persönliche Opferbereitschaft der Teams, die die Core-Entwicklung finanzieren, ist selbstverständlich bewundernswert, aber sie ist in der gleichen Weise bewundernswert wie die Meisterleistung Eliud Kipchoges, der einen Marathon in unter zwei Stunden läuft: Es ist eine eindrucksvolle Demonstration innerer menschlicher Stärke, aber es ist nicht die Zukunft des Verkehrswesens (beziehungsweise, in diesem Fall, der Finanzierung öffentlicher Güter). So, wie wir über leistungsfähigere Technologien verfügen, mit denen Menschen ohne außergewöhnliche innere Stärke und jahrelanges Training 42 Kilometer in weniger als einer Stunde zurücklegen können, **sollten wir uns auch auf die Entwicklung besserer Sozialtechnologien konzentrieren, um öffentliche Güter in den nötigen Größenordnungen zu finanzieren, aber als einen systemischen Teil unserer wirtschaftlichen Ökologie statt als einmaligen Akt philanthropischer Initiative.**

Kommen wir jetzt auf Kryptowährungen zurück. Eine große Stärke von Kryptowährungen (und anderen digitalen Assets wie Domain-Namen, virtuellen Grundstücken und NFTs) liegt darin, dass Communitys so große Summen an Kapital aufbringen können, ohne dass eine einzelne Person dieses Kapital persönlich spenden muss. Allerdings *wird dieses Kapital durch Konzeptionen der Legitimität eingeschränkt:* Man kann es nicht einfach einem zentralen Team zuteilen, ohne das, was seinen Wert aus-

Vlad "1 bitcoin = 1 million bits" Costea @TheVladCostea · Mar 1
This is the way. I'm always happy when devs get the rewards they deserve.
We all freeload on their work and learn from their expertise.

NAKED FACE bullbitcoin.com @francispouliot_ · Mar 1
Bull Bitcoin and Wasabi Wallet have teamed up to award a no-strings attached $40k Bitcoin development grant to Luke-Jr (@LukeDashjr).

Thank you Luke for your work maintaining Bitcoin Knots and your tireless dedication to the decentralization of Bitcoin!

medium.com/bull-bitcoin/b...
Show this thread

1 4 28

Collaborating for Philanthropy

This is why **zkSNACKs**, alongside **Francis Pouliot, CEO of Bull Bitcoin**, have come together to make a .86 bitcoin, or $40,000 contribution (split evenly between the two companies) in **support of the growth and development of Bitcoin Knots** - an open source enhanced bitcoin node/wallet software. More specifically, Bitcoin Knots is a Bitcoin full node and wallet software which can be used as an alternative to the more popular Bitcoin Core.

One of Bull Bitcoin's core values is "skin in the game".

> ***Cypherpunks write code, but cypherpunks don't always get paid.*** *We can't expect the world's most talented experts to contribute indefinitely without financial compensation. If the companies that profit from Bitcoin open-source development don't provide the necessary funding, who will? ~ Francis Pouliot*

macht, zu kompromittieren. Während sich Bitcoin und Ethereum bereits auf Konzeptionen der Legitimität stützen, um auf 51-Prozent-Angriffe zu reagieren, ist es viel schwieriger, diese für die Steuerung protokollinterner Finanzierung öffentlicher Güter zu nutzen. Auf der immer vielfältigeren Anwendungsschicht, auf der fortwährend neue Protokolle erschaffen werden, können wir aber die Verwendungszwecke dieser Finanzmittel deutlich flexibler bestimmen.

Legitimität bei BitShares

Eine der seit Langem vergessenen, aber meines Erachtens äußerst innovativen Ideen aus dem frühen Kryptowährungsraum war das soziale Konsensmodell von BitShares. Es beschrieb sich selbst als Community von Menschen (Besitzer:innen der Kryptowährungen PTS und AGS), die bereit waren, gemeinschaftlich ein Ökosystem neuer Projekte zu unterstützen, damit ein Projekt in das Ökosystem aufgenommen wurde, müsste es allerdings 10 Prozent seiner Token-Menge PTS- und AGS-Besitzer:innen zuteilen.

Nun kann natürlich jede:r ein Projekt ins Leben rufen, das PTS/AGS-Besitzer:innen keine Coins zuteilt, oder sogar ein Projekt forken, das eine Zuteilung vornahm, und diese Zuteilung neutralisieren. Wie Dan Larimer jedoch sagt:

> Man kann niemanden zu etwas zwingen, aber in diesem Markt basiert alles auf Netzwerkeffekten. Wenn jemand mit einer verlockenden Implementierung ankommt, dann kann man die gesamte PTS-Community dafür gewinnen, sich an den Kosten der Erzeugung eines neuen Genesis-Blocks zu beteiligen. Die Person, die beschließen würde, von vorn anzufangen, müsste eine völlig neue Community um ihr System herum aufbauen. In Anbetracht des Netzwerkeffekts vermute ich, dass der Coin, der ProtoShares ehrt, gewinnen wird.

Das ist auch eine Konzeption von Legitimität: Jedes Projekt, das die Zuteilung an PTS/AGS-Besitzer:innen vornimmt, erhält die Aufmerksamkeit und Unterstützung der Community (und es wird sich für jedes einzelne Mitglied der Community lohnen, sich für das Projekt zu interessieren, weil der Rest es ebenfalls tut), und jedes Projekt, das die Zuteilung nicht vornimmt, erhält sie nicht. **Das ist jetzt zweifellos kein Konzept von Legitimität, das wir wörtlich übernehmen wollen – in der Ethereum-Community hat man keine Lust, eine kleine Gruppe von Early Adopters zu bereichern –, aber das Kernkonzept kann so modifiziert werden, dass es einen viel größeren sozialen Nutzen bekommt.**

Die Erweiterung des Modells auf Ethereum

Blockchain-Ökosysteme, Ethereum eingeschlossen, legen großen Wert auf Freiheit und Dezentralisierung. Die Ökologie der öffentlichen Güter der meisten dieser Blockchains ist aber bedauerlicherweise noch immer recht autoritätsgetrieben und zentralisiert: Bei Ethereum, Zcash oder einer der anderen großen Blockchains gibt es in der Regel eine Institution (oder höchstens zwei bis drei), die bei Weitem mehr ausgeben als alle anderen, sodass unabhängigen Teams, die öffentliche Güter produzieren wollen, nur wenige Optionen bleiben. Ich nenne dieses Modell der Finanzierung öffentlicher Güter »Central Capital Coordinators for Public-goods« (CCCPs).

Dass das so ist, ist nicht der Fehler der Organisationen selbst, da sie in der Regel tapfer ihr Bestes geben, um das Ökosystem zu unterstützen. Vielmehr sind es die Regeln des Ökosystems, die *unfair für die Organisation* sind, weil sie unfair hohe Ansprüche an die Organisationen stellen. Jede einzelne zentralisierte Organisation hat unweigerlich blinde Flecken und zumindest ein paar Kategorien und Teams, deren Wert sie nicht versteht; das ist nicht darauf zurückzuführen, dass irgendein/e Beteiligte:r etwas falsch machen würde, sondern darauf, dass eine derartige Perfektion für kleine Gruppen von Menschen unerreichbar ist. Es ist also von großem Nutzen, eine diversifizierte und resilientere Finanzierungsstrategie für öffentliche Güter zu entwickeln, um den Druck von jeder einzelnen Organisation zu nehmen.

Glücklicherweise haben wir bereits den Keim einer solchen Alternative! Das Ethereum-Applikations-Ökosystem existiert, wird immer leistungsfähiger und zeigt bereits seinen Gemeinsinn. Unternehmen wie Gnosis haben einen Beitrag zur Entwicklung des Ethereum-Clients geleistet, und verschiedene Ethereum DeFi[51]-Projekte haben Hunderttausende Dollar an den Gitcoin Grants Matching Pool gespendet.

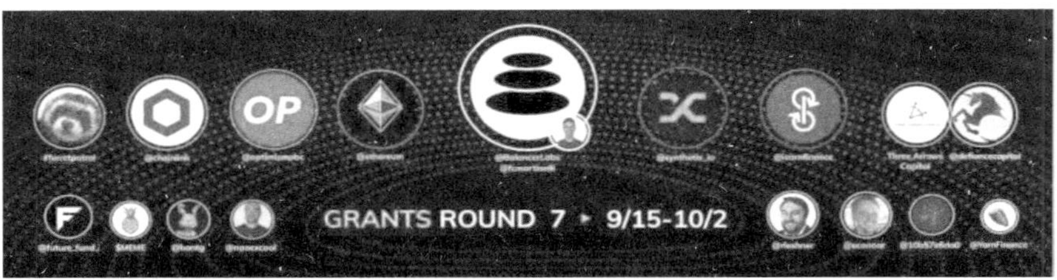

Gitcoin Grants haben bereits ein hohes Maß an Legitimität erreicht: ihr Mechanismus zur Finanzierung öffentlicher Güter, die so genannte quadratische Finanzierung, hat sich als glaubwürdig neutral erwiesen, spiegelt die Prioritäten und Werte der Community verlässlich wider und schließt die Lücken von bestehenden Finanzierungsmechanismen. Manchmal dienen die Top-Empfänger:innen »gematchter« (in gleicher oder mehrfacher Höhe von Dritten aufgestockter) Gitcoin Grants sogar als Inspiration für Zuschüsse anderer, zentralisierterer Förderinstitutionen. Die *Ethereum Foundation* selbst hat eine Schlüsselrolle bei der Unterstützung dieser Experimente und Diversität gespielt, denn sie hat Anschubfinanzierungen für Projekte wie Gitcoin Grants sowie MolochDAO und andere bereitgestellt, die anschließend breitere Unterstützung von der Community erhielten.

Wir können dieses im Entstehen begriffene Ökosystem der Finanzierung öffentlicher Güter sogar noch stärken, indem wir das BitShares-Modell ein wenig modifizieren: Anstatt den Projekten die stärkste Unterstützung durch die Community zukommen zu lassen, die einer kleinen Oligarchie, die schon im Jahr 2013 PTS oder AGS kauften, Token zuweisen, **unterstützen wir Projekte, die einen kleinen Teil ihrer Vermögenswerte zu den öffentlichen Gütern beisteuern, die sie und das Ökosystem, auf das sie angewiesen sind, möglich machen.** Vor allem aber können wir diese

Unterstützung Projekten vorenthalten, die ein bestehendes Projekt forken und dem größeren Ökosystem keinen Wert zurückgeben.

Öffentliche Güter lassen sich auf vielfältige Weise unterstützen: Man kann sich langfristig dazu verpflichten, den Matching Pool von Gitcoin Grants oder die Entwicklung des Ethereum Clients zu unterstützen (auch eine hinlänglich glaubwürdig-neutrale Aufgabe, weil es eine klare Definition für einen Ethereum-Client gibt), oder man kann sein eigenes Förderprogramm auflegen, dessen Reichweite über dieses spezifische, applikationsbezogene Projekt hinausgeht. Der leichteste Weg, sich darauf zu verständigen, was als ausreichende Unterstützung gilt, besteht darin, sich über das Wieviel zu einigen – zum Beispiel, dass 5 Prozent der Ausgaben für ein Projekt in die Unterstützung des größeren Ökosystems fließen sollen und 1 Prozent in öffentliche Güter jenseits der Blockchain-Sphäre – um dann in gutem Glauben auszuwählen, wohin diese Mittel fließen sollen.

Hat die Community tatsächlich so viel Einfluss?

Selbstverständlich ist der Nutzen dieser Art von Community-Unterstützung begrenzt. Wenn ein konkurrierendes Projekt (oder auch ein Fork eines bestehenden Projekts) seinen Usern ein viel besseres Angebot macht, dann werden sie in Scharen dahin abwandern, unabhängig davon, wie viele Menschen sie zur Nutzung einer Alternative auffordern, die ihres Erachtens prosozialer sei. Diese Grenzen sind aber in verschiedenen Kontexten jeweils unterschiedlich: Manchmal ist der Einfluss der Community schwach, während er zu anderen Zeiten recht stark ist. In dieser Hinsicht aufschlussreich ist ein Vergleich von Tether mit DAI. Tether hat viele Skandale erlebt, trotzdem nutzen Trader sie nach wie vor, um Dollar zu halten und zu übertragen. Die dezentralisiertere und transparentere Kryptowährung DAI kann trotz ihrer Vorteile nicht viel von Tethers Marktanteil wegnehmen – zumindest nicht bei den Tradern. DAIs Stärke sind aber die Applikationen: Augur nutzt DAI, xDAI nutzt DAI, PoolTogether nutzt DAI, zk.money plant die Nutzung von DAI, und die Liste geht weiter. Welche DApps nutzen USDT? Weitaus weniger.

Obwohl die Macht Community-getriebener Legitimitätseffekte nicht unbegrenzt ist, gibt es dennoch erhebliche Einflussmöglichkeiten – genügend jedenfalls, um Projekte dazu zu ermuntern, wenigstens einen kleinen Prozentsatz ihrer Budgets in das größere Ökosystem zu investieren. Es gibt sogar einen egoistischen Grund, an diesem Gleichgewicht mitzuwirken: Wenn Sie der/die Entwickler:in eines Ethereum-Wallets oder der/die Autor:in eines Podcasts oder eines Newsletters wären und Sie zwei konkurrierende Projekte sehen würden, von denen eines einen erheblichen Beitrag zu öffentlichen Gütern des Ökosystems leistet, während das andere dies nicht tut, stellt sich die Frage, welchem sie nach Kräften zu einem größeren Marktanteil verhelfen wollen würden.

NFTs: Unterstützung öffentlicher Güter jenseits von Ethereum

Die Idee, öffentliche Güter zu fördern durch Wert, der »out of the ether« durch öffentlich unterstützte Konzeptionen von Legitimität erzeugt wird, lässt sich weit über die Grenzen des Ethereum-Ökosystems nutzbringend anwenden. Eine bedeutende und aktuelle Herausforderung und Gelegenheit sind NFTs. NFTs dürften vielen öffentlichen Gütern – insbesondere kreative – in erheblichem Ausmaß dabei helfen, ihre chronischen und systemischen Finanzierungsdefizite zumindest teilweise zu beheben.

Jack Dorsey's first tweet may fetch $2.5 million, and he'll donate the NFTy proceeds to charity

The auction ends on March 21st

By Jay Peters | @jaypeters | Mar 9, 2021, 12:06pm EST

SHARE

Tatsächlich ein sehr bewundernswerter erster Schritt.

Aber es könnte auch eine verpasste Gelegenheit geben: Elon Musk beim Verkauf seines Tweets zu helfen, mit dem er noch eine Million Dollar verdient, wenn, soweit wir das sagen können, das Geld nur ihm selbst zugutekommt (man muss es ihm allerdings anrechnen, dass er sich zu guter Letzt gegen einen Verkauf entschied), ist auf sozialer Ebene nicht sonderlich wertvoll. Wenn NFTs einfach zu einem Spielcasino werden, von dem hauptsächlich sowieso schon reiche Prominente profitieren, wäre dies ein weitaus weniger interessantes Ergebnis.

Glücklicherweise können wir das Ergebnis beeinflussen. Welche NFTs Menschen kaufenswert finden und welche nicht, ist eine Frage der Legitimität: Wenn alle sich einig sind, dass ein NFT interessant ist und ein anderer nicht, dann werden Menschen eindeutig den Kauf von Ersterem präferieren, weil sich damit besser herumprahlen lässt und weil mehr persönlicher Stolz mit seinem Besitz einhergeht, aber auch weil er für mehr Geld weiterverkauft werden könnte, weil alle anderen nun mal genauso denken. Wenn die Konzeption von Legitimität für NFTs in eine gute Richtung gebracht werden kann, besteht die Chance, eine solide Finanzierungsquelle für Künstler:innen, Wohltätigkeitsorganisationen und andere zu etablieren.

Hier sind zwei potenzielle Ideen:

1. Einige Institutionen (oder auch DAO) könnten NFTs im Gegenzug für eine Garantie, dass ein Teil der Einnahmen für einen wohltätigen Zweck gespendet wird, »absegnen« und so sicherstellen, dass zahlreiche Gruppen gleichzeitig profitieren. Diese Absegnung könnte sogar mit einer offiziellen Kategorisierung einhergehen: Ist der NFT der globalen Armutsbekämpfung, wissenschaftlicher Forschung, den Künsten, lokalem Journalismus, quelloffener Software-Entwicklung, der Stärkung der Rechte randständiger Communitys oder einer anderen Sache gewidmet?
2. Wir können mit Social-Media-Plattformen zusammenarbeiten, um NFTs auf den Profilen von Usern sichtbarer zu machen. So erhalten Käufer eine Möglichkeit, zu zeigen, dass sie sich nicht nur mit Worten, sondern auch mit ihrem hart verdienten Geld zu bestimmten Werten bekennen. Dies könnte damit verbunden werden, User in Richtung

von NFTs »zu stupsen«, die einen Beitrag zu gesellschaftlich wertvollen Anliegen leisten.

Es gibt definitiv weitere Ideen, aber dies ist ein Gebiet, das zweifellos eine aktivere Koordination und Reflexion verdient.

Zusammenfassung

- **Legitimität (Akzeptanz höherer Ordnung) ist ein mächtiges Tool.** Legitimität tritt in jedem Kontext in Erscheinung, in dem es um Koordination geht, und dieses ist insbesondere im Internet überall gefragt.
- **Legitimität kann auf unterschiedliche Weisen entstehen: rohe Gewalt, Kontinuität, Fairness, Prozess, Leistung und Mitwirkung** sind dabei die wichtigsten.
- Kryptowährungen sind mächtige Tools, weil sie uns durch eine gemeinschaftliche ökonomische Willensanstrengung große Kapital-Pools aufbringen lassen und sie am Anfang nicht von einer bestimmten Person kontrolliert werden. Vielmehr werden diese **Kapital-Pools** *direkt von Legitimitätskonzepten kontrolliert.*
- Es ist zu riskant, mit der Finanzierung öffentlicher Güter zu beginnen, indem man Token im Basis-Layer produziert. Glücklicherweise hat Ethereum jedoch ein reiches **Ökosystem im Anwendungs-Layer,** wo die Flexibilität weitaus größer ist. Dies hängt zum Teil damit zusammen, dass es die Chance bietet, nicht nur vorhandene Projekte zu beeinflussen, sondern in der Zukunft auch neue mitzugestalten.
- **Projekte im Anwendungs-Layer, die öffentliche Güter in der Community unterstützen, sollten die Unterstützung der Community erhalten** – und das ist eine große Sache. Das Beispiel DAI[52] zeigt, dass diese Unterstützung wirklich wichtig ist!
- Das Ethereum-Ökosystem legt großen Wert auf Mechanismusdesign und Innovation auf sozialer Ebene. Die eigenen Herausforderungen des Ethereum-Ökosystems bezüglich der Finanzierung öffentlicher Güter sind hierbei ein großartiger Ausgangspunkt!

- Aber dies geht weit über Ethereum selbst hinaus. NFTs sind ein Beispiel für einen großen Kapital-Pool, der sich auf Konzepte der Legitimität stützt. **Die NFT-Branche könnte ein echter Segen** für Künstler:innen, Wohltätigkeitsorganisationen und andere Anbieter:innen öffentlicher Güter weit über unsere eigene virtuelle Ecke der Welt hinaus sein, aber **der Ausgang ist nicht vorgezeichnet: Es hängt von aktiver Koordination und Unterstützung ab.**

Ein besonderer Dank an Karl Floersch, Aya Miyaguchi und Mr. Silly für Ideen, Anregungen und Kommentare.

GEGEN DEN ÜBERMÄSSIGEN GEBRAUCH DES GINI-KOEFFIZIENTEN

vitalik.ca, 29. Juli 2021

Der »Gini-Koeffizient« (auch Gini-Index genannt) ist das mit Abstand populärste und bekannteste Maß der Ungleichheit, mit dem in der Regel die Einkommens- oder Vermögensungleichheit in einem Land, einem Gebiet oder auch einer Community gemessen wird. Er ist beliebt, weil er so leicht verständlich ist, mit einer mathematischen Definition, die sich auch leicht in einem Diagramm veranschaulichen lässt.

Wie man jedoch von jeder Methode, die Ungleichheit auf eine einzige Zahl zurückführt, erwarten würde, hat der Gini-Koeffizient auch seine Grenzen. Dies gilt bereits in seinem ursprünglichen Kontext, wo die Einkommens- und Vermögensungleichheit in Ländern gemessen werden sollen, aber umso mehr gilt es, wenn der Gini-Koeffizient auf andere Kontexte (insbesondere Kryptowährungen) übertragen wird. In diesem Beitrag möchte ich auf einige der Grenzen des Gini-Koeffizienten eingehen und Alternativen vorschlagen.

Was ist der Gini-Koeffizient?

Der Gini-Koeffizient ist ein Ungleichheitsmaß, das im Jahr 1912 von Corrado Gini eingeführt wurde. Mit ihm wird typischerweise die Einkommens- und Vermögensungleichheit in Ländern gemessen, er wird aber immer häufiger auch in anderen Kontexten verwendet.

Es gibt zwei äquivalente Definitionen des Gini-Koeffizienten:

- **Fläche-unter-der-Kurve-Definition:** Zeichnen Sie den Graphen einer Funktion, wo *f(p)* gleich dem Anteil des Gesamteinkommens ist, das auf den Teil der Bevölkerung entfällt, der am wenigsten verdient (z. B. $f(0{,}1)$ ist der Anteil am Gesamteinkommen, der auf die am wenigsten verdienenden 10 Prozent entfällt). Der Gini-Koeffizient ist die Fläche zwischen dieser Kurve und der Linie aus $y = x$, als Teil des gesamten Dreiecks:

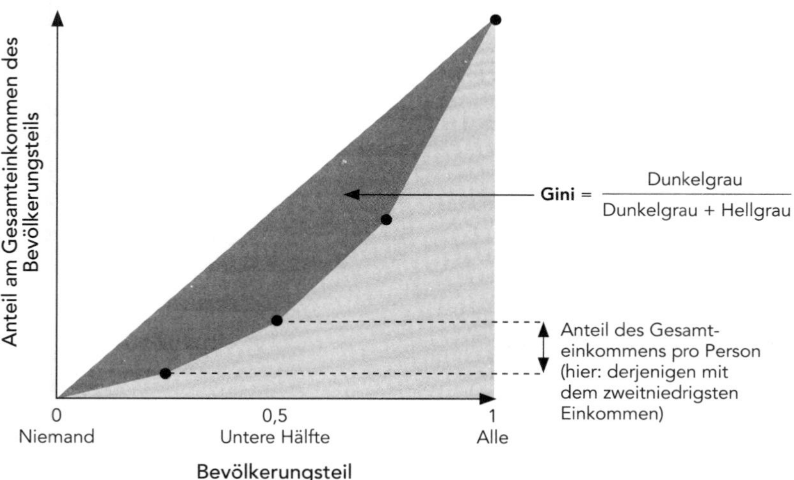

- **Definition auf der Basis der durchschnittlichen Differenz:** Der Gini-Koeffizient ist gleich der Hälfte der durchschnittlichen Differenz der Einkommen zwischen allen möglichen Paaren von Individuen, dividiert durch das mittlere Einkommen.

In dem obigen Beispieldiagramm sind die vier Einkommen [1, 2, 4, 8], entsprechend lauten die 16 möglichen Differenzen [0, 1, 3, 7, 1, 0, 2, 6, 3, 2, 0, 4, 7, 6, 4, 0]. Folglich beträgt die durchschnittliche Differenz 2,875 und das mittlere Einkommen 3,75, sodass der Gini-Koeffizient sich wie folgt errechnet:

$$\frac{2{,}879}{2 \times 3{,}75} \approx 0{,}3833$$

Es zeigt sich, dass die beiden mathematisch äquivalent sind (dies zu beweisen ist eine Übung, die wir den Leser:innen überlassen)!

Was ist falsch am Gini-Koeffizienten?

Der Gini-Koeffizient ist deshalb attraktiv, weil er auf recht einfachen und leicht verständlichen statistischen Grundlagen beruht. Er sieht vielleicht nicht einfach aus, aber glauben Sie mir, dass so gut wie alles in der Statistik, das sich auf Populationen beliebiger Größe bezieht, genauso übel bzw. oft noch viel schlimmer ist. Betrachten Sie nur einmal die folgende Formel von etwas so Elementarem wie der Standardabweichung:

$$\sigma = \frac{\sum_{i=1}^{n} x_i^2}{n} - (\frac{\sum_{i=1}^{n} x_i}{n})^2$$

Und hier nun der Gini-Koeffizient:

$$G = \frac{2 \times \sum_{i=1}^{n} i \times x_i}{n \times \sum_{i=1}^{n} x_i} - \frac{n+1}{n}$$

Tatsächlich ist er recht harmlos, versprochen!

Was also ist irreführend an ihm? Nun, es lässt sich viel an ihm aussetzen und Menschen haben dementsprechend viele Artikel über verschiedene Probleme mit dem Gini-Koeffizienten geschrieben. In diesem Artikel werde ich mich jedoch auf ein ganz spezifisches Problem konzentrieren, das meines Erachtens im Zusammenhang mit dem Gini-Koeffizienten zu wenig diskutiert wird, das jedoch von besonderer Relevanz für die Analyse der Ungleichheit in Internet-Communitys ist. **Der Gini-Koeffizient verknüpft in einem einzelnen Ungleichheitsindex zwei Probleme, die tatsächlich sehr unterschiedlich sind: Leiden aufgrund mangelnder Ressourcen und Machtkonzentration.**

Um den Unterschied zwischen den beiden Problemen besser zu verstehen, wollen wir zwei Dystopien betrachten:

- Dystopie A: Die eine Hälfte der Bevölkerung teilt gleichmäßig sämtliche Ressourcen unter sich auf, die andere bekommt nichts.
- Dystopie B: Eine Person besitzt die Hälfte aller Ressourcen, während alle anderen gleichmäßig die verbleibende Hälfte unter sich aufteilen.

Nachfolgend die Lorenz-Kurven (schicke Diagramme wie oben schon) für beide Dystopien:

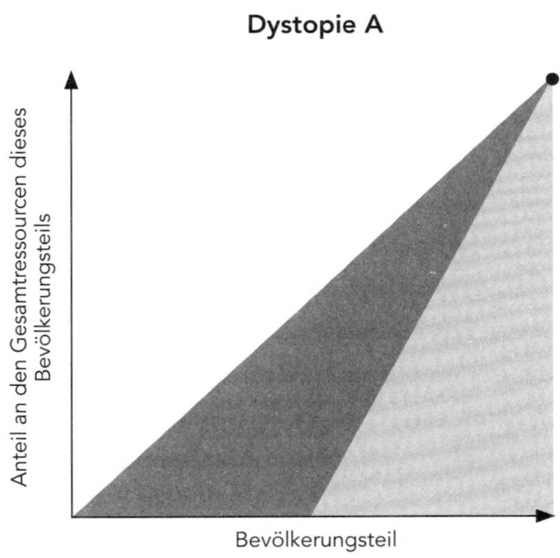

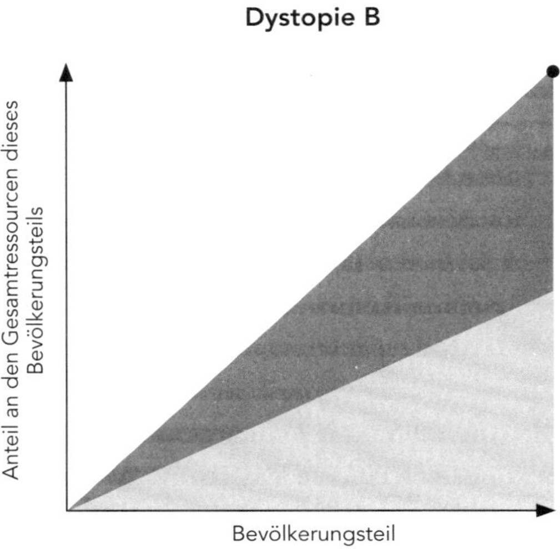

Eines ist klar: Keine dieser beiden Dystopien ist ein lebenswerter Ort, aber sie sind auf verschiedene Weisen nicht sehr angenehme Orte zum Leben. Dystopie A teilt allen Bewohner:innen nach Art eines Münzwurfs eines von zwei »Schicksalen« zu: Entweder eine unvorstellbar schreckliche Hungersnot, wenn sie in der linken Hälfte der Verteilung landen, oder egalitäre Harmonie, wenn sie in der rechten Hälfte landen. Sollten Sie Thanos[53] sein, gefällt es Ihnen vielleicht! Sind Sie das nicht, sollten Sie diese Dystopie unter Aufbietung aller Kräfte verhindern. Dystopie B andererseits hat eine gewisse Ähnlichkeit mit *Schöne Neue Welt*: Alle haben ein auskömmliches Leben (zumindest zu dem Zeitpunkt, zu dem dieser Schnappschuss der Ressourcen aller Menschen aufgenommen worden ist), aber zu den hohen Kosten einer extrem undemokratischen Machtstruktur, wo man für eine:n gute:n Herrscher:in beten sollte. Sollten Sie Curtis Yarvin[54] sein, wird Ihnen das vielleicht gefallen! Wenn nicht, lohnt sich auch hier die Vermeidung der Dystopie.

Diese beiden Probleme sind so verschieden, dass sich eine getrennte Analyse und Messung lohnt. Der Unterschied ist jedoch nicht bloß theoretischer Natur. Das nachstehende Schaubild zeigt den Anteil am Gesamteinkommen der unteren 20 Prozent (ein geeigneter Indikator für die

Vermeidung von Dystopie A) gegenüber dem Antl am Gesamteinkommen des oberen 1 Prozent (ein geeigneter Indikator für Nähe zu Dystopie B).

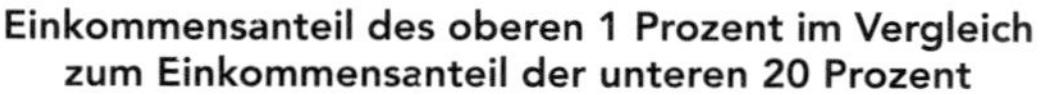

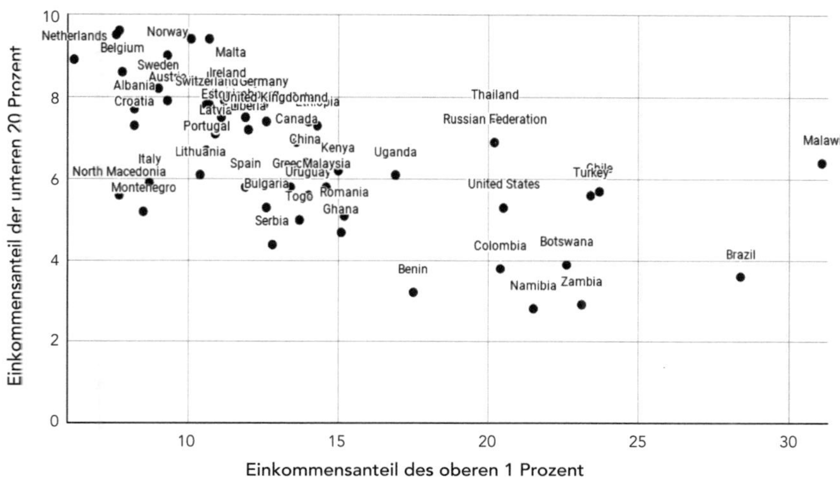

Quellen: https://data.worldbank.org/indicator/SI.DST.FRST.20 (die Daten für 2015 und 2016 wurden zusammengeführt) und http://hdr.undp.org/en/indicators/186106.

Die beiden korrelieren eindeutig miteinander (Koeffizient –0,62), aber keineswegs perfekt (die Hohepriester:innen der Statistik halten 0,7 anscheinend für die untere Schwelle einer »hohen Korrelation«, wir liegen sogar noch darunter). Das Diagramm hat eine interessante zweite Dimension, die analysiert werden kann – was ist der Unterschied zwischen einem Land, in dem das obere 1 Prozent 20 Prozent des Gesamteinkommens erhält und die unteren 20 Prozent 3 Prozent, und einem Land, in dem das obere 1 Prozent 20 Prozent erhält und die unteren 20 Prozent 7 Prozent? Dies zu erkunden sollte anderen, unternehmungslustigen Daten- und Kulturanalytiker:innen mit mehr Erfahrung als ich überlassen bleiben.

Warum der Gini-Koeffizient in nicht-geografischen Communitys (z. B. Internet-/Krypto-Communitys) äußerst problematisch ist

Insbesondere die Vermögenskonzentration innerhalb der Blockchain-Welt ist ein großes Problem; sie sollte gemessen und verstanden werden. Es ist wichtig für die Blockchain-Welt insgesamt, da viele Menschen (und US-Senatsanhörungen) versuchen, herauszufinden, inwieweit Krypto wirklich anti-elitär ist und inwieweit es lediglich alte Eliten durch neue ersetzt. Es ist auch wichtig, wenn man verschiedene Kryptowährungen miteinander vergleicht.

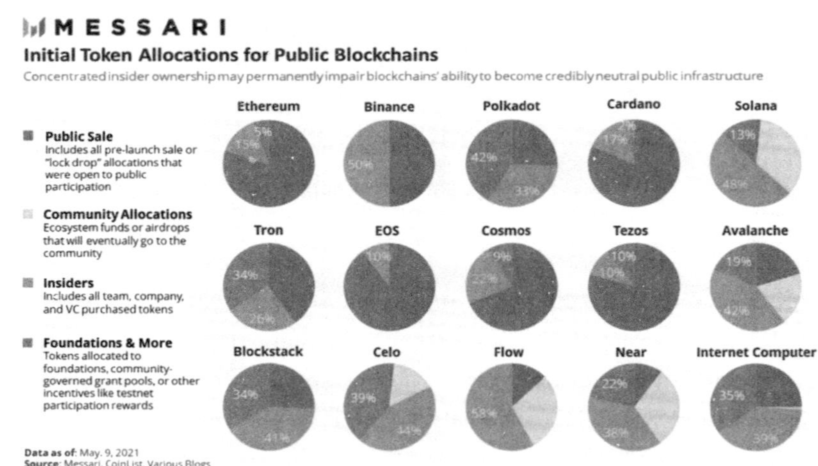

Der Anteil von Coins, der bei der Erstausgabe einer Kryptowährung ausdrücklich spezifischen Insider:innen zugewiesen wird, ist eine Art von Ungleichheit. Man beachte, dass die Ethereum-Daten ungenau sind: die Insider:innen- und Foundation-Anteile sollten 12,3 % und 4,2 % statt 15 % und 5 % lauten.

In Anbetracht der Befürchtungen, die mit diesen Problemen verbunden sind, sollte es niemanden überraschen, dass viele versucht haben, Gini-Indizes für Kryptowährungen zu berechnen. Sie sind nicht alle so schlecht wie dieser sensationslüsterne Artikel, mit dem wir uns 2014 auseinandersetzen mussten:

How Bitcoin Is Like North Korea

Joe Weisenthal Jan 13, 2014, 12:04 AM

Citigroup currency analyst Steven Englander is out with a long Sunday note talking about everyone's favorite topic: digital currency.

In it, he makes an important observation about the extreme inequality in the Bitcoin world:

North Korea's Korean Central News Agency/AP

Neben einfachen methodischen Fehlern (die Verwechslung von Einkommens- und Vermögensungleichheit, die Verwechslung von Usern und Konten oder beides), die bei solchen Analysen recht häufig vorkommen, ist es mit tiefgreifenden, komplexen Problemen verbunden, für solche Vergleiche Gini-Koeffizienten heranzuziehen. Das Problem liegt darin, dass zwischen typischen geografischen Communitys (z.B. Städten, Ländern) und typischen Internet-Communitys ein grundlegender Unterschied besteht:

Ein typischer Bewohner einer geografischen Community verbringt die meiste Zeit dort, wo er auch die meisten seiner Ressourcen ausgibt, und daher spiegelt die in einer geografischen Community gemessene Ungleichheit jene in der Gesamtheit der zur Verfügung stehenden Ressourcen wider. **In einer Internet-Community dagegen kann die gemessene Ungleichheit aus zwei Quellen kommen: erstens, Ungleichheit in der Gesamtheit der Ressourcen, die verschiedenen Teilnehmenden zur Verfügung stehen, und, zweitens, Ungleichheit des Interesses, an der Community mitzuwirken.**

Die durchschnittliche Person mit 15 Dollar Fiatgeld ist arm und sie ist außerstande, ein gutes Leben zu führen. Die durchschnittliche Person mit 15 Dollar in einer Kryptowährung ist ein:e Amateur:in und hat einmal aus Spaß ein Wallet eröffnet. Die Ungleichheit des Interesses ist eine gesunde Sache; jede Gemeinschaft hat ihre Amateur:innen und ihre Vollzeit-Hardcore-Fans ohne (analoges) Leben. Wenn daher eine Kryptowährung einen hohen Gini-Koeffizienten hat, sich jedoch zeigt, dass ein Großteil dieser Ungleichheit aus der Ungleichheit des Interesses resultiert, dann spiegelt die Zahl eine viel weniger erschreckende Realität wider, als die Schlagzeilen implizieren.

Kryptowährungen – und zwar selbst jene, die sich als in höchstem Maße plutokratisch erweisen – werden keinen noch so kleinen Teil der Welt in etwas verwandeln, was auch nur annähernd Dystopie A gleichkommt. Schlecht verteilte Kryptowährungen mögen aber durchaus Dystopie B gleichen, ein Problem, das noch verschlimmert wird, wenn Governance-Systeme auf der Basis von Coin-Abstimmungen für Protokollentscheidungen genutzt werden. Damit wir die Probleme erkennen können, die Kryptowährungs-Communitys am meisten Kopfzerbrechen bereiten, wünschen wir uns eine näher an Dystopie B befindliche Metrik.

Eine Alternative: Probleme beider Dystopien getrennt messen

Eine alternative Methode zur Messung von Ungleichheit besteht darin, direkt aus der ungleichmäßigen Ressourcenverteilung das Ausmaß der Entbehrung abzuschätzen (das heißt die »Dystopie A«-Probleme). Man beginnt mit einer Nutzenfunktion, die den Wert des Besitzes einer gewissen Menge Geld repräsentiert; log(x) ist dabei beliebt, weil es die intuitiv ansprechende Näherung abbildet, dass die Verdopplung des Einkommens bei jedem Einkommensniveau ungefähr den gleichen Nutzen hat: die Erhöhung von 10 000 Dollar auf 20 000 Dollar ist mit dem gleichen Nutzenzuwachs verbunden wie eine Erhöhung von 5 000 Dollar auf 10 000 Dollar oder von 40 000 Dollar auf 80 000 Dollar. Der Score ergibt sich dann aus der Messung des eingebüßten Nutzens im Vergleich zu dem Fall, dass alle nur das Durchschnittseinkommen erhielten:

$$\log\left(\frac{\sum_{i=1}^{n} x_i}{n}\right) - \frac{\sum_{i=1}^{n} \log(x_i)}{n}$$

Der erste Term (Logarithmus des Mittelwerts) ist der Nutzen, den alle hätten, wenn Geld in perfekter Weise umverteilt werden würde, sodass alle lediglich das Durchschnitteinkommen erhielten. Der zweite Term (Mittelwert des Logarithmus) ist der durchschnittliche Nutzen in der Ökonomie heute. Die Differenz steht für den ungleichheitsbedingten Nutzenverlust, wenn man Ressourcen in einem engeren Sinne als etwas ansieht, das für den persönlichen Konsum verwendet wird. Man kann die Formel auch noch auf andere Weise definieren, aber die Varianten sind so gut wie äquivalent (z. B. schlug Anthony Atkinson 1969 in einem Aufsatz die »gleichverteilte äquivalente Einkommenshöhe« als Maß vor, die, bei $U(x) = \log(x)$, lediglich eine monotone Funktion der obigen Formel ist und bei der der Theil-L-Index mathematisch äquivalent zu obiger Formel ist).

Zur Messung der Konzentration (der »Dystopie B«-Probleme) ist der Herfindahl-Hirschman-Index ein hervorragender Ausgangspunkt und wird bereits zur Messung der wirtschaftlichen Konzentration in Branchen genutzt:

$$\log(\frac{\sum_{i=1}^{n} x_i}{n}) - \frac{\sum_{i=1}^{n} \log(x_i)}{n}$$

Oder für all jene, für die visuelle Darstellungen verständlicher sind:

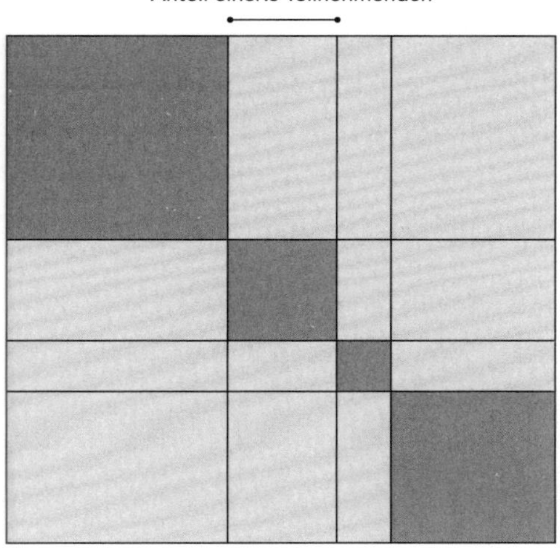

Herfindahl-Hirschman-Index: dunkelgraue Fläche, geteilt durch Gesamtfläche

Es gibt noch weitere Alternativen, so weist der Theil-T-Index einige ähnliche Eigenschaften, aber auch einige Unterschiede auf. Eine einfachere und weniger ausgeklügelte Alternative ist der Nakamoto-Koeffizient: Die Mindestzahl von Teilnehmenden, die notwendig ist, um sich auf mehr als 50 Prozent der Gesamtsumme zu addieren. Man beachte, dass alle drei dieser Konzentrationsindizes sich (und zwar absichtlich) in hohem Maße auf das fokussieren, was nahe der Spitze geschieht: eine große Zahl von Amateur:innen mit einer geringen Menge Ressourcen tragen nur wenig oder gar nichts zum Index bei, während die Fusionierung von zwei Topteilnehmenden den Index stark verändern kann.

Für Kryptowährungs-Communitys – bei denen die Konzentration der Ressourcen eines der größten Systemrisiken ist, bei denen aber jemand, der lediglich 0,00013 Coins besitzt, keinerlei Beleg dafür ist, dass er oder sie tatsächlich darbt – liegt die Einführung solcher Indizes nahe. Aber auch für Länder lohnt es sich wahrscheinlich, Konzentration von Macht und menschliches Leid aufgrund von Ressourcenmangel stärker getrennt voneinander zu erörtern und zu messen.

Allerdings **müssen wir an einem gewissen Punkt über diese Indizes hinausgehen.** Der Schaden, der aus der Konzentration erwächst, ist nicht bloß eine Funktion der Anzahl der Akteur:innen, sondern auch in hohem Maße abhängig von den Beziehungen zwischen ihnen und ihrer Fähigkeit, sich heimlich miteinander abzustimmen. In ähnlicher Weise ist auch die Ressourcenallokation netzwerkabhängig: Der Mangel an formellen Ressourcen mag nicht so schädlich sein, wenn die ressourcenarme Person ein informelles Netzwerk hat, auf das sie zurückgreifen kann. Es ist aber viel schwieriger, Lösungen für diese Probleme zu finden, weshalb wir auch die einfacheren Tools brauchen, während wir noch immer zu wenige verarbeitbare Daten haben.

Ein besonderer Dank an Barnabé Monnot und Tina Zhen für Kommentare und Anregungen.

JENSEITS EINES GOVERNANCE-SYSTEMS AUF BASIS VON COIN-ABSTIMMUNGEN

vitalik.ca, 16. August 2021

Einer der wichtigsten Trends in der Blockchain-Welt im letzten Jahr ist der Wechsel des Fokus von **dezentralen Finanzanwendungen** (**DeFi**) auf – unter anderen – **dezentrale Governance (DeGov).** Während das Jahr 2020 weithin und vollkommen zu Recht als ein Jahr der DeFi bejubelt wurde, hat die im Lauf der Jahre zunehmende Komplexität und Kapazität von DeFi-Projekten, die diesen Trend befeuern, zu einem wachsenden Interesse an dezentralen Governance-Lösungen zur Bewältigung dieser Komplexität geführt. Es gibt Beispiele innerhalb des Ethereum-Ökosystems: YFI, Compound, Synthetix, UNI, Gitcoin und andere haben alle bereits eine Art DAO eingeführt oder damit begonnen. Selbiges gilt aber auch außerhalb des Ethereum-Ökosystems, wie bei den Kontroversen über Vorschläge, Infrastrukturprojekte mit Bitcoin Cash zu finanzieren, Abstimmungen über Infrastrukturfinanzierung in Zcash und vieles mehr.

Die zunehmende Popularität formalisierter dezentraler Governance ist unbestreitbar, und es gibt gewichtige Gründe, warum sich Menschen dafür interessieren. Es ist aber auch wichtig, sich die Risiken solcher Modelle vor Augen zu halten, wie die jüngste feindliche Übernahme von Steem und die anschließende Massenabwanderung zu Hive verdeutlichen. Außerdem würde ich behaupten, dass diese Trends unvermeidlich sind. **Dezentrale Governance ist in manchen Kontexten sowohl notwendig als auch gefährlich** – aus Gründen, auf die ich in diesem Beitrag eingehen werde. Wie können wir uns einerseits die Vorteile von DeGov sichern, aber andererseits auch die Risiken minimieren? Ich werde auf einen zentralen Teil der Antwort eingehen: **Wir müssen die Coin-Abstimmung in ihrer gegenwärtigen Form hinter uns lassen.**

DeGov ist notwendig

Seit der Unabhängigkeitserklärung des Cyberspace 1996[55] gibt es einen zentralen, ungelösten Widerspruch in dem, was man Cypherpunk-Ideologie nennen könnte. Einerseits beziehen sich Cypherpunk-Werte auf die Nutzung kryptografischer Methoden, um so den Einsatz von Zwangsmechanismen zu minimieren sowie die Effizienz und Reichweite des wichtigsten nicht auf Zwang basierenden Koordinationsmechanismus, der damals zur Verfügung stand, zu maximieren: Privateigentum und Märkte. Andererseits ist die ökonomische Logik von Privateigentum und Märkten für Aktivitäten optimiert, die sich in wiederholbare Eins-zu-eins-Interaktionen »zerlegen« lassen, während die Infosphäre, in der Kunst, Dokumentation, Wissenschaft und Code in unabänderlichen Eins-zu-N-Interaktionen produziert und konsumiert werden, das genaue Gegenteil davon ist.

Eine solche Umgebung hat zwei Schlüsselprobleme, die gelöst werden müssen:

- **Finanzierung öffentlicher Güter:** Wie werden Projekte, die für eine große und nichtselektive Gruppe Menschen in der Gemeinschaft von Nutzen sind, die aber kein Geschäftsmodell haben (Layer-1- und Layer-2-Protokoll-Forschung, Client-Entwicklung, Dokumentation ...) finanziert?
- **Protokoll-Wartung und -Upgrades:** Wie einigt man sich auf Protokoll-Upgrades, regelmäßige Wartungsarbeiten und Korrekturen an jenen Protokollteilen, die langfristig instabil sind (z. B. Listen sicherer Vermögenswerte, Preis-Oracle-Quellen, Schlüsselinhaber:innen bei Multi-Party-Computation)?

Frühe Blockchain-Projekte haben diese beiden Probleme weitgehend ignoriert, indem sie annahmen, dass das einzige öffentliche Gut, das zähle, die Netzwerksicherheit sei, die mit einem einzelnen, »in Stein gemeißelten« Algorithmus für alle Zeit gewährleistet sei und mit festen Proof-of-Work-Belohnungen bezahlt werde. Ermöglicht wurde diese Art der Finanzierung zunächst durch den extremen Anstieg des Bitcoin-Kurses von 2010 bis 2013, dann vom einmaligen Boom des »Initial Coin Offering« (Erstemission einer Kryptowährung) von 2014 bis 2017 und die gleichzeitige zweite Krypto-Blase von 2014 bis 2017, die zusammen so viel Geld in das Ökosystem pumpten, dass vorübergehend die großen Marktineffizienzen übertüncht wurden. In gleicher Weise wurde auch die effiziente langfristige Verwaltung öffentlicher Ressourcen ignoriert: Bitcoin schlug den Weg extremer Minimierung ein, indem man sich auf die Bereitstellung einer Währung mit fester Geldmenge konzentrierte und Unterstützung für Layer-2-Zahlungssysteme wie Lightning gewährleistete – aber sonst nichts. Ethereum entwickelte sich aufgrund der starken Legitimität des fertig ausgearbeiteten Grundkonzepts (im Wesentlichen: »Proof of Stake und Sharding«) weiterhin überwiegend harmonisch (mit einer wesentlichen Ausnahme[56]), aber anspruchsvolle Projekte für die Anwendungsschicht, die mehr erfordert hätten, existierten noch nicht.

Dieses Glück geht jetzt jedoch allmählich zur Neige und die Probleme mit der Koordination der Protokollwartung und der Protokoll-Upgrades, in Bezug auf die Finanzierungsdokumentation und Forschung und Entwicklung – bei gleichzeitiger Vermeidung der Risiken einer Zentralisierung –, rücken in den Vordergrund.

DeGov für die Finanzierung öffentlicher Güter

Es lohnt sich, einen Schritt zurückzutreten und sich die Absurdität der gegenwärtigen Situation vor Augen zu führen. Die täglichen Belohnungen für das Coin-Mining belaufen sich bei Ethereum auf etwa 13 500 ETH oder 40 Millionen Dollar. Die Transaktionsgebühren sind ähnlich hoch; der »non-EIP-1559-burned«-Anteil[57] beträgt weiterhin um die 1 500 ETH (rund

4,5 Millionen Dollar) pro Tag. Mithin werden jedes Jahr viele Milliarden Dollar in die Finanzierung der Netzwerksicherheit gesteckt. Und wie hoch ist das Budget der Ethereum Foundation? Rund 30 bis 60 Millionen Dollar pro Jahr. Es gibt Akteur:innen außerhalb der Ethereum Foundation (z. B. ConsenSys), die zu der Entwicklung beitragen, aber sie sind nicht wesentlich größer. Die Bitcoin-Situation ist ähnlich – hier fließt vielleicht noch weniger Geld in nicht-sicherheitsbezogene öffentliche Güter.

Im Folgenden eine Darstellung der Situation in einem inzwischen vertrauten Schaubild:

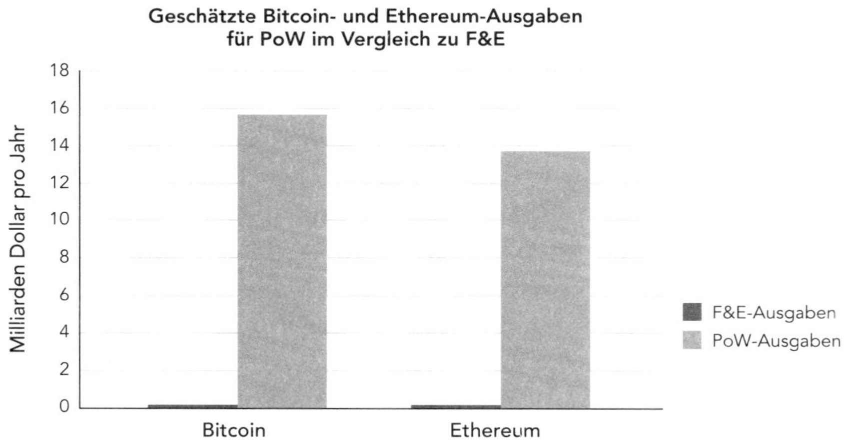

Im Ethereum-Ökosystem kann man argumentieren, dass dieses Missverhältnis keine allzu große Rolle spielt, denn mehrere zehn Millionen Dollar pro Jahr sind »ausreichend« für die Finanzierung der notwendigen F&E. Die Aufstockung der Mittel würde nicht unbedingt zu einer Verbesserung führen. Folglich überwiegen die Risiken für die glaubwürdige Neutralität der Plattform, die sich aus der Einführung protokollinterner Finanzierungsbudgets für Entwickler:innen ergeben würden, bei Weitem die Vorteile. Jedoch wird in vielen kleineren Ökosystemen, sowohl denen innerhalb von Ethereum als auch bei völlig getrennten Blockchains wie BCH und Zcash, dieselbe Diskussion geführt – und in diesen kleineren Größenordnungen macht so eine Unausgewogenheit einen großen Unterschied.

Auftritt DAOs! Ein Projekt, das ab dem ersten Tag eine »reine« DAO einführt, kann eine Kombination von zwei Merkmalen erreichen, die zuvor nicht kombinierbar waren: erstens, Bereitstellung ausreichender Gelder für Entwickler:innen, und, zweitens, glaubwürdige Neutralität der Finanzierung (die heiß begehrte »faire Markteinführung«). Statt dass die Gelder zur Finanzierung von Entwickler:innen von einer hartcodierten Liste Empfänger:innenadressen kommen, kann die DAO die Entscheidungen selbst treffen.

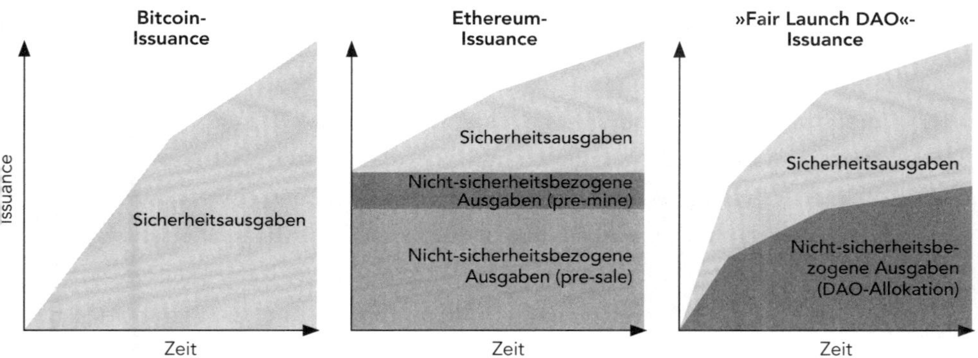

Selbstverständlich ist es schwer, eine Markteinführung vollkommen fair zu gestalten. Zudem ist Unfairness aufgrund von Informationsasymmetrie oft schlimmer als Unfairness aufgrund expliziter Pre-Mines (handelte es sich bei Bitcoin wirklich um einen fairen Launch, in Anbetracht der Tatsache, wie wenige Menschen damals, Ende 2010, als ein Viertel der Coins bereits verteilt worden war, davon auch nur hatten hören können?). Dennoch scheint eine im Protokoll verankerte Vergütung für nicht-sicherheitsbezogene öffentliche Güter vom ersten Tag an ein potenziell wichtiger Schritt zu sein, um ausreichend und glaubwürdig neutrale Gelder zur Finanzierung von Entwickler:innen zu erhalten.

DeGov ist unverzichtbar für die Protokollpflege und -upgrades

Neben der Finanzierung öffentlicher Güter ist das zweite, genauso wichtige Problem, das Governance erfordert, die Protokollpflege und -upgrades. Während ich dafür bin, möglichst alle nicht-automatisierten Parameteranpassungen zu minimieren (siehe den Abschnitt »Eingeschränkte Governance« weiter unten), und ein Anhänger von RAIs »Un-Governance«-Strategie bin, gibt es Zeiten, in denen eine Governance unvermeidlich ist. Preis-Oracle-Inputs müssen von irgendwoher kommen, und gelegentlich muss sich dieses »irgendwo« ändern. Verbesserungen müssen so lange, bis ein Protokoll zu seiner endgültigen Form »erstarrt«, irgendwie koordiniert werden. Manchmal mag die Community eines Protokolls *denken*, sie sei bereit, das Ganze endgültig festzuzurren, aber dann passiert etwas völlig Unvorhergesehenes, was eine vollständige und umstrittene Restrukturierung erfordert. Was geschieht, wenn der Kurs des US-Dollars einbricht und RAI eiligst seinen eigenen dezentralen CPI-Index[58] erstellen und aufrechterhalten muss, damit sein Stablecoin stabil und relevant bleibt? Auch hier ist DeGov notwendig, es ist daher nicht praktikabel, sie vollständig vermeiden zu wollen.

Eine wichtige Unterscheidung betrifft die Frage, ob *Off-Chain*-Governance[59] möglich ist oder nicht. Ich war lange Zeit ein Fan der Off-Chain-Governance, zumindest soweit diese möglich ist. Tatsächlich ist Off-Chain-Governance für Base-Layer-Blockchains absolut möglich. **Applikations-Layer-Projekte und insbesondere DeFi-Projekte konfrontieren uns allerdings mit dem Problem, dass Smart-Contract-System auf der Applikations-Layer *oft direkt externe Vermögenswerte kontrollieren* – eine Kontrolle, die sich nicht durch einen Fork beseitigen lässt.** Wenn Tezos' On-Chain-Governance von Angreifer:innen gekapert wird, kann die Community den Angriff mit einem Hard Fork ohne eigene Verluste neutralisieren, abgesehen von den (zugegebenermaßen hohen) Koordinationskosten. Wenn die On-Chain-Governance der MakerDAO von Angreifer:innen unterwandert wird, kann die Community eine neue MakerDAO erstellen, aber sie werden alle Ether und anderen Vermögenswerte verlieren, die in der Collateralized Debt Position der bestehenden MakerDAO gebunden sind. **Während Off-Chain-Governance also eine gute Lösung für Base Layers und einige Applikations-Layer-Projekte sind, erfordern viele Applikations-Layer-Projekte, insbesondere DeFi, zwangsläufig irgendeine Art formalisierter On-Chain-Governance.**

DeGov ist gefährlich

Alle gegenwärtigen Instanzen dezentraler Governance sind jedoch mit hohen Risiken verbunden. Für all jene, die meine Veröffentlichungen verfolgen, dürfte diese Diskussion nichts Neues sein. Es gibt hauptsächlich zwei Problemtypen bei Coin-Abstimmungen, die mir Kopfzerbrechen bereiten: erstens, Ungleichheiten und Fehlanreize, selbst ohne Angreifer:innen, und, zweitens, offene Angriffe durch verschiedene Formen von (oftmals verschleiertem) Stimmenkauf. Für Erstere sind bereits zahlreiche Entschärfungsmaßnahmen vorgeschlagen worden (z. B. Delegation), und es wird weitere geben. Letztere sind aber ein viel gefährlicherer Elefant im Raum, für die ich innerhalb des aktuellen Paradigmas der Coin-Abstimmungen bisher keine Lösung sehe.

Probleme von Coin-Abstimmungen auch ohne Angriff

Die Probleme von Coin-Abstimmungen auch ohne explizite Angreifer:innen werden immer besser verstanden und fallen größtenteils in einige wenige Kategorien:

- **Kleine Gruppen wohlhabender Teilnehmender (»whales«) können Entscheidungen besser erfolgreich umsetzen als große Gruppen von Kleinbesitzer:innen.** Dies lässt sich auf die »Tragik der Allmende« bei Kleinbesitzer:innen zurückführen, denn alle Kleinbesitzer:innen haben nur einen unerheblichen Einfluss auf das Ergebnis, daher haben sie auch nur wenig Anreiz, nicht faul zu sein und an der tatsächlichen Abstimmung teilzunehmen. Selbst wenn es Belohnungen für ihre Teilnahme gibt, bestehen kaum Anreize für Recherche und sorgfältige Reflexion über die Inhalte der Abstimmung.

- **Governance auf Basis von Coin-Abstimmungen stärkt die Position und die Interessen von Coin-Besitzer:innen auf Kosten anderer Teile der Community:** Protokoll-Communitys setzen sich aus Gruppen mit vielen verschiedenen Werten, Visionen und Zielen zusammen. Die Coin-Abstimmung gibt jedoch nur einer dieser Gruppen Macht (Coin-Besitzer:innen, aber insbesondere reichen Coin-Besitzer:innen), was dazu führt, dass es überbewertet wird, den Coin-Preis in die Höhe zu treiben, auch wenn das zu schädlicher Wertabschöpfung führt.
- **Probleme im Zusammenhang mit Interessenkonflikten:** Wenn man einer Gruppe (Coin-Besitzer:innen) Stimmrechte gibt und insbesondere wohlhabenden Akteur:innen dieser Gruppe unverhältnismäßig viel Macht einräumt, dann besteht die Gefahr, dass Interessenkonflikte innerhalb dieser Elite ein allzu großes Gewicht erhalten (z. B. Investmentfonds oder Coin-Besitzer:innen, die auch Token anderer DeFi-Plattformen halten, die wiederum mit der fraglichen Plattform interagieren).

Zur Lösung des ersten (und daher auch zur Abschwächung des dritten) Problems wird vor allem eine Strategie ausprobiert: Delegation. Kleinbesitzer:innen müssen nicht jede Entscheidung persönlich treffen. Sie können vielmehr diese an vertrauenswürdige Community-Mitglieder delegieren. Das ist ein Experiment, das die Mühe auf jeden Fall lohnt, und wir werden im Folgenden sehen, wie gut Delegation das Problem entschärfen kann.

Dem Problem des Zentrismus unter Coin-Besitzer:innen andererseits ist viel schwerer beizukommen: Er ist ein integraler Bestandteil eines Systems, in dem die Stimmen von Coin-Besitzer:innen der einzige Input sind. Die Fehlwahrnehmung, dieser Zentrismus sei ein beabsichtigtes Ziel – und kein Programmfehler –, stiftet bereits Verwirrung und richtet Schäden an.

Die Seite in der Gitcoin-DAO, auf der ich meine Stimmrechte übertragen kann.

Ein (zum größten Teil hervorragender) Artikel,[60] in dem öffentliche Güter im Zusammenhang mit der Blockchain diskutiert werden, prangert an:

> Können Krypto-Protokolle als öffentliche Güter angesehen werden, wenn das Eigentum in den Händen einiger weniger »whales« konzentriert ist? Umgangssprachlich werden diese Marktprimitive gelegentlich »öffentliche Infrastruktur« genannt, aber wenn Blockchains heute einer »Öffentlichkeit« dienen soll, dann hauptsächlich einer im dezentralisierten Finanzdienstleistungssektor. Token-Besitzer:innen haben grundsätzlich nur einen gemeinsamen Interessensgegenstand: den Preis.

Die Kritik liegt falsch, denn Blockchains dienen einer Öffentlichkeit, die weitaus vielfältiger und breiter ist als die Gruppe der DeFi-Token-Besitzer:innen. Unsere Governance-Systeme auf Basis von Coin-Abstimmungen werden dem aber in keiner Weise gerecht, daher erscheint es schwierig, ein Governance-System zu konzipieren, das diese Bandbreite ohne grundlegenden Paradigmenwechsel abbildet.

Coin-Abstimmung ist anfällig für Angriffe: Stimmenkauf

Die Probleme werden noch viel schlimmer, sobald entschlossene Angreifer:innen, die das System untergraben wollen, auf der Bildfläche erscheinen. Die grundlegende Anfälligkeit von Coin-Abstimmungen ist leicht verständlich, denn **ein Token in einem Protokoll mit Coin-Abstimmung ist ein Bündel zweier Rechte, die zu *einem* Asset zusammengefasst werden: erstens, das ökonomische Interesse an den Einnahmen des Protokolls, und, zweitens, das Recht, sich an seiner Governance zu beteiligen. Es handelt sich um eine wohlüberlegte Verknüpfung: Macht und Verantwortung sollen zur Deckung gebracht werden. Tatsächlich lassen sich aber diese beiden Rechte leicht wieder entflechten.** Stellen wir uns einen einfachen Wrapper-Kontrakt vor, der folgenden Regeln gehorcht: Wenn Sie ein XYZ im Kontrakt hinterlegen, erhalten Sie ein WXYZ zurück. Dieses WXYZ lässt sich jederzeit wieder in ein XYZ umtauschen, zuzüglich Dividenden. Woher kommen diese Dividenden? Während die XYZ-Coins im Wrapper-Kontrakt hinterlegt sind, kann dieser sie im Rahmen der Governance nach Belieben nutzen (um Vorschläge zu machen oder über sie abstimmen zu lassen etc.). Der Wrapper-Kontrakt versteigert nun einfach dieses Recht jeden Tag und verteilt den Erlös unter den ursprünglichen Einleger:innen.

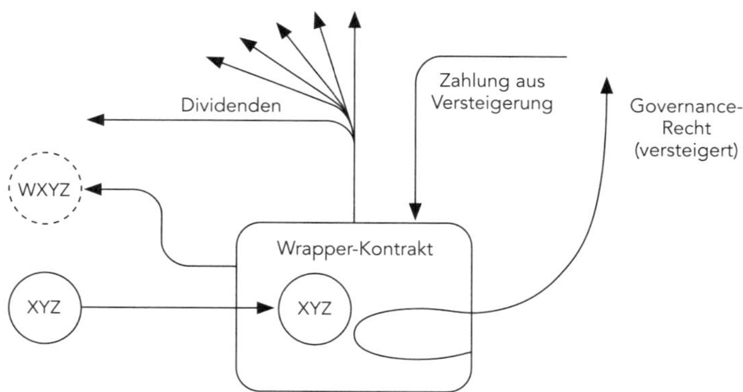

Ist es als XYZ-Besitzer:in in Ihrem Interesse, Ihre Coins im Kontrakt zu hinterlegen? Wenn Sie viele Coins besitzen, vielleicht nicht, denn Sie schätzen zwar die Dividenden, aber Sie fürchten sich vor dem, was ein »fehlgeleiteter« Akteur mit dem von Ihnen verkauften Governance-Recht anstellen könnte. Wenn Sie aber nur wenige Coins hinterlegt haben, dann ist es durchaus in Ihrem Interesse. Wenn das Governance-Recht, das von dem Wrapper-Kontrakt versteigert wurde, von Angreifer:innen aufgekauft wird, tragen Sie persönlich nur einen kleinen Teil der Kosten der schlechten Governance-Entscheidungen, zu denen Ihr Token beigetragen hat. Sie persönlich aber sind uneingeschränkte/r Nutznießer:in der Dividenden aus der Versteigerung der Governance-Rechte. Ein ganz klassischer Fall der »Tragik der Allmende«.

Angenommen, Angreifer:innen treffen eine Entscheidung, die die DAO zu ihren Gunsten korrumpiert. Der Schaden pro Teilnehmenden aufgrund der Entscheidung ist dann D, währen die Wahrscheinlichkeit, dass eine einzelne Abstimmung das Ergebnis dreht, p ist. Weiterhin angenommen, Angreifer:innen zahlen ein Bestechungsgeld B. Dann sieht der Spiel-Chart folgendermaßen aus:

Entscheidung	Ihr Ertrag	Ertrag anderer
Annahme des Bestechungsgeldes der Angreifer:innen	$B - D \times p$	$-999 \times D \times p$
Zurückweisung des Bestechungsgeldes, Abstimmung »nach dem Gewissen«	0	0

Wenn $B > (D \times p)$ ist, dann neigen Sie eher dazu, das Bestechungsgeld anzunehmen, aber solange $B < (1000 \times D \times p)$ ist, ist die Annahme des Bestechungsgeldes *für die Gemeinschaft* schädlich. Wenn daher $p < 1$ (normalerweise ist p deutlich kleiner als 1) ist, dann besteht für Angreifer:innen eine Gelegenheit, User durch Bestechung dazu zu bringen, eine unter dem Strich negative Entscheidung zu treffen, die User für den entstandenen Schaden keineswegs angemessen kompensiert.

Eine naheliegende Kritik an Ängsten vor der Bestechung von Abstimmenden ist: Sind Abstimmende *tatsächlich* so unmoralisch, derart offensichtliche Bestechungsgelder anzunehmen? Durchschnittliche DAO-Token-Beistzer:innen sind Fans und würden sich unwohl in ihrer Haut fühlen, wenn sie das Projekt so egoistisch und unverhohlen verraten würden. Das berücksichtigt aber nicht, dass es verschleiertere Möglichkeiten gibt, Gewinnbeteiligungsrechte von Governance-Rechten zu trennen, die nicht annähernd etwas so Explizites wie einen Wrapper-Kontrakt erfordern.

Das einfachste Beispiel ist die Kreditaufnahme auf einer DeFi-Kreditplattform (z. B. Compound). Jemand, der bereits Ether hält, kann die Ether in einer CDP (»besicherten Kreditposition«) auf einer dieser Plattformen festlegen, wonach der CDP-Vertrag sogleich erlaubt, sich einen Betrag von XYZ bis, zum Beispiel, der Hälfte des Wertes der hinterlegten Ether zu leihen. Die Person kann mit diesen XYZ dann tun, was sie will. Um ihre Ether wiederzuerlangen, muss sie lediglich irgendwann die geliehenen XYZ zuzüglich Zinsen zurückzahlen.

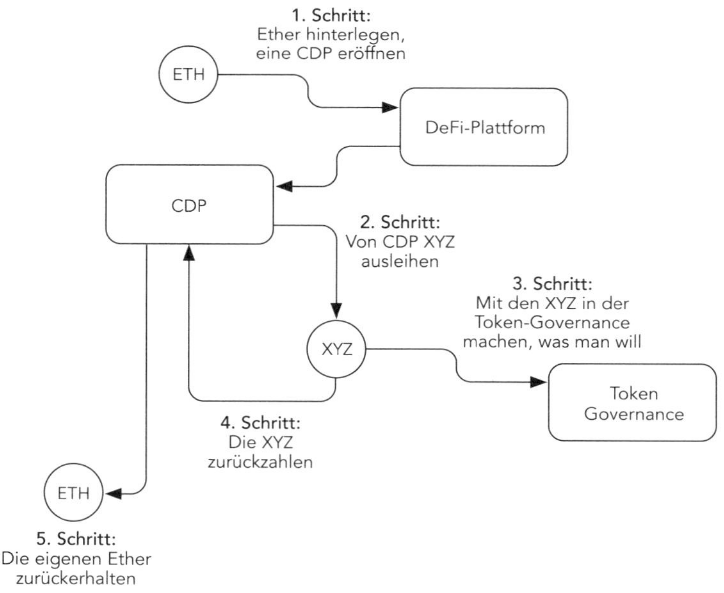

Man beachte, dass durch diesen gesamten Prozess hindurch *die Kreditnehmer:innen keinem finanziellen Risiko gegenüber Schwankungen des Wertes von XYZ ausgesetzt sind.* Das heißt, wenn diese Person ihre XYZ dazu nutzt, für eine Governance-Entscheidung zu stimmen, die den Wert von XYZ zerstört, dann verliert sie aufgrund dessen keinen einzigen Cent. Die XYZ in ihrem Besitz sind XYZ, die sie irgendwann in die CDP zurückzahlen muss, sodass es ihr unwichtig ist, ob deren Wert steigt oder fällt. **Auf diese Weise haben wir die Entflechtung erreicht: Die Kreditnehmer:innen haben Governance-Rechte ohne ökonomisches Interesse, und die Kreditgeber haben ökonomisches Interesse ohne Governance-Rechte.**

Es gibt auch zentralisierte Mechanismen, um Gewinnbeteiligungsrechte von Governance-Rechten zu trennen. Vor allem wenn User ihre Coins bei einer (zentralisierten) Börse hinterlegen, hat diese treuhänderische Verfügungsrechte an diesen Coins und kann diese Coins für Abstimmungen nutzen. Das ist nicht bloße Theorie: Es gibt Belege dafür, dass Börsen die Coins ihrer User in etlichen DPoS(Delegated Proof of Stake)-Systemen nutzen. Einige DAO-Protokolle nutzen Zeitschlosstechniken zur Eingrenzung dieser Angriffe – User müssen für das Recht auf Abstimmung ihre Coins eine gewisse Zeit lang »einfrieren«. Diese Techniken können kurzfristig »Buy-then-vote-then-sell«-Angriffe begrenzen, aber letztlich können Zeitschlossmechanismen von Usern umgangen werden, die Coins im Rahmen eines Kontrakts, der eine »wrapped« (umhüllte = funktional aufgewertete und sicherere) Version des Tokens ausgibt, halten und damit abstimmen (oder, häufiger und einfacher, dies über eine zentralisierte Börse tun). **Die Zeitschlösser gleichen bezüglich der Sicherheitsmechanismen eher der Bezahlschranke einer Zeitungs-Website als einem Schloss mit Schlüssel.**

Zum gegenwärtigen Zeitpunkt ist es vielen Blockchains und DAOs mit Coin-Abstimmung gelungen, diesen Angriffen in ihren schwerwiegendsten Formen zu entgehen. Es gibt hin und wieder Anzeichen für Bestechungsversuche:

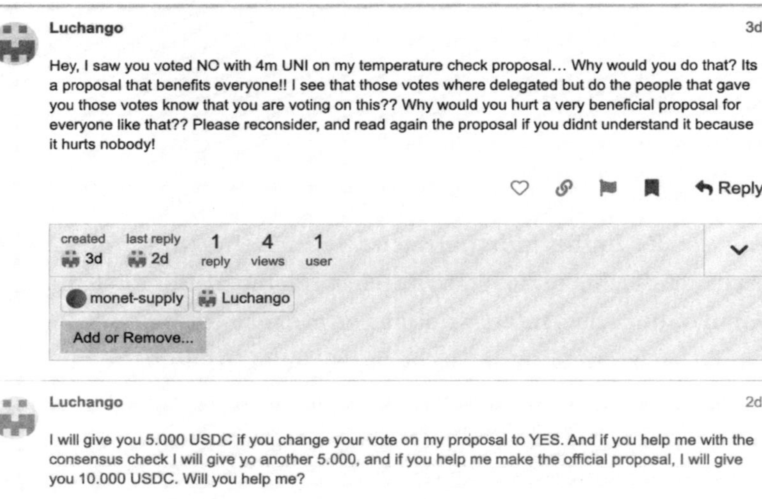

Ungeachtet all dieser großen Probleme gibt es aber viel weniger Fälle direkter Wählerbestechung, einschließlich verschleierter Formen, etwa mithilfe von Finanzmärkten, als es die einfache ökonomische Logik nahelegt. Von daher drängt sich die Frage auf: Warum gab es bislang nicht mehr offene Angriffe?

Meine Antwort ist, dass dieses »bislang nicht« von drei kontingenten Faktoren abhängig ist, die zwar heute zutreffen, im Laufe der Zeit aber wohl an Gültigkeit verlieren werden:

1. **Gemeinschaftsgeist:** Eine Community mit engem Zusammenhalt, in der alle ein kameradschaftliches Zusammengehörigkeitsempfinden und eine gemeinsame Mission haben.
2. **Hohe Vermögenskonzentration und Koordination der Token-Besitzer:innen:** Besitzer:innen großer Token-Bestände können das Ergebnis stärker beeinflussen und haben in langfristige Beziehungen zueinander investiert (sowohl die »Old Boys Clubs« von Risikokapitalgeber:innen als auch viele andere, genauso mächtige, aber öffentlich weniger be-

kannte Gruppen vermögender Token-Besitzer:innen), und dies macht ihre Bestechung deutlich schwieriger.

3. **Unreife Finanzmärkte für Governance-Token:** Vorgefertigte Tools für die Herstellung von Wrapper-Token existieren in Proof-of-Concept-Formen, sind aber nicht weithin gebräuchlich, Bestechungsverträge existieren, sind aber ebenfalls noch unreif, und die Liquidität in den Kreditmärkten ist niedrig.

Wenn eine kleine, koordinierte Gruppe von Usern über 50 Prozent der Coins besitzt *und* sowohl sie als auch die übrigen in eine Community mit engem Zusammenhalt eingebunden sind, wenn zudem nur wenige Token zu angemessenen Sätzen ausgeliehen werden, bleiben alle oben erwähnten Bestechungsangriffe vielleicht theoretischer Natur. Im Laufe der Zeit werden aber (1) und (3) zwangsläufig in immer geringerem Maße zutreffen, und (2) *muss* an Gültigkeit verlieren, wenn wir wollen, dass DAOs fairer werden. Werden DAOs mit diesen Veränderungen sicher bleiben? Und wenn Coin-Abstimmungen Angriffen nicht nachhaltig widerstehen können, was kann es dann?

1. Lösung: Eingeschränkte Governance

Eine mögliche Abschwächung der oben erwähnten Probleme und eine, die bereits in unterschiedlichen Ausmaßen erprobt wird, besteht darin, Coin-gestützter Governance Grenzen aufzuerlegen. Dafür gibt es verschiedene Möglichkeiten:

- **On-Chain-Governance nur für Anwendungen, nicht für Basis-Layers:** Ethereum tut dies bereits, da das Protokoll selbst durch Off-Chain-Governance verwaltet wird, während DAOs und andere draufgesattelte Apps manchmal (aber nicht immer) durch On-Chain-Governance verwaltet werden.
- **Governance auf feste Parameter-Entscheidungen begrenzen:** Uniswap tut dies, da es der Governance nur erlaubt, erstens, die Token-

Verteilung zu beeinflussen, und, zweitens, eine Gebühr in Höhe von 0,05 Prozent an der Uniswap-Börse zu erheben. Ein weiteres ausgezeichnetes Beispiel ist RAIs »Un-Governance«-Aktionsplan, bei dem die Governance im Laufe der Zeit immer weniger Features kontrolliert.

- **Zeitverzögerungen einbauen:** Eine zum Zeitpunkt T getroffene Governance-Entscheidung wird zum Beispiel erst zum Zeitpunkt T + 90 Tage wirksam. Dies erlaubt Usern und Anwendungen, die die Entscheidung als unannehmbar erachten, den Wechsel zu einer anderen Anwendung (möglicherweise einem Fork). Compound hat in seiner Governance einen Verzögerungsmechanismus, aber grundsätzlich kann (und sollte irgendwann) die Verzögerung viel länger sein.
- **Fork-freundlicher sein:** Man sollte es Usern erleichtern, sich schnell über einen Fork zu verständigen und diesen auszuführen. Dies macht ein Kapern der Governance wenig lukrativ.

Der Uniswap-Fall ist besonders interessant: Es ist beabsichtigt, dass die On-Chain-Governance Teams finanziert, die womöglich zukünftige Versionen des Uniswap-Protokolls entwickeln, aber es obliegt den Usern, einem Upgrading auf diese Versionen *ausdrücklich zuzustimmen*. Dies ist eine Mischform aus On-Chain- und Off-Chain-Governance, die der On-Chain-Seite nur eine begrenzte Rolle überlässt.

Aber eingeschränkte Governance ist keine akzeptable Lösung per se, denn jene Bereiche, in denen Governance am dringendsten benötigt wird (z. B. die Verteilung von Geldern für öffentliche Güter), sind ihrerseits am anfälligsten für Angriffe. Das ist bei der Finanzierung öffentlicher Güter deshalb der Fall, weil Angreifer:innen auf diese Weise ganz unmittelbar von schlechten Entscheidungen profitieren können: Sie können damit versuchen, eine schlechte Entscheidung, die Gelder an sie senden würde, durchzudrücken. Also brauchen wir auch Techniken, um die Governance selbst zu verbessern …

2. Lösung: Nicht-Coin-basierte Governance

Eine zweite Strategie besteht darin, Formen der Governance anzuwenden, die nicht auf Coin-Abstimmungen beruhen. Wenn aber nicht die Coins das Gewicht eines Kontos bei der Governance bestimmen, was dann? Es gibt zwei naheliegende Alternativen:

1. **Proof of Personhood:** Systeme, die überprüfen, dass Konten einzigartigen menschlichen Individuen entsprechen, sodass die Governance nur eine Stimme pro Mensch zuteilt, siehe Proof of Humanity und BrightID für zwei solcher Umsetzungsversuche.
2. **Proof of Participation:** Systeme, die die Tatsache bestätigen, dass ein Konto einer Person entspricht, die an einem Ereignis teilgenommen hat, eine Ausbildung erfolgreich absolviert oder eine nützliche Arbeit im Ökosystem verrichtet hat. Siehe POAP als einen Umsetzungsversuch.

Es gibt auch hybride Möglichkeiten: ein Beispiel ist quadratische Abstimmung, die das »Gewicht« einzelner Abstimmender proportional zur Quadratwurzel der ökonomischen Ressourcen macht, die sie jeweils auf eine Entscheidung setzen. Menschen davon abzuhalten, das System dadurch zu manipulieren, dass sie ihre Ressourcen auf viele Identitäten aufteilen, erfordert einen Proof of Personhood. Zudem erlaubt die nach wie vor existierende finanzielle Komponente Teilnehmenden, glaubwürdig zu signalisieren, wie stark sie an einem Thema interessiert sind und wie sehr ihnen das Ökosystem am Herzen liegt. Die quadratische Finanzierung von Gitcoin ist eine Form der quadratischen Abstimmung, außerdem werden DAOs mit quadratischer Abstimmung gerade aufgebaut.

Proof of Participation wird weniger gut verstanden. Die zentrale Herausforderung besteht darin, dass die Bestimmung dessen, was als wie viel Teilnahme gilt, bereits selbst eine robuste Governance-Struktur erfordert. Die leichteste Lösung könnte diejenige sein, bei der das System mit einer handverlesenen Gruppe von zehn bis 100 frühen Mitwirkenden gestartet wird und dann im Laufe der Zeit dezentralisiert wird, wenn die ausgewählten Teilnehmenden der Runde n die Teilnahmekriterien für Runde $n + 1$ festlegen. Ein Fork stellt eine Möglichkeit dar, um die negativen Folgen einer aus dem Ruder laufenden Governance zu kompensieren und ist zugleich ein Anreiz für eine Vermeidung dessen.

Proof of Personhood und Proof of Participation erfordern beide eine Art Kollusionsprävention, um sicherzustellen, dass die nicht-monetären Ressourcen, mit denen das Stimmgewicht gemessen wird, nicht-finanzieller Natur bleiben, statt selbst in Smart Contracts zu enden, die das Governance-Recht an Meistbietende verkaufen.

3. Lösung: »Skin in the Game«

Die dritte Strategie besteht darin, die »Tragik der Allmende« zu brechen, indem man die Abstimmungsregeln ändert. **Coin-Abstimmungen scheitern, weil Abstimmende für ihre Entscheidungen zwar *gemeinschaftlich* verantwortlich sind (wenn alle für eine schreckliche Entscheidung stimmen, fällt der Wert der Coins aller auf null), sie aber nicht *einzeln* verantwortlich sind (wenn eine desaströse Entscheidung getroffen wird, leiden die Unterstützer:innen nicht mehr als die Ablehner:innen). Können wir ein Abstimmungssystem erschaffen, das diese Dynamik ändert und Abstimmende individuell statt nur gemeinschaftlich für ihre Entscheidungen verantwortlich macht?**

Fork-Freundlichkeit ist eine »Skin-in-the-game«-Strategie, wenn Forks so ausgeführt werden, wie sich Hive von Steem »abgabelte«. Wenn eine ruinöse Governance-Entscheidung Erfolg hat und innerhalb des Protokolls nicht länger abgelehnt werden kann, können User von sich aus einen Fork durchführen. Außerdem können die Coins, die für die schlechte Entscheidung stimmten, in diesem Fork zerstört werden.

Dies mag sich hart anhören, und vielleicht fühlt es sich sogar wie ein Verstoß gegen eine implizite Norm an, wonach die »Unveränderlichkeit des Ledgers« beim Forking eines Coins heilig sein sollte, aber aus anderer Perspektive betrachtet klingt die Idee viel vernünftiger. Wir halten an der Idee einer starken Firewall fest, bei der individuelle Coin-Guthaben unangetastet bleiben sollen, *aber wir wenden diesen Schutz nur auf Coins an, die nicht an der Governance beteiligt sind.* Wenn Sie an der Governance mitwirken, und sei es auch nur indirekt, indem Sie Ihre Coins in einem Wrapper-Kontrakt hinterlegen, dann kann es passieren, dass Sie für die Kosten Ihrer Handlungen haftbar gemacht werden.

Das schafft individuelle Verantwortung: Wenn ein Angriff stattfindet und Ihre Coins für den Angriff stimmen, werden nun auch Ihre Coins zerstört. Wenn Ihre Coins nicht für den Angriff stimmen, sind Sie auf der sicheren Seite. Die Verantwortung wandert nach oben: Wenn Sie Ihre Coins in einem Wrapper-Kontrakt hinterlegen, und dieser für einen Angriff stimmt, wird das Guthaben in diesem ausgelöscht, sodass Sie Ihre Coins verlieren. Wenn sich Angreifer:innen XYZ bei einer DeFi-Kreditvergabeplattform leihen, verlieren alle, die sich XYZ geliehen haben, wenn die Plattform forkt (man beachte, dass dies das Ausleihen des Governance-Token im Allgemeinen deutlich riskanter macht – eine beabsichtigte Auswirkung).

»Skin in the Game« bei alltäglichen Abstimmungen

Das oben Erwähnte funktioniert jedoch nur als Schutzmechanismus gegen wirklich extreme Entscheidungen. Wie steht es mit kleineren Raubzügen, die in unfairer Weise Angreifer:innen begünstigen, die die ökonomischen Faktoren der Governance manipulieren, wenn auch nicht so massiv, dass es ruinös wäre? Und wie steht es – ganz ohne Angriff – mit schlichter Faulheit und der Tatsache, dass Governance auf Basis von Coin-Abstimmungen keinen Selektionsdruck zugunsten höherwertiger Meinungen ausübt?

Die populärste Lösung für diese Art Probleme ist Futarchie, ein Konzept, das Robin Hanson Anfang der 2000er-Jahre eingeführt hat. Abstimmungen werden dann zu Wetten: Wenn Sie für einen Vorschlag stimmen, schließen Sie eine Wette darauf ab, dass der Vorschlag zu einem guten Ergebnis führen wird, und wenn Sie gegen einen stimmen, wetten Sie darauf, dass er zu einem schlechten Ergebnis führen wird. Futarchie führt aus offensichtlichen Gründen individuelle Verantwortung ein: Wenn Sie mit Ihren Wetten richtigliegen, erhalten Sie mehr Coins, aber wenn Sie mit Ihren Wetten danebenliegen, verlieren Sie sie.

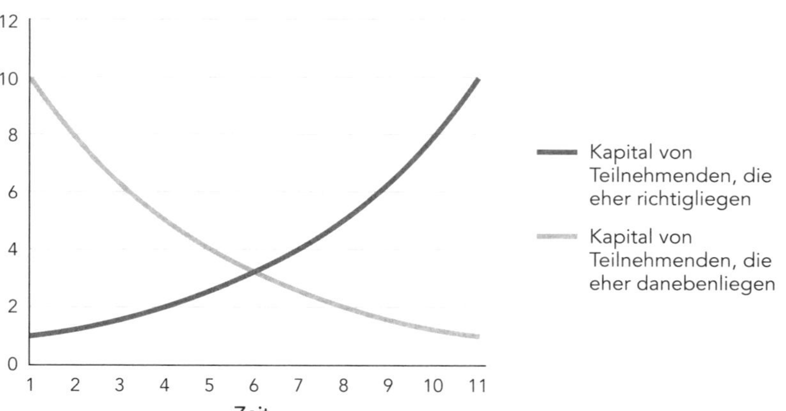

Es hat sich gezeigt, dass »reine« Futarchie schwer zu verwirklichen ist, weil in der Praxis objektive Funktionen schwer zu definieren sind (Menschen interessieren sich nicht nur für den Coin-Preis!), aber verschiedene hybride Formen der Futarchie könnten auch gut funktionieren. Im Folgenden einige Beispiel für hybride Futarchie:

- **Abstimmungen als Kauforder:** Um für einen Vorschlag zu stimmen, muss man eine durchsetzbare Kauforder erteilen, um zusätzliche Token zu einem Preis zu kaufen, der etwas niedriger ist als der gegenwärtige Preis des Tokens. Dies stellt sicher, dass im Fall der Annahme einer sehr schlechten Entscheidung diejenigen, die diese unterstützen, möglicherweise gezwungen sind, ihre Gegner:innen auszuzahlen, aber es sorgt auch dafür, dass bei eher »normalen« Entscheidungen Coin-Besitzer:innen mehr Spielraum haben, um nach Nicht-Preiskriterien zu entscheiden, wenn sie das wollen.
- **Rückwirkende Finanzierung öffentlicher Güter:** Öffentliche Güter werden über einen Abstimmungsmechanismus *rückwirkend* finanziert, nachdem sie ein Ergebnis erzielt haben. User können zur Finanzierung *Projekt-Token* kaufen und dadurch auch gleich ihren Glauben an dieses Projekt signalisieren. Käufer:innen von Projekt-Token erhalten einen Anteil an der Belohnung, wenn dieses Projekt ein gewünschtes Ziel erreicht hat.
- **Eskalationsspiele:** Die wertorientierte Ausrichtung von wenig wichtigen Entscheidungen wird durch die Möglichkeit gefördert, auf einen höherstufigen Prozess, der aufwändiger, aber akkurater ist, zurückzugreifen. Abstimmende, deren Stimmen mit der letztendlich getroffenen Entscheidung übereinstimmen, werden belohnt.

In den beiden letzten Fällen hängt hybride Futarchie von einer Form nicht-Futarchie-basierter Governance ab, die als Vergleichsmaßstab für die objektive Funktion beziehungsweise als eine Art Streitbeilegungs-Layer letzter Instanz fungiert. Diese nicht-Futarchie-basierte Governance hat allerdings mehrere Vorteile, die sie bei direkter Anwendung nicht hat: Erstens, sie agiert später, sodass sie Zugang zu mehr Informationen hat, zweitens wird sie weniger häufig genutzt, sodass sie weniger Aufwand erfordert, und drittens hat jede ihrer Nutzungen weitreichendere Folgen, sodass ein Rückgriff auf Forking akzeptabler ist, um die Anreize für diese abschließende Layer aneinander auszurichten.

Hybride Lösungen

Es gibt auch Lösungen, die Elemente der obengenannten Techniken kombinieren. Einige mögliche Beispiele:

- **Zeitverzögerungen plus Governance durch gewählte Expert:innen:** Dies ist eine mögliche Lösung für das alte Problem der Erschaffung eines Krypto-besicherten Stablecoin, bei der das gebundene Kapital den Wert des Gewinn-realisierenden Tokens übertrifft, ohne eine Vereinnahmung der Governance zu riskieren. Stablecoin nutzt ein Preisorakel, das aus dem Median von Werten konstruiert wird, die von n (z. B. $n = 13$) gewählten Anbieter:innen eingereicht werden. Diese werden über Coin-Abstimmungen ausgewählt, bei denen aber jede Woche nur ein:e Anbieter:in ausgeschlossen werden kann. Wenn User bemerken, dass durch Coin-Abstimmung dubiose Preisanbieter ins Boot geholt werden, dauert es $n/2$ Wochen, bevor Stablecoin auf einen anderen Preisanbieter umstellen kann.
- **Futarchie + Kollusionsbekämpfung = Reputation:** User stimmen mit »Reputation« ab, einem unübertragbaren Token. User gewinnen an Reputation, wenn ihre Entscheidungen zu gewünschten Ergebnissen führen, aber sie büßen an Reputation ein, wenn ihre Entscheidungen zu unerwünschten Ergebnissen führen.
- **Lose gekoppelte (beratende) Coin-Abstimmungen:** Eine Coin-Abstimmung implementiert eine vorgeschlagene Änderung nicht direkt. Vielmehr geht es darum, ihr Ergebnis öffentlich zu machen und der Off-Chain-Governance Legitimität zu verleihen, um diese Änderung zu implementieren. So lassen sich die Vorteile von Coin-Abstimmungen mit geringeren Risiken verbinden, da ihre Legitimität automatisch

sinkt, wenn Hinweise auftauchen, dass sie gekauft oder anderweitig manipuliert worden ist.

Das sind aber nur ein paar mögliche Beispiele. Bei der Erforschung und Entwicklung nicht-Coin-basierter Governance-Algorithmen könnte noch viel mehr getan werden. **Das Wichtigste, was heute getan werden kann, ist, sich von der Idee zu verabschieden, dass Coin-Abstimmung die einzig legitime Form der Governance-Dezentralisierung sei.** Coin-Abstimmungen sind deshalb attraktiv, weil sie sich glaubwürdig neutral *anfühlen:* Alle können sich einige Einheiten des Governance-Tokens auf Uniswap besorgen. In der Praxis aber **könnte Coin-Abstimmung heute gerade aufgrund der Mängel in ihrer Neutralität** (dass ein Großteil der Coin-Menge in den Händen einer eng koordinierten Clique von Insider:innen verbleibt) **lediglich den Anschein von Sicherheit erwecken.**

Wir sollten uns vor dem Glauben hüten, dass die heutigen Formen der Coin-Abstimmung »sichere Notlösungen« seien. Es muss sich erst noch zeigen, wie sie unter Bedingungen von höherem ökonomischem Stress, in reifen Ökosystemen und auf Finanzmärkten funktionieren. Zudem ist jetzt der richtige Moment, um damit anzufangen, parallel mit Alternativen zu experimentieren.

Besonderer Dank an Karl Floersch, Dan Robinson und Tina Zhen für Anregungen und Kritik.

VERTRAUENSMODELLE

vitalik.ca, 20. August 2021

Eine der wertvollsten Eigenschaften vieler Blockchain-Anwendungen ist ihre *Vertrauensfreiheit:* die Fähigkeit der Anwendung, weiterhin in einer erwarteten Weise zu funktionieren, ohne darauf angewiesen zu sein, dass sich ein:e bestimmte:r Akteur:in auf eine bestimmte Weise verhält, auch wenn sich seine Interessen ändern und ihn dazu veranlassen mögen, sich in Zukunft anders oder unerwartet zu verhalten. Blockchain-Anwendungen sind nie *vollkommen* vertrauensfrei, aber einige kommen der Vertrauensfreiheit deutlich näher als andere. Wenn wir in der Praxis Schritte hin zur Minimierung der Bedeutung von Vertrauen unternehmen wollen, sollten wir verschiedene Vertrauensgrade miteinander vergleichen können.

Beginnen wir mit einer einfachen Definition von Vertrauen: **Vertrauen besteht darin, Annahmen über das Verhalten anderer Menschen zu machen.** Wenn Sie vor der Pandemie die Straße entlangliefen, ohne auf einen zwei Meter großen Abstand zu Fremden achten zu müssen, damit diese nicht plötzlich ein Messer zücken und Sie niederstechen, dann ist das eine Art Vertrauen: Beide vertrauen darauf, dass Menschen nur sehr selten völlig gestört sind, und sie vertrauen darauf, dass das Rechtssystem weiterhin starke Anreize gegen diese Art Verhalten schafft. Wenn Sie ein Software-Programm einer anderen Person nutzen, vertrauen Sie darauf, dass sie diese Software mit lauteren Absichten geschrieben hat (ob wegen ihrer moralischen Prinzipien oder wegen eines ökonomischen Interesses an einem intakten Ruf), oder zumindest, dass es genügend Menschen gibt, die

die Software überprüfen, sodass ein Fehler gefunden würde. Die Nahrungsmittel für den Eigenbedarf nicht selbst zu produzieren, ist ebenfalls eine Art Vertrauen: darauf, dass genügend Menschen erkennen werden, dass es in *ihrem* Interesse ist, Nahrungsmittel zu produzieren, sodass sie diese an Sie verkaufen können. Sie können Gruppen von Menschen unterschiedlicher Größe vertrauen und es gibt verschiedene Arten von Vertrauen.

Zum Zweck der Analyse von Blockchain-Protokollen möchte ich zwischen vier Dimensionen von Vertrauen differenzieren:

- Wie viele Personen müssen sich so verhalten, wie Sie es von ihnen erwarten?
- Von wie vielen insgesamt?
- Welche Handlungsmotive brauchen diese Personen? Müssen sie altruistisch oder gewinnorientiert sein? Müssen sie unkoordiniert sein?
- In welchem Ausmaß versagt das System, wenn die Annahmen verletzt werden?

Wir wollen uns einstweilen auf die ersten beiden konzentrieren und sie in einem Diagramm veranschaulichen:

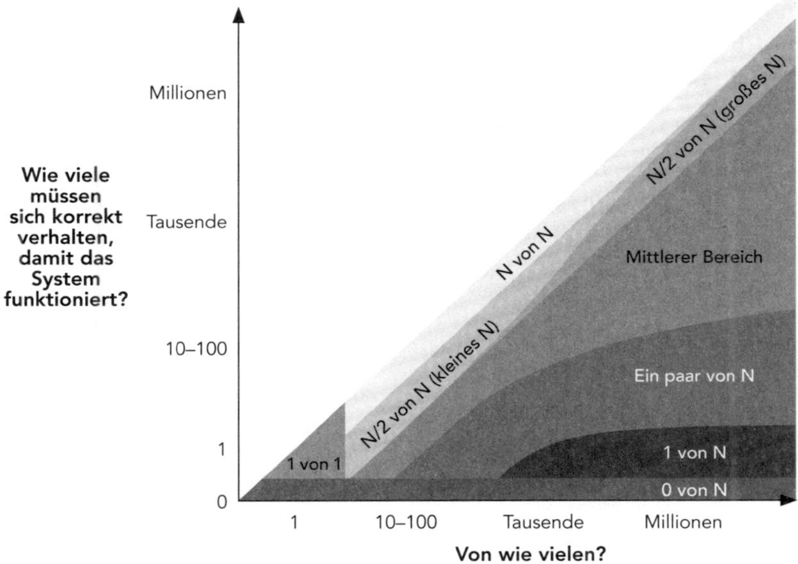

Je dunkler das Grau ausfällt, desto besser funktioniert das System. Wir wollen die Kategorien etwas näher betrachten:

- **1 von 1**: Es gibt genau eine/n Akteur:in. Das System funktioniert dann (aber nur dann), wenn diese/r ein/e Akteur:in das tut, was Sie von ihm oder ihr erwarten. Das ist das traditionelle »zentralisierte« Modell – wir aber wollen besser sein.
- **N von N**: Die »dystopische« Welt. Sie stützen sich auf eine große Anzahl von Akteur:innen, die *alle* so handeln müssen, wie Sie es erwarten, damit alles funktioniert. Zudem gibt es keine Absicherungen, falls eine:r von ihnen nicht erwartungsgemäß handeln sollte.
- **N/2 von N**: So funktionieren Blockchains – wenn die Mehrzahl der Miner (beziehungsweise PoS-Validator:innen) ehrlich ist. Man beachte, dass N/2 von N umso wertvoller wird, je größer N wird. Eine Blockchain mit einigen wenigen Miner oder Validator:innen, die das Netzwerk dominieren, ist weitaus weniger interessant als eine Blockchain mit weit verstreuten Minern oder Validator:innen. Trotzdem wollen wir auch dieses Sicherheitsniveau noch verbessern, und deswegen kommt die Sorge auf, dass manche 51-Prozent-Angriffe gelingen könnten.
- **1 von N**: Es gibt viele Akteur:innen. Das System funktioniert, solange zumindest eine:r von ihnen das tut, was Sie von ihm oder ihr erwarten. Alle Systeme, die auf Betrugssicherheit basieren, fallen in diese Kategorie, ebenso vertrauenswürdige Set-ups, auch wenn N in diesem Fall oft kleiner ausfällt. Man beachte, dass N möglichst groß sein sollte.
- **Ein paar von N**: Es gibt viele Akteur:innen. Das System funktioniert, solange zumindest eine kleine, konstante Anzahl von ihnen das von Ihnen Erwartete tut. Datenverfügbarkeits-Checks fallen in diese Kategorie.
- **0 von N**: Das System funktioniert wie erwartet, ohne im Geringsten von externen Akteur:innen abhängig zu sein. Die Validierung eines von Ihnen selbst geprüften Blocks fällt in diese Kategorie.

Während alle Kategorien bis auf »0 von N« als »Vertrauen« angesehen werden können, unterscheiden sie sich erheblich voneinander! Darauf zu vertrauen, dass sich eine bestimmte Person (oder Organisation) erwartungsgemäß verhalten wird, ist etwas ganz anderes, als darauf zu vertrauen, dass eine *einzelne Person irgendwo* tun wird, was Sie von ihr erwarten. Das »1 von N«-Modell ist wohl viel näher an »0 von N« als an »N/2 von N« oder »1 von 1«. Ein »1 von N«-Modell wirkt vielleicht wie ein »1 von 1«-Modell, weil es auf Sie in beiden Fällen wirkt, als hätten Sie mit einem einzigen Akteur zu tun, aber tatsächlich sind sie sehr unterschiedlich: Wenn der Akteur, mit dem Sie im Moment arbeiten, verschwindet oder »böse« wird, dann könnten Sie in einem »1 von N«-System einfach auf eine andere Person umstellen, während Sie in einem »1 von 1«-System aufgeschmissen wären.

Beachten Sie insbesondere, dass selbst die Fehlerfreiheit der von Ihnen genutzten Software in der Regel von einem »Ein paar von N«-Vertrauensmodell abhängt, um sicherzustellen, dass eventuelle Programmfehler von jemandem entdeckt werden. Eingedenk dieser Tatsache ist das energische Bemühen darum, in einem anderen Aspekt einer Applikation von »1 von N« auf »0 von N« zu wechseln, oft so ist, als würde man eine Eingangstür aus verstärktem Stahl für sein Haus anfertigen lassen, während die Fenster immer offen stehen.

Eine weitere wichtige Frage lautet: Wie versagt das System, wenn Ihre Vertrauensannahme verletzt wird? Bei Blockchains sind die beiden häufigsten Arten von Systemversagen die **Liveness-Störung** und das **Sicherheitsversagen.** Eine Liveness-Störung ist ein Ereignis, bei dem man etwas, was man machen will, vorübergehend nicht machen kann (z. B. Coins abheben, eine Transaktion in einen Block aufnehmen lassen, Informationen von der Blockchain lesen). Ein Sicherheitsversagen ist ein Ereignis, bei dem etwas aktiv geschieht, was das System verhindern sollte (z. B. wird ein ungültiger Block in eine Blockchain eingebaut).

Hier einige Beispiele von Vertrauensmodellen einiger Blockchain-Layer-2-Protokolle.[61] Ich verwende »**kleines N**« für die Gruppe von Teilnehmenden am Layer-2-System selbst, und »**großes N**« für die Teilnehmenden der Blockchain. Die Annahme ist immer, dass das Layer-2-Protokoll eine kleinere Community hat als die Blockchain selbst. Ich begrenze meinen

Gebrauch des Wortes »Liveness-Störung« auch auf die Fälle, in denen Coins eine signifikante Zeit lang gebunden sind – wenn man zwar das System nicht mehr nutzen kann, aber praktisch sofort Coins abheben könnte, dann zählt das nicht als Liveness-Störung.

- **Kanäle (einschließlich Zustandskanälen, Lightning-Netzwerken):** »1 von 1«-Vertrauen für Liveness (Ihre Gegner:innen können Ihr Geld vorübergehend einfrieren, auch wenn der daraus erwachsende Schaden abgemildert werden kann, wenn Sie Coins zwischen mehreren Gegner:innen aufteilen); »N/2 von großem-N«-Vertrauen für Sicherheit (bei einem 51-Prozent-Angriff auf eine Blockchain können Ihre Coins gestohlen werden).
- **Plasma (unter der Annahme eines zentralen Operators):** »1 von 1«-Vertrauen für Liveness (der Operator kann jeweils Ihr Geld vorübergehend einfrieren); »N/2 von großem-N«-Vertrauen für Sicherheit (51-Prozent-Angriff auf Blockchain).
- **Plasma (unter der Annahme eines semi-dezentralen Operators wie DPoS):** »N/2 von kleinem-N«-Vertrauen für Liveness; »N/2 von großem-N«-Vertrauen für Sicherheit.
- **Optimistischer Rollup:** »1 von 1«- oder »N/2 von kleinem-N«-Vertrauen für Liveness (abhängig vom Operatortyp): »N/2 von großem-N«-Vertrauen für Sicherheit.
- **ZK(Null-Wissen)-Rollup:** »1 von kleinem-N«-Vertrauen für Liveness (wenn der:die Operator:in Ihre Transaktion nicht einbezieht, können Sie abheben, und wenn sie Ihre Abhebung nicht sofort einbeziehen, können Sie keine weiteren Batches [Bündel von Transaktionen] produzieren, sodass Sie mithilfe eines vollständigen Knotens des Rollup-Systems selbst abheben können); keine Sicherheitsausfallrisiken.
- **ZK-Rollup (mit leichter Verbesserung der Abhebung):** keine Liveness-Störungsrisiken; keine Sicherheitsausfallrisiken.

Schließlich gibt es da noch die Frage der Anreize: Müssen die Akteur:innen, denen Sie vertrauen, sehr altruistisch sein, um erwartungsgemäß zu handeln, oder nur leicht altruistisch, beziehungsweise sind sie hinreichend rational? Die Suche nach Betrugsbeweisen ist »im Regelfall« leicht altruistisch – wie stark genau hängt von der Berechnungskomplexität ab. Zudem gibt es Möglichkeiten, das Spiel zu modifizieren, um es zu rationalisieren.

Anderen zu helfen, sich von einem ZK-Rollup zurückzuziehen, ist rational, wenn wir eine Micropayment-Option für die Dienstleistung hinzufügen. Es besteht *in Wirklichkeit* also kaum Grund zur Sorge, dass man nicht aus einem Rollup aussteigen könnte. Unterdessen lassen sich die größeren Risiken der anderen Systeme abschwächen, wenn wir uns als Community darauf verständigen, keine 51-Prozent-Angriffsketten, die allzu weit in die Vergangenheit zurückreichen, zu akzeptieren und Blöcke nicht allzu lange zu zensieren.

Fazit: Wenn jemand sagt, dass ein System »vertrauensabhängig« ist, sollten Sie diese Person fragen, was genau sie damit meint! Meint sie »1 von 1«, »1 von N« oder »N/2 von N«? Fordert sie, dass die Teilnehmenden altruistisch oder nur rational sind? Wenn Ersteres der Fall ist, sind es dann sehr niedrige oder sehr hohe Ausgaben? Und was ist, wenn die Annahme verletzt wird – muss man dann lediglich ein paar Stunden oder Tage warten, oder sind Vermögenswerte dann für immer eingefroren? Je nach den Antworten könnte Ihre eigene Antwort darauf, ob Sie dieses System nutzen wollen, unterschiedlich ausfallen.

KRYPTO-STÄDTE

vitalik.ca, 31. Oktober 2021

Ein interessanter Trend des letzten Jahres war das zunehmende Interesse an der Kommunalverwaltung und an der Idee, dass Kommunen mit unterschiedlichen Ansätzen experimentieren. Im Laufe der letzten Jahre hat Francis Suarez, der Bürgermeister von Miami, eine Tech-Start-up-ähnliche Strategie verfolgt, um Interesse an der Stadt zu wecken. Dafür hat er sich auf Twitter häufig mit Vertreter:innen der Mainstream-Tech-Branche und der Krypto-Community ausgetauscht. Wyoming hat jetzt ein DAO-freundliches Rechtssystem, Colorado experimentiert mit »quadratischen Abstimmungen« und wir sehen immer mehr Experimente, bei denen es um die Gestaltung fußgängerfreundlicher Straßenräume für die Offline-Welt geht. Wir sehen sogar Projekte unterschiedlicher Radikalität – Culdesac, Telosa, CityDAO, Nkwashi, Prospera und viele andere –, die ganze Viertel und Städte am Reißbrett entwerfen wollen.

Ein weiterer interessanter Trend des letzten Jahres ist das rasche Mainstreaming von Krypto-Ideen wie Coins, Non-fungible Token (NFT) und Dezentrale Autonome Organisationen (DAOs). Was würde geschehen, wenn wir die beiden Trends miteinander verknüpfen würden? Ist es sinnvoll, eine Stadt mit einem Coin, einem NFT, einer DAO, einer On-Chain-Dokumentation zur Korruptionsbekämpfung oder gar einer Kombination aus allen vieren zu haben? Es zeigt sich, dass es Menschen gibt, die bereits genau das versuchen:

- **CityCoins.co**, ein Projekt, das Coins aufsetzt, die lokale Tauschmittel werden sollen, wobei ein Teil der ausgegebenen Coins der Stadtverwaltung zufließt. Miami-Coin gibt es bereits und San Francisco-Coin scheint bald zu kommen.
- **Experimente mit NFTs**, oft als Möglichkeit, lokale Künstler:innen zu finanzieren. Die südkoreanische Stadt Busan richtet eine öffentlich geförderte Konferenz aus, bei der diskutiert werden soll, welche konkreten Anwendungen es für NFTs geben könnte.
- **Die umfassende Vision Hillary Schieves, der Bürgermeisterin von Reno, für die Blockchainifizierung der Stadt**, einschließlich NFT-Verkäufen zur Unterstützung lokaler Künstler:innen, einer RenoDAO mit Reno-Coins, die an Ortsansässige ausgegeben werden, die Einnahmen aus der Vermietung von Immobilien in öffentlichem Eigentum, aus Blockchain-besicherten Lotterien, Blockchain-Abstimmungen und mehr erzielen könnten.
- Weitaus ambitioniertere Projekte, bei denen **Krypto-orientierte Städte von Grund auf erschaffen werden sollen**: siehe CityDAO, die nach eigenen Angaben »eine Stadt auf der Ethereum-Blockchain« – samt DAOifizierter Governance etc. – aufbauen will.

Aber sind diese Projekte in ihrer gegenwärtigen Form gute Ideen? Gibt es Änderungen, die sie zu *besseren* Ideen machen könnten? Wir wollen es herausfinden …

Warum sollten uns Städte interessieren?

Viele nationale Regierungen weltweit reagieren nur unzureichend und zu langsam auf langfristige Probleme und schnelle Veränderungen der Grundbedürfnisse ihrer Bürger:innen. Kurzum, viele Regierungen sind schlecht darin, sich auf neue Gegebenheiten einzustellen und Neues auszuprobieren.

Schlimmer noch: Viele der unkonventionellen politischen Ideen, die heute als Leitlinien der Regierungsführung auf nationaler Ebene erwogen oder bereits umgesetzt *werden*, sind, ehrlich gesagt, ziemlich erschreckend.

Wollen *Sie* wirklich, dass die USA von einem Klon des in der Zeit des Zweiten Weltkriegs amtierenden portugiesischen Diktators Antonio Salazar regiert wird, oder vielleicht von einem »amerikanischen Cäsar«, der die USA von der Geißel des Sozialismus befreit? Auf jede Idee, die mit guten Gründen als freiheitserweiternd oder demokratisch beschrieben werden kann, kommen zehn, die lediglich je unterschiedliche Formen zentralistischer Kontrolle, Mauern und umfassender Überwachung sind.

Schauen wir uns jetzt Kommunalverwaltungen an: **Städte und Staaten sind, wie wir an den Beispielen zu Beginn dieses Beitrags gesehen haben, zumindest theoretisch zu einer echten dynamischen Entwicklung fähig.** Es gibt große und überaus reale kulturelle Unterschiede zwischen Städten, sodass es leichter ist, eine einzelne Stadt zu finden, in der ein öffentliches Interesse daran besteht, eine bestimmte radikale Idee zu übernehmen, als ein ganzes Land von dessen Akzeptanz zu überzeugen. Es gibt reale Herausforderungen und Chancen in Bezug auf lokale öffentliche Güter, Stadtplanung, Verkehrsmittel und in vielen anderen Sektoren bei der Verwaltung von Städten, die angegangen werden könnten. Städte haben interne Ökonomien, in denen Aspekte wie die verbreitete Übernahme von Kryptowährungen realistischerweise eigenständig erfolgen könnten. Außerdem ist es weniger wahrscheinlich, dass Experimente innerhalb von Städten zu desaströsen Ergebnissen führen, weil Städte, erstens, von übergeordneten Behörden reguliert werden und, zweitens, einen Notausgang haben: Menschen, die unzufrieden mit dem, was vor sich geht, sind, können leichter wegziehen.

Alles in allem hat es also den Anschein, als würde die Ebene der kommunalen Verwaltung stark unterschätzt. In Anbetracht der Tatsache, dass Kritik an bestehenden Smart-City-Initiativen sich oft zudem vornehmlich auf Anliegen wie zentralisierte Governance, mangelnde Transparenz und Datenschutz konzentriert, scheinen Blockchain- und kryptografische Technologien vielversprechende Schlüsselfaktoren einer Zukunftsstrategie zu sein, die Offenheit und Mitbestimmung einen größeren Stellenwert einräumt.

Welche städtischen Projekte gibt es bisher?

Eigentlich ziemlich viele! Jedes dieser Experimente ist noch immer recht überschaubar und bemüht sich, mit den Herausforderungen klarzukommen, aber sie alle sind zumindest Keime, aus denen Interessantes hervorgehen könnte. Viele der am weitesten fortgeschrittenen Projekte finden in den Vereinigten Staaten statt, aber weltweit besteht Interesse – in Korea zum Beispiel richtet die Stadtverwaltung Busans eine NFT-Konferenz aus. Nachfolgend einige Beispiele dafür, was heute getan wird.

Blockchain-Experimente in Reno

Hillary Schieve, die Bürgermeisterin von Reno, Nevada, ist ein Blockchain-Fan. Sie konzentriert sich hauptsächlich auf das Tezos-Ökosystem und hat kürzlich erkundet, wie Blockchain-Konzepte für die Verbesserung städtischer Verwaltungsprozesse genutzt werden könnten:

- **Der Verkauf von NFTs zur Finanzierung lokaler Künstler:innen,** beginnend mit einem NFT der »Space Whale«-Skulptur im Stadtzentrum.

- **Erschaffung einer Reno DAO,** die mit Reno-Coins gesteuert wird, die Bewohner:innen per Airdrop – sie werden kostenlose in ihre Wallets übertragen – beziehen können. Die Reno DAO könnte somit langsam Einnahmequellen erschließen; unter anderem wurde vorgeschlagen, die Stadt solle die ihr gehörenden Liegenschaften verpachten und die Einnahmen zur Finanzierung einer DAO verwenden.
- **Mithilfe von Blockchains alle möglichen Prozesse absichern;** Blockchain-abgesicherte Generatoren von Zufallszahlen für Casinos, Blockchain-abgesicherte Abstimmungen etc.

CityCoins.co

CityCoins.co ist ein auf der Blockchain Stacks basierendes Projekt, das von einem ungewöhnlichen »Proof of Transfer« (aus irgendeinem Grund PoX, nicht PoT abgekürzt), einem Block-produzierenden Algorithmus gesteuert wird, der auf der Bitcoin-Blockchain und dem Bitcoin-Ökosystem aufbaut. 70 Prozent des Coin-Angebots werden durch einen laufenden Verkaufsmechanismus generiert: Jede:r mit STX (der Native Token von Stacks) kann die eigenen STX an den City-Coin-Kontrakt senden, um City Coins zu generieren. Die STX-Einnahmen werden auf bestehende City-Coin-Besitzer:innen verteilt, die ihre Coins staken. Die übrigen 30 Prozent werden der Stadtverwaltung zur Verfügung gestellt.

CityCoins hat die interessante Entscheidung getroffen, ein ökonomisches Modell ohne staatliche Unterstützung erstellen zu wollen. Die Kommunalverwaltung muss nicht in die Erschaffung eines Coin von CityCoins.co eingebunden sein, denn eine Community kann einen Coin auch von sich aus auf den Markt bringen. Eine FAQ-Antwort auf »Was kann ich mit CityCoins tun?« zählt Beispiele auf wie: »CityCoins-Communitys entwickeln Apps, die Token für Belohnungen verwenden« und »ortsansässige Betriebe können Menschen, die … ihre CityCoins staken, Rabatte oder sonstige Vergünstigungen gewähren«. In der Praxis aber ist die MiamiCoin-Community nicht auf sich allein gestellt, denn die Stadtverwaltung Miamis hat de facto bereits ihre öffentliche Unterstützung erklärt.

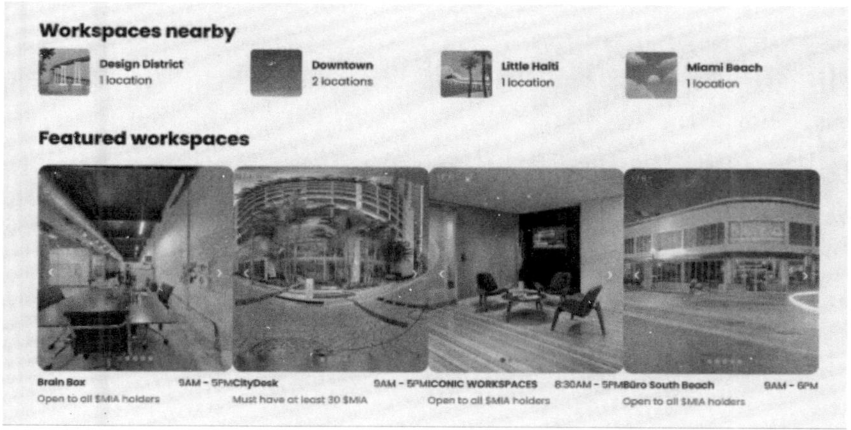

Gewinner des MiamiCoin-Hackathon: eine Site, die Coworking-Spaces erlaubt, MiamiCoin-Inhaber:innen Vorzugsangebote zu machen.

CityDAO

CityDAO ist das radikalste Experiment: Anders als Miami und Reno, die existierende Städte mit existierender Infrastruktur sind, die modernisiert werden sollen, und mit Menschen, die überzeugt werden müssen, ist CityDAO eine DAO, deren rechtlicher Status im Wyoming DAO-Gesetz geregelt ist, das die Neugründung von Städten anstrebt.

Bislang steckt das Projekt noch in den Kinderschuhen. Das Team bringt gegenwärtig den Kauf seines ersten Grundstücks in einem entlegenen Winkel Wyomings zum Abschluss. Mit diesem Grundstück soll laut Plan begonnen werden, um dann in Zukunft weitere Grundstücke für die Errichtung von Städten hinzuzukaufen, die von einer DAO verwaltet werden und radikale ökonomische Ideen umsetzen, wie etwa Harberger-Steuern für die Zuteilung von Grundstücken, kollektive Entscheidungen und Ressourcenmanagement. Ihre DAO ist eine der wenigen progressiven, die Governance auf Basis von Coin-Abstimmungen vermeiden. Vielmehr besteht die Governance hier in einem Abstimmungsverfahren, das auf »Bürger:innen-gebundenen« NFTs basiert. Zudem wurden Ideen lanciert, um die Stimmen mithilfe der Proof-of-Humanity-Verifizierung noch strenger

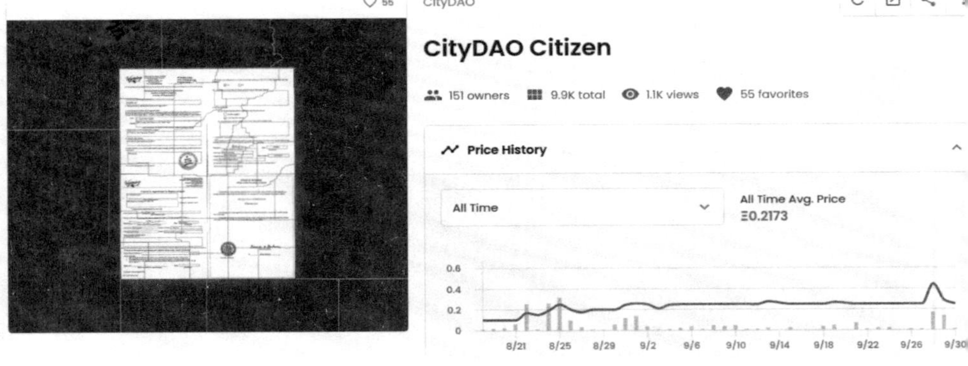

auf eine Stimme pro Person zu begrenzen. Die NFTs werden gegenwärtig verkauft, um das Projekt per Crowdfunding zu finanzieren – diese sind auf OpenSea käuflich.

Was sollten Städte meines Erachtens tun?

Es gibt offensichtlich Vieles, was Städte grundsätzlich tun könnten: weitere Fahrradwege bauen, CO_2-Messgeräte und sogenannte Far-UV-C-Leuchten nutzen, um die COVID-Ausbreitung wirkungsvoller zu bekämpfen, ohne Menschen Unannehmlichkeiten zu bereiten, und sie könnten sogar Forschungsprojekte zur Lebensverlängerung finanzieren. Mein Spezialgebiet sind aber nun mal die Blockchains, um die es in diesem Beitrag auch geht, also wollen wir uns auch auf eben diese konzentrieren. Ich würde behaupten, dass es zwei verschiedene Kategorien von Blockchain-Ideen mit sinnvoller Anwendung gibt:

1. Mithilfe von Blockchains **vertrauenswürdigere, transparentere und besser überprüfbare Versionen bestehender Prozesse** erschaffen.
2. Mithilfe von Blockchains **neue und experimentelle Formen des Eigentums** an Grund und Boden sowie anderen knappen Vermögenswerten implementieren, wie auch **neue und experimentelle Formen demokratischer Governance**.

Blockchains und diese beiden Kategorien passen auf eine natürliche Weise zusammen. Alles, was auf einer Blockchain geschieht, lässt sich leicht öffentlich überprüfen, und es gibt jede Menge vorgefertigte, frei erhältliche Tools, die Menschen dabei helfen. Jede auf einer Blockchain basierende Anwendung kann sofort an andere im gesamten globalen Blockchain-Ökosystem angeschlossen und über Schnittstellen mit ihnen verbunden werden. Blockchain-basierte Systeme sind effizienter als »papiergebundene« Verfahren, und in einer Weise öffentlich überprüfbar, wie es zentralisierte Rechensysteme nicht sind – eine notwendige Kombination, wenn man beispielsweise eine Form der Abstimmung entwickeln will, die es Bürger:innen erlaubt, zu Hunderten oder Tausenden verschiedenen Sachfragen massenhaft Feedback in Echtzeit zu geben.

Befassen wir uns jetzt also mit den konkreten Details.

Welche Prozesse könnten Blockchains vertrauenswürdiger und transparenter machen?

Eine einfache Idee, die zahlreiche Personen, darunter auch internationale Regierungsvertreter:innen, bei vielen Gelegenheiten mir gegenüber erwähnt haben, ist die Idee, dass Regierungen einen auf eine Whitelist gesetzten, nur für den internen Gebrauch bestimmten Stablecoin erschaffen, um innerstaatliche Zahlungen zu verfolgen. Jede Steuerzahlung einer Privatperson oder Organisation könnte mit einem öffentlich sichtbaren On-Chain-Protokoll verknüpft werden, das die entsprechende Anzahl von Coins minted (wenn wir die Höhe der Steuerzahlungen von Privatpersonen nicht-öffentlich halten wollen, gibt es Null-Wissen-Methoden, um nur den Gesamtbetrag zu veröffentlichen und trotzdem alle davon zu überzeugen, dass er richtig berechnet wurde). Transfers zwischen Abteilungen könnten »im Klartext« erfolgen und die Coins würden nur von einzelnen Auftragnehmer:innen oder Mitarbeitenden, die ihre Zahlungen und Gehälter einfordern, eingelöst.

Dieses System ließe sich leicht erweitern. So könnten zum Beispiel Auftragsvergabeverfahren für die Auswahl der Anbieter:innen, die einen

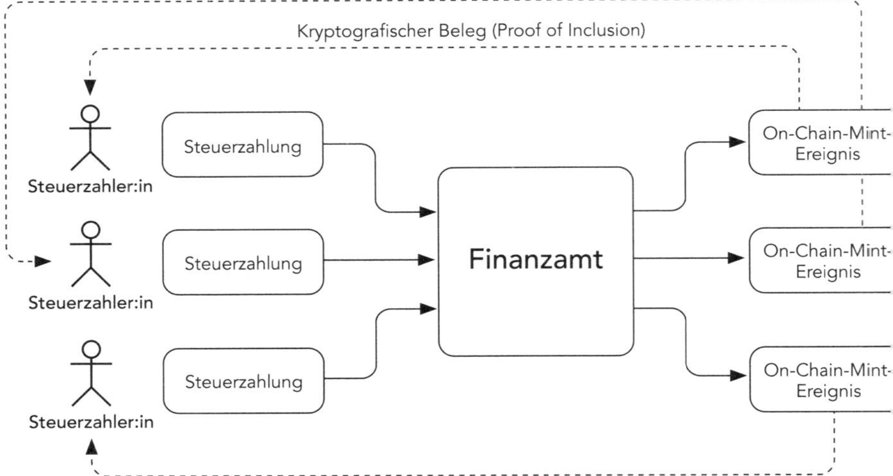

Zuschlag für einen staatlichen Auftrag erhalten haben, weitgehend on-chain erfolgen.

Viele weitere Prozesse könnten mit Blockchains vertrauenswürdiger gemacht werden:

- **Faire Zufallszahlengeneratoren (zum Beispiel für Lotterien)** – VDFs (»verifizierbare Verzögerungsfunktionen«) wie etwa jene, die Ethereum beinhalten soll, könnten als fairer Zufallszahlengenerator dienen, mit dem staatliche Lotterien vertrauenswürdiger gemacht werden könnten. Faire Zufallsauswahlen könnten auch in vielen anderen Anwendungsfällen zum Einsatz kommen, etwa bei der Lottokratie (Entscheidung durch Losverfahren) als politische Herrschaftsform.
- **Bescheinigungen** – zum Beispiel kryptografische Beweise, dass ein bestimmtes Individuum seinen Wohnsitz in der Stadt hat – könnten, wenn sie on-chain ausgestellt würden, besser überprüfbar und sicherer sein (wenn solche Bescheinigungen z. B. »on-chain« ausgestellt würden, wäre es offensichtlich, wenn eine große Zahl falscher Bescheinigungen ausgestellt werden würde). Dies ließe sich für alle möglichen von Stadtverwaltungen ausgestellte Bescheinigungen nutzen.

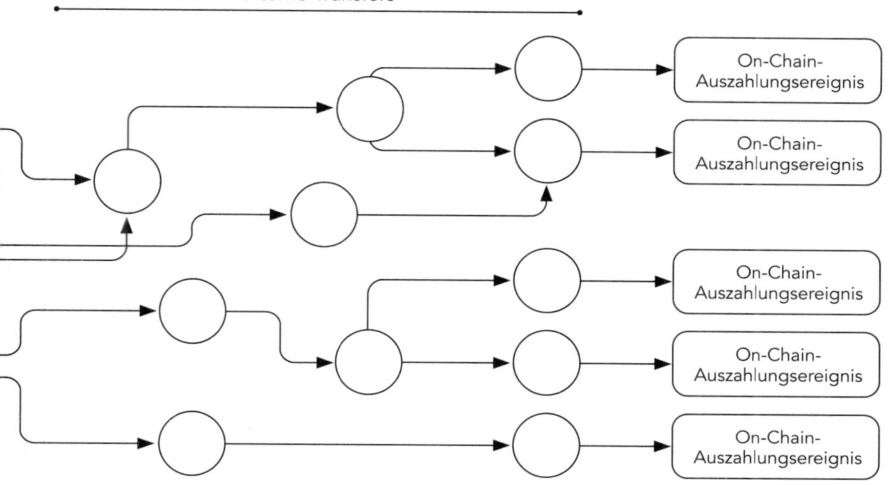

- **Register für Vermögenswerte**, für Grundstücke und andere Assets sowie komplexere Formen von Eigentum wie etwa Erschließungsrechte. Da Gerichte in der Lage sein müssen, in außergewöhnlichen Situationen Rechtsübertragungen vorzunehmen, werden diese Register vermutlich niemals vollständig dezentralisierte Inhaberinstrumente sein – so, wie es Kryptowährungen sind –, aber wenn man Verzeichnisse on-chain führt, kann man im Streitfall dennoch leichter ersehen, was in welcher Reihenfolge geschehen ist.

Irgendwann könnten sogar **Abstimmungen** on-chain erfolgen. Hier tun sich allerdings viele Probleme und Risiken auf, die wirklich Vorsicht gebieten: Eine ausgetüftelte Lösung, die Blockchains, Null-Wissen-Beweise und andere kryptografische Verfahren kombiniert, ist unerlässlich, um die gewünschten Datenschutz- und Sicherheitsmerkmale zu realisieren. Wenn aber die Menschheit überhaupt jemals auf elektronische Abstimmungsverfahren umstellen sollte, scheinen die Kommunen der perfekte Startpunkt dafür zu sein.

Welche radikalen ökonomischen und Governance-Experimente könnten interessant sein?

Die Blockchain kann jedoch nicht nur Aspekte aufgreifen, die Regierungen und Behörden *bereits* tun, sondern Blockchains sind vielmehr auch eine Chance für staatliche Institutionen, um völlig *neue* und radikale ökonomische und Governance-bezogene Experimente durchzuführen. Das sind nicht unbedingt abschließende Ideen in Bezug auf das, was meines Erachtens getan werden sollte; vielmehr handelt es sich um anfängliche Erkundungen und Vorschläge, in welche Richtungen diese gehen könnten. Sobald ein Experiment beginnt, ist Feedback aus der realen Welt oftmals mit Abstand die nützlichste Variable, um zu entscheiden, wie es mit dem Experiment weitergehen sollte.

1. Experiment: eine umfassendere Vision von City-Token

CityCoins.co ist eine Vision, wie City-Token funktionieren könnten, aber bei Weitem nicht die einzige. Tatsächlich ist der CityCoins.co-Ansatz mit erheblichen Risiken verbunden, insbesondere dadurch, dass das ökonomische Modell Early Adopters deutlich begünstigt. 70 Prozent der STX-Einnahmen aus der Prägung neuer Coins geht an *bestehende Staker des City Coin*. In den nächsten fünf Jahren werden mehr Coins emittiert werden als in den darauffolgenden 50 Jahren. Es ist ein guter Deal für den Staat im Jahr 2021, aber wie steht es mit 2051? Sobald der Staat einen bestimmten City Coin unterstützt, wird es für ihn schwierig, in der Zukunft einen anderen Weg einzuschlagen. Daher ist es wichtig, dass Stadtverwaltungen gründlich über diese Fragen nachdenken und sich für einen langfristig sinnvollen Weg entscheiden.

Hier nun eine andere Skizze einer Idee, wie City-Token funktionieren könnten. Es ist keineswegs die *einzige* mögliche Alternative zu der Vision von CityCoins.co. Jedenfalls sind City-Token ein ausgedehnter Designraum und es lohnt sich, viele verschiedene Optionen zu betrachten. Dann mal los …

Das Konzept des Wohneigentums in seiner gegenwärtigen Form ist ein bemerkenswert zweischneidiges Schwert, und die konkrete Art und Weise, wie es aktiv gefördert und rechtlich ausgestaltet ist, wird von vielen als einer der größten wirtschaftspolitischen Fehler der heutigen Zeit angesehen. **Es besteht ein unvermeidliches politisches Spannungsverhältnis zwischen einem Eigenheim als selbstgenutztem Wohnraum und einem Eigenheim als Kapitalanlage.** Zudem beeinträchtigt der Druck, Gemeinschaften zufriedenzustellen, die sich für Letzteres interessiert, längerfristig oft in gravierender Weise die Erschwinglichkeit von Ersterem. Stadtbewohner:innen besitzen entweder ein Eigenheim, was sie in eine übermäßige Abhängigkeit von den Grundstückspreisen bringt und perverse Fehlanreize für sie schafft, den Bau neuer Wohnimmobilien zu verhindern, oder sie mieten eine Wohnung, was sie *in negativer Weise* den Preisänderungsrisiken am Immobilienmarkt aussetzt und sie aus ökonomischen Gründen in Widerspruch zu dem Ziel bringt, eine Stadt zu einem lebenswerten Ort zu machen.

Trotz all dieser Probleme halten viele den Erwerb von Wohneigentum nicht nur für eine gute persönliche Entscheidung, sondern auch für etwas, das aktiv subventioniert beziehungsweise gesellschaftlich gefördert werden sollte. Ein wichtiger Grund ist, dass es Menschen einen Anstoß zum Geldsparen und Vermögensaufbau gibt. Ein weiterer wichtiger Grund ist, dass es ungeachtet seiner Schwächen die ökonomischen Interessen der Ortansässigen und der Gemeinden, in denen sie leben, zur Deckung bringt. **Was aber wäre, wenn wir Menschen eine Möglichkeit geben könnten, Ersparnisse zu bilden und eine ökonomische Interessensangleichung ohne diese Mängel herbeizuführen?** Was wäre, wenn wir einen teilbaren und fungiblen City-Token erschaffen könnten, von dem Bewohner:innen so viele Einheiten halten könnten, wie sie sich leisten könnten oder wie es ihnen angenehm wäre, und dessen Wert steigt, wenn die Stadt prosperiert?

Beginnen wir mit einigen möglichen Zielen. Nicht alle sind notwendig – ein Token, der nur drei von fünf verwirklicht, ist bereits ein großer Schritt nach vorn. Wir werden aber versuchen, möglichst viele davon zu erreichen:

- **Nachhaltige Einnahmequellen für den Staat erschließen:** Das City-Token-Wirtschaftsmodell sollte die Umlenkung *bestehender* Steuereinnahmen verhindern, vielmehr sollte es *neue* Einnahmequellen erschließen.

- **Die ökonomischen Interessen von Bewohner:innen und Stadt in Einklang bringen:** Dies bedeutet vor allem, dass der Coin selbst in dem Maße an Wert gewinnen sollte, wie die Stadt attraktiver wird. Es bedeutet aber auch, dass die ökonomischen Faktoren so gestaltet sein sollten, dass *Bewohner:innen* stärkere Anreize haben, den Coin zu halten, als weit entfernte Hedgefonds.
- **Ersparnis- und Vermögensbildung fördern:** Wohneigentum tut dies – da Eigenheimbesitzer:innen Hypothekenzahlungen leisten, bauen sie automatisch Vermögen auf. City-Token könnten dies ebenfalls, indem sie es attraktiv machen, Coins im Lauf der Zeit anzuhäufen und die Erfahrung sogar gamifizieren.
- **Mehr prosoziale Aktivitäten fördern:** wie etwa positive Aktionen, die der Stadt helfen, und nachhaltigere Ressourcennutzung.
- **Soziale Gleichheit anstreben:** Vermögende Personen sollten nicht über Gebühr gegenüber armen Menschen begünstigt werden (wie es schlecht konzipierte ökonomische Mechanismen oft unabsichtlich tun). Die Teilbarkeit eines Tokens, die eine scharfe binäre Spaltung in Reiche und Arme vermeidet, leistet in dieser Hinsicht schon viel, aber wir können noch mehr tun, indem wir zum Beispiel einen Großteil neuemittierter Coins Ortsansässigen als Bedingungsloses Grundeinkommen[62] zukommen lassen.

Ein Muster, das die ersten drei Kriterien leicht zu erfüllen scheint, gewährt Coin-Besitzer:innen Vergünstigungen: Wenn Sie mindestens *x* Coins halten (wobei *x* mit der Zeit ansteigen kann), erhalten Sie eine Reihe von Dienstleistungen kostenlos. MiamiCoin versucht Unternehmen dazu zu ermuntern, aber da könnte noch mehr getan und dafür gesorgt werden, dass auch *staatliche* Dienstleistungen so funktionieren. Ein einfaches Beispiel wäre es, vorhandene öffentliche Parkflächen nur Personen, die eine gewisse Mindestanzahl von Coins in einer gebundenen Form halten, gratis zur Verfügung zu stellen. Dies würde mehreren Zielen gleichzeitig dienen:

- Es würde einen **Anreiz schaffen, den Coin zu halten**, was seinen Wert stützen würde.
- Es würde **speziell für *Ortsansässige*** (im Gegensatz zu weit entfernten Investor:innen, die keine Anreize haben, die mit denen der lokalen Bevölkerung deckungsgleich sind) **einen Anreiz schaffen, den Coin zu halten.** Außerdem ist der Nutzen des Anreizes pro Person nach oben begrenzt, sodass er breit gestreute Coin-Bestände fördert.
- Es würde für eine **Harmonisierung der ökonomischen Interessen** sorgen (die Stadt wird attraktiver ➔ mehr Menschen wollen parken ➔ Coins gewinnen an Wert). **Im Unterschied zum Wohneigentum sorgt dies dafür, dass eine *ganze Stadt* gleichermaßen ökonomisch profitiert,** nicht nur ein ganz bestimmter Standort in einer Stadt.
- **Es würde die nachhaltige Ressourcennutzung fördern,** indem es die Nutzung von Parkplätzen reduzieren (auch wenn Menschen ohne Coins, die sie wirklich brauchen, weiterhin dafür zahlen könnten) und den Wunsch vieler Stadtverwaltungen, mehr fußgängerfreundlichen öffentlichen Raum zu schaffen, unterstützen würde. Alternativ könnte auch Restaurants erlaubt werden, Coins durch den gleichen Mechanismus zu binden und Parkplätze für Außenbestuhlung zu beanspruchen.

Um jedoch massive Fehlanreize zu verhindern, ist es äußerst wichtig, sich nicht in übermäßige Abhängigkeit von einer spezifischen Idee zu begeben, sondern stattdessen eine breit gefächerte Palette möglicher Einnahmequellen zu etablieren. **Eine hervorragende Goldmine von Orten, die City-Token einen Wert verleihen und gleichzeitig mit neuartigen Governance-Ideen experimentieren, ist die Flächennutzung.** Wenn Sie mindestens y Coins besitzen, dann können Sie quadratisch über die Gebühr abstimmen, die benachbarte Grundeigentümer:innen bezahlen müssen, um Bebauungsbeschränkungen umgehen zu können. Dieser hybride »Markt plus direkte Demokratie«-basierte Ansatz wäre viel effizienter als die gegenwärtigen, übermäßig umständlichen Genehmigungsverfahren, zudem wäre die Gebühr selbst eine weitere staatliche Einnahmequelle. Grundsätzlich könnte jede der Ideen im nächsten Abschnitt mit City-Token verbunden werden, um Besitzer:innen von City-Token mehr Nutzungsmöglichkeiten zu geben.

2. Experiment: Radikalere und partizipativere Formen der Governance

Hier kommen *Radical Markets*[63]-Ideen wie Harberger-Steuern, quadratische Abstimmung und quadratische Finanzierung ins Spiel. Ich habe bereits im vorstehenden Abschnitt einige dieser Ideen erwähnt, aber man braucht keinen zweckgebundenen City-Token für die Umsetzung. Quadratische Abstimmung und Finanzierung wurden bereits in begrenztem Umfang von staatlichen Akteur:innen genutzt: siehe zum Beispiel die Demokratische Partei von Colorado und der taiwanesische »Presidential Hackathon« sowie noch nicht staatlich unterstützte Experimente wie den »Boulder Downtown Stimulus« von Gitcoin. Wir könnten aber noch mehr tun!

So könnte man zum Beispiel Bauunternehmen Anreize geben, die **Ästhetik von Gebäuden** zu verbessern. Mithilfe von Harberger-Steuern und andere Mechanismen könnten **Bebauungsvorschriften** grundlegend reformiert werden, und Blockchains könnten dazu genutzt werden, solche Mechanismen vertrauenswürdiger und effizienter zu verwalten. Eine andere Idee, die kurzfristig praktikabler ist, wäre die **Subventionierung lokaler Unternehmen**, ähnlich wie beim »Downtown Stimulus«, aber in größerem und dauerhafterem Umfang. Unternehmen erzeugen in den Kommunen, in denen sie ihren Sitz haben, permanent vielfältige positive Externalitäten, und diese könnten effektiver belohnt werden. **Lokale Nachrichten** könnten quadratisch finanziert werden und so eine seit Langem ums Überleben kämpfende Branche revitalisieren. Preise für Werbeanzeigen könnten auf Basis von Echtzeitabstimmungen darüber, wie gern sich Menschen eine bestimmte Werbeanzeige ansehen, festgesetzt werden und so Originalität und Kreativität fördern.

Mehr demokratisches Feedback (und möglicherweise sogar rückwirkendes demokratisches Feedback!) könnte in überzeugender Weise bessere Anreize in all diesen Bereichen schaffen. Und **digitale Demokratie durch quadratische Online-Abstimmung und Finanzierung in Echtzeit könnte vermutlich viel mehr erreichen als die Demokratiekonzepte des 20. Jahrhunderts, die in der Praxis – auf kommunaler Ebene – vor allem durch starre Bauordnungen und vorsätzliche Behinderung von Planungs- und**

Genehmigungsanhörungen gekennzeichnet war. Wenn man Blockchains zur Absicherung von Abstimmungen benutzen will, dann erscheint es zudem selbstverständlich weitaus sicherer und politisch durchsetzbarer, es mit ausgefallenen neuen Arten von Abstimmungen zu tun, als bestehende Abstimmungssysteme schlicht zu reformieren.

An dieser Stelle ein obligatorisches Solarpunk-Bild, das positive Vorstellungen davon hervorrufen soll, wie unsere Städte aussehen könnten, wenn quadratische Abstimmungen in Echtzeit Subventionen und Preise für alle möglichen Güter festsetzen könnten.

Fazit

Es gibt eine Vielzahl interessanter Ideen, mit denen bestehende Städte oder auch neu zu errichtende Städte experimentieren könnten. Neue Städte haben selbstverständlich den Vorteil, dass sie noch keine Bewohner:innen mit bestimmten Erwartungen in Bezug darauf, wie etwas erledigt werden sollte, haben. Das Konzept der Stadtgründung an sich ist aber in der Moderne kaum erprobt. Vielleicht könnten die mehrere Milliarden Dollar schweren Kapital-Pools in den Händen von Menschen und Projekten, die begeistert Neues ausprobieren wollen, uns die Aufgabe erleichtern. Selbst dann werden bereits existierende Städte wahrscheinlich weiterhin die Orte sein, an denen auf absehbare Zeit die meisten Menschen leben, und bestehende Städte können diese Ideen ebenfalls umsetzen.

Blockchains können sowohl für die eher »reformatorischen« als auch für die radikaleren Ideen, die hier vorgeschlagen wurden, äußerst nützlich sein – selbst dann, wenn eine Stadtverwaltung grundsätzlich als »vertrauenswürdig« gilt. Wenn man einen neuen oder bestehenden Mechanismus on-chain ablaufen lässt, kann die Öffentlichkeit leicht dessen Regelkonformität überprüfen. Öffentliche Chains sind besser: Die Vorteile einer bestehenden Infrastruktur, die Usern erlaubt, unabhängig zu überprüfen, was vor sich geht, überwiegen bei Weitem die Verluste aufgrund von Transaktionsgebühren, die sich durch Rollups und Sharding schnell verringern sollten. Wenn strenger Datenschutz verlangt wird, können Blockchains mit Zero-Knowledge-Kryptografie verbunden werden, um gleichzeitig ein hohes Maß von Datenschutz und Sicherheit zu gewährleisten.

Staatliche Verwaltungen sollten vor allem vermeiden, allzu schnell Optionalität zu opfern. Eine *existierende* Stadt könnte in diese Fallen tappen, indem sie einen schlechten City-Token einführt, statt es langsamer angehen zu lassen und einen guten einzuführen. Eine neue Stadt könnte in diese Falle tappen, indem sie zu viel Land verkauft und das gesamte Wertsteigerungspotenzial für eine kleine Gruppe von Early Adopters opfert. Ideal ist es, mit eigenständigen Experimenten zu beginnen, um dann langsam einen unumkehrbaren Schritt nach dem anderen zu machen. Zugleich ist es aber auch wichtig, überhaupt die Gelegenheit zu ergreifen. Städte haben in vielerlei Hinsicht Verbesserungsbedarf und bieten zugleich eine Vielzahl von Chancen. Trotz aller Herausforderungen sind Krypto-Städte ganz allgemein eine Idee, deren Zeit gekommen ist.

Besonderer Dank an Mr. Silly und Tina Zhen für frühes Feedback zu dem Post und an eine lange Liste von Personen, die die Ideen mit mir diskutiert haben.

»SEELENGEBUNDEN«

vitalik.ca, 26. Januar 2022

Ein Feature von *World of Warcraft*, das seinen Spieler:innen in Fleisch und Blut übergegangen ist, aber außerhalb von Gaming-Kreisen kaum diskutiert wird, ist das Konzept *seelengebundener* (»soulbound«) Gegenstände. Diese können, sobald sie aufgehoben wurden, nicht an andere Spieler:innen übertragen oder verkauft werden.

Die meisten mächtigen Gegenstände in dem Spiel sind seelengebunden und man muss, um sie zu bekommen, typischerweise eine komplizierte Aufgabe lösen oder ein äußerst mächtiges Monster töten, in der Regel mithilfe von zwischen vier und 39 anderen Spieler:innen. Damit Ihre Spielfigur auch nur annähernd dahin gelangt, die besten Waffen und Rüstungen zu erhalten, bleibt Ihnen nichts anderes übrig, als sich selbst an der Tötung einiger dieser außerordentlich schwer zu überwältigenden Monster zu beteiligen.

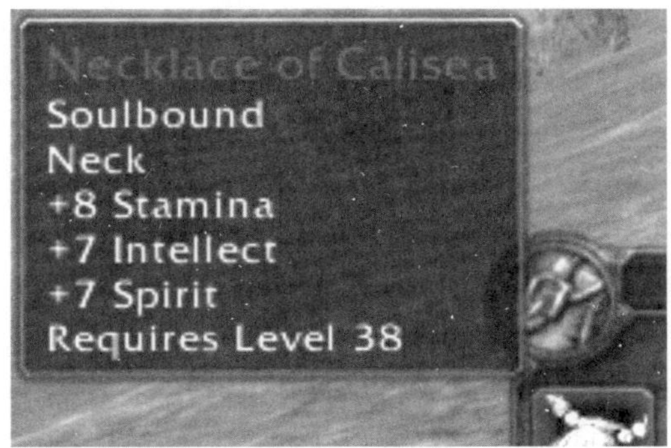

Der Zweck des Mechanismus ist recht eindeutig: Er sorgt dafür, dass das Spiel herausfordernd und interessant bleibt, indem er sicherstellt, dass man sich für die besten Gegenstände der schwierigen Aufgabe stellt und sich gut überlegt, wie man den Drachen töten will. Sie können nicht einfach nur zehn Stunden pro Tag, ein Jahr lang, Wildschweine erlegen, Tausende von Goldmünzen verdienen und die sagenhafte magische Rüstung von anderen Spieler:innen kaufen, die den Drachen für Sie getötet haben.

Selbstverständlich ist das System unvollkommen: Sie könnten einfach ein Team von Profis dafür bezahlen, dass sie den Drachen zusammen mit Ihnen töten und Sie die Beute einsammeln lassen, oder auch direkt eine Figur auf einem Sekundärmarkt kaufen und all dies mit US-Dollar außerhalb des Spiels tun, sodass Sie nicht einmal Wildschweine töten müssten – aber selbst dann wäre es noch ein viel besseres Spiel als eines, in dem jeder Gegenstand immer einen Preis hat.

Was wäre, wenn NFTs seelengebunden sein könnten?

NFTs in ihrer gegenwärtigen Form haben viele derselben Eigenschaften wie seltene und epische Gegenstände in einem riesigen Multiplayer-Online-Spiel. Sie haben sozialen Signalwert: Menschen, die sie besitzen, können damit prahlen, und es gibt immer mehr Tools, die Usern dabei helfen. Vor Kurzem rollte Twitter eine Funktion aus, die es Usern erlaubt, ihre NFTs in ihrem Bildprofil zu zeigen. Was genau aber signalisieren diese NFTs? Zweifellos besteht ein Teil der Antwort darin, dass sie ein gewisses Können im Erwerb von NFTs und das Wissen, welche NFTs erworben werden sollten, beweisen. Weil aber NFTs handelbare Objekte sind, besteht ein weiterer Teil der Antwort darin, dass sie auch einen gewissen Reichtum signalisieren.

Wenn eine Person Ihnen einen NFT zeigt, den man dadurch erhält, dass man X tut, können Sie nicht sagen, ob die Person X selbst getan hat oder jemanden dafür bezahlt hat. Manchmal ist dies kein Problem: für einen NFT, der eine Wohltätigkeitsorganisation unterstützt, opfert jemand, der ihn auf dem Sekundärmarkt kauft, sein eigenes Geld für die Sache, und diese Person hilft der Wohltätigkeitsorganisation, indem sie bei anderen zum Kaufanreiz beiträgt, daher besteht also kein Grund der Diskriminierung. Tatsächlich kann auch aus Wohltätigkeits-NFTs allein viel Gutes hervorgehen. Aber was ist, wenn wir NFTs erschaffen wollen, die nicht einfach nur signalisieren, wer das meiste Geld hat, sondern die etwas anderes zeigen wollen?

CryptoPunks werden jetzt regelmäßig für viele Millionen Dollar verkauft, dabei sind sie nicht einmal die teuersten NFTs auf dem Markt.

Das vielleicht beste Beispiel für ein solches Projekt ist »POAP«, das »Proof of Attendance Protocol«. POAP ist ein Standard, über den Projekte NFTs senden, die die Idee repräsentieren, dass die Empfänger:innen jeweils persönlich an einem Ereignis teilgenommen haben.

POAP ist ein hervorragendes Beispiel für einen NFT, der besser funktioniert, wenn er seelengebunden sein könnte. Wenn sich eine Person Ihr POAP ansieht, interessiert es sie nicht, ob Sie jemanden dafür bezahlt haben, einem Ereignis beizuwohnen, oder nicht. Sie interessiert sich dafür, ob *Sie persönlich* an diesem Ereignis teilgenommen haben oder nicht. Vorschläge, Bescheinigungen on-chain zu hinterlegen (z. B. Führerscheine, Hochschulabschlüsse, Altersnachweise), sehen sich einem ähnlichen Problem gegenüber: Sie wären viel weniger aussagekräftig, wenn eine Person, die die Bedingung selbst nicht erfüllt, einfach hingehen und eine Bescheinigung von jemandem, der dies tut, kaufen könnte.

Während übertragbare NFTs ihre Daseinsberechtigung haben und tatsächlich von sich aus nützlich sein können, um Künstler:innen und Wohltätigkeitsorganisationen zu unterstützen, gibt es darüber hinaus einen großen und noch zu wenig erkundeten Designraum bezüglich des Potenzials *unübertragbarer* NFTs.

Ein Teil meiner eigenen POAP-Sammlung. Die meisten stammen von Ereignissen, an denen ich im Lauf der Jahre teilgenommen habe.

Was wäre, wenn Governance-Rechte seelengebunden sein könnten?

Über dieses Thema habe ich bereits bis zum Überdruss geschrieben, aber man kann es nicht oft genug sagen: **Governance-Mechanismen kann leicht sehr Schlimmes widerfahren, wenn die Governance-Befugnis problemlos übertragbar ist.** Dafür gibt es vor allem zwei Gründe:

- Wenn es das Ziel ist, die Governance-Befugnis *breit zu streuen*, dann ist Übertragbarkeit kontraproduktiv, weil konzentrierte Interessen mit höherer Wahrscheinlichkeit die Governance-Rechte von allen anderen aufkaufen.
- Wenn es das Ziel ist, die Governance-Befugnis *den kompetenten Menschen zukommen zu lassen*, dann ist Übertragbarkeit kontraproduktiv, weil nichts verhindert, dass die Governance-Rechte von den Entschlossenen, aber Inkompetenten aufgekauft werden.

Wenn man den Sinnspruch, wonach »diejenigen, die am meisten über Menschen herrschen wollen, am wenigsten dazu geeignet sind« ernst nimmt, dann sollte man Übertragbarkeit misstrauen, eben weil sie die Governance-Befugnis von den Sanften, die der Governance am ehesten wertvolle Inputs liefern können, auf die Machthungrigen, die am ehesten Probleme verursachen werden, übergehen lässt.

Was wäre, wenn wir versuchen würden, die Governance-Rechte unübertragbar zu machen? Was wäre, wenn wir versuchen würden, eine CityDAO zu erstellen, bei der die tatsächlichen Stadtbewohner:innen mehr Stimmrechte erhalten, oder die zumindest verlässlich demokratisch ist und unzulässige Beeinflussung durch »whales« verhindert, die eine große Zahl Bürger:innen-bezogener NFTs horten? Was wäre, wenn die DAO-Governance von Blockchain-Protokollen die Governance-Rechte irgendwie von Mitwirkung abhängig machen könnte? Einmal mehr tut sich ein großer und ergiebiger, aber heute noch schwer zugänglicher Designraum auf.

Die praktische Umsetzung der Unübertragbarkeit

POAP hat die technische Entscheidung getroffen, die Übertragbarkeit der POAPs selbst nicht zu blockieren. Dafür gibt es gute Gründe: User haben vielleicht einen guten Grund, all ihre Vermögenswerte von einer Wallet in eine andere zu übertragen (z. B. aufgrund der Sicherheit), und die Sicherheit einer »naiv implementierten« Unübertragbarkeit ist eh nicht sonderlich hoch, weil User schlicht ein Wrapper-Konto eröffnen könnten, das die NFT verwahrt, um dann das Eigentum daran zu verkaufen.

Tatsächlich gibt es eine ganze Reihe von Fällen, in denen POAPs häufig gekauft und verkauft wurden, wenn es dafür einen wirtschaftlichen Grund gab. Adidas veröffentlichte vor Kurzem ein kostenloses POAP für seine Fans, das Usern bevorzugten Zugang zu einem Merchandise-Verkauf geben konnte. Was geschah? Selbstverständlich wurden viele der POAPs schnell an den Höchstbietenden übertragen.

Mehr Übertragungen als Artikel. Und das ist nicht das einzige Mal.

Um dieses Problem zu lösen, schlägt das POAP vor, dass Entwickler:innen, denen an einer Unübertragbarkeit gelegen ist, von sich aus Kontrollen durchführen: Sie könnten on-chain überprüfen, ob die jeweils gegenwärtigen Besitzer:innen dieselbe Adresse haben wie die jeweils ursprünglichen Besitzer:innen. Sie könnten zudem im Laufe der Zeit weitere, ausgefeiltere

Kontrollmechanismen einführen, wenn sie dies für notwendig erachten. Dies ist zumindest einstweilen ein zukunftssichererer Ansatz.

Vielleicht ist der eine NFT, der heute in verlässlichster Weise unübertragbar ist, der Proof-of-Humanity-Nachweis[64]. Theoretisch kann jeder ein Proof-of-Humanity-Profil mit einem Smart-Contract-Konto mit übertragbarem Eigentum erstellen und dieses Konto dann verkaufen. Das Proof-of-Humanity-Protokoll hat aber eine Widerrufsfunktion, die es den ursprünglichen Eigentümer:innen jeweils erlaubt, ein Video aufzunehmen, in dem sie um die Entfernung eines Profils bitten. Ein Kleros-Gericht entscheidet dann, ob das Video von derselben Person stammt, die das Konto ursprünglich eröffnet hat. Sobald das Profil erfolgreich entfernt wurde, kann die Person die Erstellung eines neuen Profils beantragen. Wenn Sie also das Proof-of-Humanity-Profil einer anderen Person kaufen, kann Ihnen dieses schnell weggenommen werden, sodass Eigentumsübertragungen keinen Bestand haben. Proof-of-Humanity-Profile sind de facto an bestimmte Menschen seelengebunden.

Können wir die Übertragbarkeit einschränken, ohne alles auf den Proof of Humanity zu stützen? Es wird schwieriger, aber es gibt mittelmäßig gute Ansätze, die für einige Anwendungsfälle wahrscheinlich gut genug sind. Eine einfache Option besteht darin, einen NFT an einen ENS[Ethereum Name Service]-Namen zu binden, wenn wir von der Annahme ausgehen, dass Usern so viel an ihren ENS-Namen liegt, dass sie nicht bereit sind, diesen zu übertragen. Fürs Erste werden wir wahrscheinlich eine Palette von Strategien zur Einschränkung der Übertragbarkeit sehen, wobei verschiedene Projekte unterschiedliche Abwägungen zwischen Sicherheit und Bequemlichkeit treffen.

Unübertragbarkeit und Datenschutz

Kryptografisch starker Datenschutz für übertragbare Vermögenswerte ist recht leicht zu verstehen: Sie nehmen Ihre Coins, hinterlegen sie bei tornado.cash[65] oder einer ähnlichen Plattform und überweisen sie auf ein neues Konto. Wie aber können wir bei seelengebundenen Gegenständen, die man nicht einfach auf ein neues Konto oder in einen Smart Contract übertragen kann, den Datenschutz verbessern? Wenn Proof of Humanity breitere Akzeptanz findet, wird der Datenschutz immer wichtiger, da die Alternative darin besteht, dass all unsere Aktivitäten on-chain abgebildet werden und direkt für das menschliche Auge sichtbar sind.

Glücklicherweise gibt es dafür recht einfache technische Optionen:

- Speichern Sie den Gegenstand unter einer Adresse, die der Hash eines (erstens) Indizes, (zweitens) der Empfängeradresse und (drittens) eines geheimen Besitztums der jeweiligen Empfänger:innen ist. Sie könnten Ihr Geheimnis einem Interface verraten, das nach allen möglichen Ihnen gehörenden Gegenständen suchen würde, aber niemand ohne Ihr Geheimnis könnte sehen, welche Gegenständen Ihnen gehören.
- Veröffentlichen Sie einen Hash einer Vielzahl von Gegenständen und geben Sie allen Empfänger:innen ihren Ast im Hash-Baum.[66]
- Wenn ein Smart Contract überprüfen muss, ob Sie einen Gegenstand eines gewissen Typs besitzen, können Sie einen ZK-SNARK[67] bereitstellen.

Transfers könnten on-chain erfolgen und die einfachste Technik dafür könnte eine Transaktion sein, die einen Factory Contract auffordert, den alten Gegenstand ungültig und den neuen Gegenstand gültig zu machen, wobei mithilfe eines ZK-SNARK der Beweis für die Gültigkeit der Aktion erbracht wird.

Datenschutz trägt in erheblichem Umfang dazu bei, dass diese Art Ökosystem gut funktioniert. In manchen Fällen ist der zugrunde liegende Gegenstand, der das Item repräsentiert, bereits öffentlich – dann ergibt ein hinzugefügter Datenschutz keinen Sinn. In vielen anderen Fällen aber würden User nicht wollen, dass ihr gesamter Besitz offengelegt wird. Wenn eines Tages in der Zukunft der Impfstatus zu einem POAP wird, könnten wir kaum etwas Schlimmeres tun, als ein System zu erschaffen, in dem das POAP automatisch für alle sichtbar angezeigt würde, sodass allen nichts anderes übrig bliebe, als ihre medizinischen Entscheidungen von ihrem sozialen Umfeld beziehungsweise dessen Definition von »cool« beeinflussen zu lassen. Datenschutz als zentraler Bestandteil des Designs kann diese negativen Ergebnisse verhindern, aber gleichzeitig die Wahrscheinlichkeit erhöhen, dass wir etwas Großartiges erschaffen.

Von hier nach da

Häufig wird am »Web3«-Raum, wie er gegenwärtig existiert, kritisiert, er sei extrem geldorientiert. Menschen brüsten sich damit, dass sie riesige Vermögen machten und diese offen verprassten – dies wiederum begrenze wohl die Anziehungskraft und Nachhaltigkeit der Kultur, die sich um diese digitalen Sammlerstücke herausbilde. Sogar finanzialisierte NFTs können selbstverständlich von großem Nutzen sein, denn sie können Künstler:innen und Wohltätigkeitsorganisationen finanzieren, die andernfalls verkannt würden. Allerdings hat dieser Ansatz Grenzen und es gibt zugleich ein großes, noch unerschlossenes Potenzial jenseits der Finanzialisierung. Eine Alternative bestünde darin, mehr Items im Krypto-Raum »seelengebunden« zu machen: NFTs könnten dann mehr von dem repräsentieren, wer Sie sind, statt nur das, was Sie sich leisten können.

Allerdings müssen dafür technische Herausforderungen sowie ein unerquickliches Spannungsverhältnis zwischen dem Wunsch, Transfers zu beschränken oder zu verhindern, und einem Blockchain-Ökosystem bewältigt werden, in dem bislang alle Standards so definiert wurden, dass sie maximale Übertragbarkeit sicherstellen sollen. Items an »Identitätsobjekte« anzuhängen, die User entweder nicht veräußern können (wie bei Proof-of-Humanity-Profilen) oder wollen (wie bei ENS-Namen), dürften der vielversprechendste Weg sein, aber es bleiben Herausforderungen in Bezug auf die Benutzerfreundlichkeit, den Datenschutz und die Sicherheit bestehen. Wir müssen uns größere Mühe geben, diese Herausforderungen zu durchdenken und Lösungen für sie zu finden. Falls uns dies gelingt, tut sich eine viel größere Tür für Blockchains auf, die im Zentrum von Ökosystemen stehen, bei denen es um Kooperation und Spaß geht, statt bloß um Geld.

ANHANG

ETHEREUM WHITEPAPER ZUM DOWNLOAD

Laden Sie hier das *Ethereum Whitepaper* von Vitalik Buterin herunter:

Sie finden es auch auf der Campus-Website unter: campus.de/whitepaper-buterin

GLOSSAR

BLOCKCHAIN ist die Technologie, die Bitcoin, Ethereum und ähnlichen **Protokollen** zugrunde liegt. Eine Blockchain ist eine verteilte Datenbank, über deren Inhalte sich die teilnehmenden Computer verständigen. Sie setzt sich aus Datenblöcken zusammen – die Transaktionen, Software-Code oder anderes Material enthalten –, die durch eine kontinuierliche Kette miteinander verbunden sind. Sobald Daten hinzugefügt wurden, können sie nicht mehr gelöscht oder modifiziert werden. Im Allgemeinen gilt die Blockchain von Bitcoin als erste Blockchain – ihr **Genesis-Block** wurde am 3. Januar 2009 gemined.

CYPHERPUNK ist eine Ideologie und politische Bewegung, die mithilfe **kryptografischer** Verfahren den Schutz der Privatsphäre und der individuellen Freiheit verbessern sowie die Fähigkeit von Regierungen, Bürger:innen zu überwachen und zu zensieren, verringern will. Cypherpunkt-Communitys experimentieren seit Jahrzehnten mit Ideen, die dann zur Basis der **Blockchain**-Technologie wurden.

DAO steht für »Dezentrale Autonome Organisation«, ein Terminus, der im Allgemeinen Organisationen bezeichnet, die bis zu einem gewissen Grad durch **Smart Contracts** auf einer **Blockchain** definiert sind. Eine der ersten DAOs war »The DAO«, ein frühes Ethereum-Projekt, dessen Hack im Juni 2016 zu einem »Hard **Fork**« der Ethereum-Blockchain führte.

DAPP ist die Abkürzung von »dezentraler App« – jeder Software mit einer Benutzerschnittstelle, die auf Interaktionen mit **Smart Contracts** auf einer **Blockchain** basiert.

DEZENTRALISIERUNG ist ein weit verbreitetes Konzept in der **Blockchain**-Kultur. Es hat viele mögliche Bedeutungen (vgl. das Kapitel »Was bedeutet Dezentralisierung?«), beschreibt im Allgemeinen allerdings die Ersetzung von Systemen, die von einer einzelnen Instanz kontrolliert werden, durch Systeme, die die

Kontrolle auf ihre Teilnehmenden aufteilen.

DEFI ist die Abkürzung von »dezentralen Finanzanwendungen«, womit gemeint ist, dass Finanzinstrumente und -software mithilfe von **Smart Contracts** auf **Blockchains** erschaffen werden. Dazu gehören Produkte für die Kreditvergabe, Zinseinnahmen, stabile Währungen, Wertübertragungen und mehr.

ENS – Ethereum Name Service – ist ein Verzeichnis einzigartiger Domainnamen auf der Ethereum-**Blockchain**, die sich auf Wallet-Adressen beziehen können. So ist zum Beispiel vitalik.eth eine ENS-Domain, die mit einer der Ethereum-Adressen des Autors verknüpft ist.

FORKING ist das Kopieren von quelloffenem Software-Code oder Daten für deren Modifikation. Das kann zum Zweck der Veröffentlichung einer parallelen Version oder der Verbesserung einer bestehenden Version geschehen. So sind zum Beispiel viele frühe »Altcoin«-Kryptowährungen Forks der Bitcoin-Software. Forking bezeichnet auch Updates der Software für eine **Blockchain** beziehungsweise die Aufspaltung einer Blockchain in zwei, wenn einige User ein Update übernehmen und andere nicht.

FUTARCHIE ist ein System der Governance, das vom Ökonomen Robin Hanson vorgeschlagen wurde, bei dem **Prognosemärkte** die effektivsten Vorgehensweisen zur Erreichung gemeinsam vereinbarter Ziele bestimmen.

GAS ist die Einheit, die den Umfang des Rechenaufwands misst, der für die Durchführung spezifischer Operationen im Ethereum-Netzwerk erforderlich ist. Da jede Ethereum-Transaktion Rechenressourcen benötigt, um ausgeführt zu werden, wird für jede Transaktion eine Gebühr fällig. Gas bezieht sich auf die Gebühr, die erforderlich ist, um eine Transaktion auf Ethereum erfolgreich durchzuführen. (Quelle: Ethereum.org)

GENESIS-BLOCK bezeichnet den ersten Block einer **Blockchain**. Der Begriff tauchte erstmals im Zusammenhang mit Bitcoin auf, wird aber seitdem auch für Ethereum sowie andere Blockchains verwendet.

KRYPTOGRAFIE ist ein Teilgebiet der Mathematik und der Informatik. Sie befasst sich mit dem Design sicherer Kommunikation und Speicherung durch Datenverschlüsselung, damit nur befugte User Zugriff darauf haben. Kryptografische Verfahren haben die Blockchain-Technologie überhaupt erst ermöglicht.

KRYPTO-ÖKONOMIK ist ein Paradigma, das beim Design **Blockchain**-basierter Systeme häufig genutzt wird. Sie verbindet Spieltheorie mit wirtschaftlichen Anreizen und **kryptografischer** Sicherheit. Durch sie werden Teilnehmende für die gemeinsame Erledigung von Aufgaben und Produktherstellung koordiniert, auch wenn sie nur wenig Grund für gegenseitiges Vertrauen haben.

KRYPTOWÄHRUNG ist ein allgemeiner Begriff für **Blockchain**-basierte **Token,** die zumindest einige (aber in der Regel nicht alle) Funktionen traditionellen Geldes haben. Sie dienen etwa als Wertspeicher und Tauschmittel. Kryptowährungen werden aber nicht vom Staat gestützt, sondern gewinnen im Allgemeinen dadurch an Akzeptanz, dass User ihnen Sicherheit, Wahrung der Privatsphäre, Benutzerfreundlichkeit und zukünftigen Marktwert zuschreiben.

LAYER 1 UND 2 (Schicht 1 und Schicht 2) bezeichnen im Kontext von **Blockchains** zwei Arten der Netzwerk-Infrastruktur. Layer 1 ist das zugrunde liegende Blockchain-**Protokoll**, wie etwa bei Ethereum. Layer 2 umfasst intermediäre Dienste wie etwa **Rollups**, die es einfacher und kostengünstiger machen, Anwendungen auf der Blockchain ablaufen zu lassen.

MINING (Schürfen) ist im Zusammenhang mit **Blockchain**-Systemen, die **Proof of Work** nutzen, die Nutzung von Rechenleistung, um neue Datenblöcke zu bestätigen und dafür im Gegenzug **Token** als Belohnung zu erhalten. Obwohl Mining von einzelnen Usern vollbracht werden kann, wird es bei vielen Netzwerken von industriellen Produktionsstätten dominiert, in denen eine große Zahl Spezialcomputer eingesetzt wird, die widerum einen erheblichen Stromverbrauch haben.

NFT – Non-fungible Token – bezeichnet eine Klasse **Blockchain**-basierter Token, die einzigartig sein sollen, ganz im Gegensatz zu **Kryptowährungen**, bei denen alle Token austauschbar sind. Mit NFTs werden oft Eigentumsrechte an Kunstwerken, digitalen Vermögenswerten und Community-Mitgliedschaften nachgewiesen.

ÖFFENTLICHE GÜTER ist ein ökonomisches Konzept, das sich auf Sachen bezieht, die alle nutzen können und deren Nutzung durch eine Person die Nutzung durch andere nicht unterbindet. Beispiele dafür sind Sprache, Straßenbeleuchtung, Luft und quelloffene Software. Im Rahmen der Blockchain-Kultur ist mit öffentlichen Gütern im Allgemeinen die Software-Infrastruktur gemeint, auf die sich viele Parteien stützen, die aber nicht einer Partei gehört und für deren Entwicklung eine einzelne Partei auch nicht genügend Anreize hätte.

ÖFFENTLICHE UND PRIVATE SCHLÜSSEL sind Zeichenfolgen, die die Basis **kryptografischer** Systeme bilden. Auf jede Adresse (vergleichbar mit einem Konto) auf einer **Blockchain** kann man nur zugreifen, wenn man sowohl den öffentlichen

Schlüssel (vergleichbar mit einem Usernamen) als auch den privaten Schlüssel (vergleichbar mit einem Passwort) hat.

ON-CHAIN bezeichnet Aktivitäten, die durch direkte Wechselwirkung mit einer **Blockchain** stattfinden, wie etwa ein Abstimmungsverfahren mithilfe eines **Smart Contracts**. Hingegen zählen zu den Off-Chain-Aktivitäten Diskussionen über die Abstimmung in sozialen Medien oder auch eine Vorstandssitzung, auf der entschieden werden soll, wie man mit den Token des Unternehmens abzustimmen gedenkt.

ORACLES sind Systeme, die es **Smart Contracts** erlauben, mit der Welt außerhalb ihrer Blockchain zu interagieren. So könnte ein Oracle zum Beispiel bestätigen, dass sich ein gewisses Ereignis, über das in den Nachrichten berichtet wird, tatsächlich stattgefunden hat, oder dass eine bestimmte Transaktion auf einer anderen Blockchain abgeschlossen wurde.

PEER-TO-PEER bezeichnet eine Art Netzwerk, das sich aus Knoten zusammensetzt, die sich als gleichberechtigt miteinander verbinden. Beispiele aus der Vor-Blockchain-Ära sind Napster und BitTorrent. Das steht im Gegensatz zu der Client-Server-Struktur, die für die meisten Websites und zentralisierten Plattformen genutzt wird, wo der Server Vorrechte genießt, die Client-User nicht haben. Öffentliche Blockchains wie das Ethereum-Netzwerk erlauben allen Usern, sowohl als Client als auch Server zu fungieren. Andere Arten von Blockchains – sogenannte »permissioned« (genehmigungspflichtige) – erlauben nur bestimmten Usern das Agieren als Peers.

PROGNOSEMÄRKTE (VORHERSAGEMÄRKTE) sind Systeme, die Teilnehmenden erlauben, auf die Ergebnisse realer Ereignisse zu wetten und Belohnungen für Wetten zu kassieren, die sich als richtig erweisen. Sie liefern häufig genauere Ergebnisse als andere Formen von Crowdsourcing und Vorhersage.

PROOF OF STAKE ist eine Methode, um Daten an eine **Blockchain** anzuhängen, die es erfordert, dass die Computer von **Validator:innen** im Netzwerk **Token** »staken« (einsetzen), um mit darüber abstimmen zu können, welche neuen Daten in welcher Reihenfolge akzeptiert werden. Validator:innen erhalten für die Teilnahme Token als Belohnung. Das Risiko, »gestakete« Token zu verlieren, schreckt potenzielle Angreifer:innen von Versuchen der Datenfälschung ab.

PROOF OF WORK ist eine Methode, um Daten an eine **Blockchain** anzuhängen, die von Computern komplexe kryptografische Berechnungen verlangt. Eine größere Rechenleistung erhöht die Chancen, Belohnungen für das **Mining** eines Blocks zu erhalten. Die Kosten der für das Minen benötigten Energie schreckt potenzielle Angreifer:innen vom Versuch der Datenfälschung ab.

PROTOKOLLE sind Regelwerke für die Interaktionen zwischen Computern in einem gemeinsamen Netz. Protokolle ermöglichen das Internet (TCP/IP) und das Web (http). **Blockchain**-Netzwerke wie Bitcoin und Ethereum werden ebenfalls durch Protokolle definiert.

QUADRATISCHE ABSTIMMUNG ist ein Entscheidungsfindungsverfahren, bei dem User auf Basis ihres Vermögens beziehungsweise der Stärke ihrer Präferenz mehr **Token** einsetzen können, um eine Abstimmung zu beeinflussen. Allerdings wird jeder zusätzliche Token für die einzelnen User immer kostspieliger, um so die Fähigkeit einer Minderheit, die Mehrheit leicht zu überstimmen, zu verringern. Die ordnungsgemäße Funktion erfordert ein robustes System zur Bestätigung der User-Identität.

ROLLUPS sind intermediäre Systeme, die als Teil eines **Layer-2**-Ökosystems zwischen Usern und einer zugrunde liegenden **Blockchain** sitzen. Sie können Features wie schnellere Transaktionen und niedrigere Kosten als die **Layer-1**-Blockchain anbieten, während sie die Sicherheit von Layer 1 übernehmen. Rollups sind zu einer wichtigen Strategie geworden, damit Ethereum inzwischen über die Kapazität seines ursprünglichen Designs hinaus skalieren kann.

SCHELLING-PUNKT (auch fokaler Punkt) beschreibt die gleiche Schlussfolgerung, zu der Agent:innen tendenziell gelangen, wenn sie nicht miteinander kommunizieren können und die oft auf ihren Erwartungen beruht, wie sich die anderen verhalten werden. Da ein Schelling-Punkt oft »der Wahrheit« entspricht, wird das Konzept häufig für das Design von **Oracles** und **Prognosemärkten** im Kontext von **Blockchains** angewandt. Sein Namensgeber ist der während des Kalten Krieges aktiv gewesene Spieltheoretiker Thomas Schelling.

SMART CONTRACTS sind Computerprogramme, die eigens dafür konzipiert sind, auf rechnergestützten **Blockchains** wie Ethereum abzulaufen. Ein Kontrakt könnte Aufgaben wie die Ausgabe von **Token**, die Ermöglichung komplexer Transaktionen und die Festsetzung eines Governance-Systems ausführen.

TOKEN sind Werteinheiten, die nach Maßgabe eines bestimmten **Protokolls** oder eines **Smart Contracts** auf einer **Blockchain** definiert werden können. Manche Token verhalten sich wie Währungen, andere wie Aktien oder wie eine Besitzurkunde – je nach ihrer Konzeption.

TRAGIK DER ALLMENDE beschreibt die Situation, wenn einzelne Personen eine miteinander geteilte Ressource übermäßig nutzen und dadurch die Nachfrage das Angebot irgendwann übersteigt. Auf diese

Weise kann diese Ressource für manche oder sogar für alle unzugänglich werden.

VALIDATOR:INNEN sind User in einem **Netzwerk**, das **Proof of Stake** anwendet. Sie können **Token** als Belohnungen für die Validierung von Transaktionen und das Anfügen von Blöcken an die **Blockchain** erhalten. Sie sind verpflichtet, Token in ihrem Netzwerk zu »staken«, und können diese verlieren, wenn sie ihre Aufgabe nicht ordnungsgemäß erledigen.

ZERO-KNOWLEDGE-PROOFS (Null-Wissen-Beweise) sind ein **kryptografisches** Verfahren, mit dem User beweisen können, dass sie bestimmte Informationen besitzen, ohne diese jedoch preiszugeben, wodurch ihre Privatsphäre geschützt wird.

ANMERKUNGEN

1 Vitalik Buterin, »Ethereum: Now Going Public«, Ethereum Foundation Blog (23. Januar 2014).
2 *Bitcointalk* war damals ein Online-Bulletin-Board, ein bedeutendes Diskussionsforum für Kryptwährungen. Es wurde von Satoshi Nakamoto eingerichtet. Jede neue Kryptowährung erhielt einen mit ihr verbundenen Forumsthread.
3 DPOS steht für »Delegierter Proof of Stake«, ein Konsensmechanismus, der den Kreis der möglichen Validator:innen begrenzt.
4 Schwache Subjektivität ist ein Konzept Buterins, das sich mit der Frage befasst, wie viel ein Netzwerkknoten in einem Proof-of-Stake-System wissen muss.
5 ASIC steht für »anwendungsspezifische integrierte Schaltung«. Im Kontext von Blockchain bezeichnet es Computer, die spezifisch für effizientes »Mining« in Proof-of-Work-Systemen ausgelegt sind. Krypto-Mining-Zentren können Lagerhallen voller dieser Maschinen sein, die ausschließlich zu dem Zweck entworfen und gebaut werden, um die ansonsten nutzlose Rechenarbeit zur erforderlichen Bestätigung der Blocks auszuführen.
6 Futarchie ist ein Governance-Modell, bei dem Wähler:innen gewisse soziale Ziele auswählen und Investor:innen auf Vorhersagemärkten auf die Maßnahmen wetten, die ihrer Einschätzung nach diese Ziele am ehesten erreichen.
7 Ein rationalistisches Online-Community-Blog, das von dem KI-Forscher Eliezer Yudkowsky gegründet wurde.
8 Ein 51-Prozent-Angriff ist das gefürchtete Ereignis, bei dem ein Miner die Mehrheitskontrolle über ein Blockchain-Netzwerk gewinnt und so die Möglichkeit zur Transaktionsfälschung hat.
9 DApp steht für »dezentrale Applikation« und bezeichnet Software, die zu dem Zweck entwickelt wurde, auf einer Blockchain statt auf jemandes Server zu laufen. Die hier erwähnten Projekte sind frühe Entwicklungsbemühungen einer solchen Software.

10 Nachdem die Website WikiLeaks im Jahr 2010 geleakte Dokumente, die sich auf Kriege im Irak und Afghanistan bezogen, veröffentlicht hatte, sorgte die US-Regierung dafür, dass Finanzdienstleister nicht mehr mit der Organisation zusammenarbeiteten. Im Jahr darauf ermöglichte WikiLeaks Bitcoin-Spenden.

11 Das Folgende ist ein Zitat aus einem *Computerworld*-Artikel von Gregg Keizer aus dem Jahr 2011.

12 Ein M-of-N-System ist eines, in dem es zum Beispiel eine bestimmte Zahl N von Schlüsseln für ein Schloss gibt, und von diesen sind M Schlüssel notwendig, um es zu entsperren.

13 Augur ist eine Krypto-Prognosemarkt-Plattform, die Usern erlaubt, auf bestimmte Ereignisse zu wetten, zusammen mit einem »Oracle«-System, das die Ergebnisse dieser Ereignisse in der realen Welt bestimmt.

14 Quadratische Abstimmung ist ein Mechanismus, bei dem die Berechtigten mit zahlreichen Token abstimmen können, die Token verlieren jedoch an Gewicht, je mehr man davon für die Abstimmung benutzt. Das System versucht, die Intensität von Präferenzen zu berücksichtigen, während es einer Plutokratie der Menschen mit den meisten Token entgegenwirkt.

15 OpenOffice ist eine kostenlose, quelloffene Office-Suite vergleichbar mit Microsoft Office. Das Forken einer quelloffenen Software bedeutet, ihren frei verfügbaren Code zu kopieren und zu etwas anderem abzuwandeln.

16 Casper PoS ist der Algorithmus, der konzipiert wurde, um die Umstellung von Ethereum auf das Proof-of-Stake-Verfahren zu unterstützen; er nutzt ein Wettsystem, um böswillige Akteure fernzuhalten.

17 Dies bezieht sich auf einen Programmfehler in dem populären Go Ethereum-Client, der ein schnelles Software-Update erforderlich machte, das die Blockchain kurzzeitig in zwei verschiedene, konkurrierende Ledgers aufspaltete.

18 In Ethereum sind »Uncle Blocks« unvollständige Blocks, die letztlich nicht zu der Hauptkette hinzugefügt werden. Miner erhalten jedoch eine Belohnung dafür, dass sie diese produzieren – eine Art Trostpreis dafür, dass ihre erfolglosen Bemühungen zur Sicherheit des Systems als Ganzes beitragen.

19 Dieses Diagramm stammt aus Paul Baran, »On Distributed Communication« (RAND Corporation, 1964), eine Denkschrift, in der die Netzwerkstruktur für das vorgeschlagen wurde, was später das Internet werden sollte.

20 Dies ist eine Strategie, bei der sich Miner insgeheim absprechen, um eine eigene Kette zu produzieren und die Gültigkeit der Hauptkette zu sabotieren.

21 Das Gaslimit bezieht sich auf die maximale Menge an Gas, die eine Transaktion verbraucht. Kompliziertere Transaktionen mit »smart contracts« erfordern mehr Rechenarbeit und damit ein höheres Gaslimit als eine einfache Zahlung. (Quelle: Ethereum.org)

22 Von Jo Freeman – eine Betrachtung über die informellen Hierarchien, die sich in vorgeblich nicht-hierarchischen feministischen »Diskussionsgruppen« herausbildeten, und eine Analyse, die häufig auf die zumeist in Online-Communitys entstehenden informellen Hierarchien angewendet wird.
23 Die Verwendung dieses Beispiels ist eine Ode an das Problem der byzantinischen Generäle in der Spieltheorie: Mehrere Armeen kreisen Byzanz ein und sie müssen für einen Sieg gleichzeitig angreifen. Wenn sie kein sicheres Mittel haben, um miteinander zu kommunizieren, wie können sie dann eine gleichzeitige Attacke koordinieren?
24 Hier bezeichnet »Gaslimit« die Obergrenze der Netzwerkaktivität, die Miner insgesamt innerhalb eines einzelnen Blocks zulassen. Es ist eine Methode, um die Kapazität des Systems auf den von den Miner geforderten Ressourcenaufwand abzustimmen.
25 Josh Garza, CEO der Krypto-Mining-Gesellschaft GAW Miners, bekannte sich des Telekommunikationsbetrugs schuldig und wurde 2018 für sein Schneeballsystem zu einer Freiheitsstrafe verurteilt.
26 »HODL« ist ein Fachterminus im Krypto-Jargon, der jemanden bezeichnet, der wie wild »hold« tippt, um andere vom Verkauf abzuhalten, wenn der Kurs eines Tokens einbricht. Es ist ein Begriff, der vor allem mit Preis-fokussierten Tradern assoziiert wird; in der Ethereum-Kultur ist das entsprechende Meme »BUIDL«, ein Aufruf, auf Rückschläge mit der Entwicklung besserer, praxistauglicherer Tools zu reagieren.
27 Eine Anspielung auf die Gesamtzahl der Coins, die das Bitcoin-System, so, wie es gegenwärtig ausgelegt ist, produzieren wird.
28 *Slate Star Codex* ist Scott Alexanders Blog, »ein Psychiater an der US-Westküste«. In Krypto-Kreisen wird er von vielen gelesen. Der Essay »Meditations on Moloch« interpretiert den alten levantinischen Gott, dem Kinder geopfert werden, durch die Linse Allen Ginsbergs Gedicht »Howl« (Geheul) als einen Gott des Koordinationsversagens. In der Ethereum-Subkultur ist »Moloch erschlagen« ein Synonym für die Entwicklung eines besseren Systems für die Koordination durch abgestimmte Anreize.
29 Sybil-Resistenz ist die Fähigkeit, eine potenzielle »Sybil-Attacke« abzuwehren, bei der eine einzelne User ein System dadurch untergraben kann, dass er oder sie die Identität mehrerer User annimmt. Der Begriff ist eine Anspielung auf den 1973 erschienenen Bestseller *Sybil*, in dem angeblich ein Fall von »dissoziativer Identitätsstörung« beschrieben wurde.
30 Ein Sockenpuppenkonto ist ein Fake-Konto, das ein User unter der vorgetäuschten Identität eines anderen Users anlegt.
31 Gitcoin ist eine Finanzierungsplattform für die Entwicklung quelloffener Software, insbesondere im Ethereum-Ökosystem. Der CLR-Mechanismus war ein Experiment für die Verteilung von Matching-Fonds mit Commu-

nity-Spenden, entsprechend dem Konzept der »quadratischen Finanzierung«, das von Buterin, Zoë Hitzig und Glen Weyl vorgeschlagen wurde.

32 Eine mathematische Erkenntnis über die Unmöglichkeit, eine Reihe wünschenswerter Ergebnisse durch Präferenzwahlsysteme zu erreichen, das Kenneth Arrow im Jahr 1951 veröffentlicht hat.

33 Bitconnect war eine Kryptowährungs-Investitionsplattform, die im Jahr 2018 zumachte, nachdem sie wegen des Verdachts auf Schneeballsystem ins Visier der Aufsichtsbehörden geriet.

34 Vgl. Fußnote oben, in »Über Silos«.

35 Vgl. Fußnote oben, in »Anmerkungen zur Blockchain-Governance«.

36 Ken White ist ein Anwalt in Los Angeles, der über Probleme im Zusammenhang mit der Redefreiheit schreibt, für gewöhnlich in dem Blog »Popehat«.

37 Bitcoin Cash ist ein im Jahr 2017 erschaffener Bitcoin-Fork, der die Fähigkeit des Systems, große Transaktionsvolumen zu bewältigen und als ein Tauschmedium zu dienen, verbessern soll.

38 Eine Konferenz, die 2018 und 2019 in Korea stattfand und die »danach strebte, das Konzept der verteilten Wirtschaft zu entwickeln«.

39 Bryan Caplan, »Ebola and Open Borders«, *EconLog* (16. Oktober 2014).

40 Das ist eine Abwandlung des Konzepts des »Schelling-Punktes«, den der bereits erwähnte kalifornische Psychologe Scott Alexander nach dem Spieltheoretiker Thomas Schelling benannt hat. Der Zaun bezeichnet eine Randbedingung eines Systems, auf die sich seine Teilnehmenden verständigt haben.

41 In diesem Sinne bezeichnet »Layer 2« Infrastrukturen, die auf der »Schicht 1«-Ethereum-Blockchain errichtet werden und effizientere Prozesse für Anwendungen ermöglichen.

42 Das ist ein System der Besteuerung, in dem Menschen Steuern auf einen Vermögenswert in der Höhe zahlen, zu der sie bereit sind, diesen zu verkaufen. Buterin und die Krypto-Welt erfuhren, wie schon bei den quadratischen Modellen im vorhergehenden Aufzählungspunkt, durch das Buch *Radical Markets: Uprooting Capitalism and Democracy for a Just Society* (Princeton University Press, 2018) von Eric Posner und E. Glen Weyl davon.

43 Peer-Vorhersage vergleicht verschiedene User-generierte Ratings in einem Ratingsystem und belohnt User, die die Ratings anderer zutreffend vorhersagen. Dies ähnelt dem oben erwähnten Schelling-Punkt-Konzept. Während die Reputationssysteme im nächsten Punkt von dem Vertrauen abhängen, das mit bestimmten Usern in einem sozialen Netzwerk assoziiert wird, bewertet Peer-Vorhersage die Ratings selbst im Verhältnis zueinander.

44 Das Domain Name System ist eine zentralisierte Komponente das Internets, das ansonsten recht dezentralisiert ist. Das frühe Blockchain-Projekt Namecoin wollte einen dezentralisierten Ersatz bereitstellen. Der Ethereum Name

Service tut dies innerhalb des Ethereum-Ökosystems, indem er Domains mit der Endung .eth benutzt.

45 Hier wird auf einen Aufsatz Bezug genommen, der in dem oben erwähnten Twitter-Thread erwähnt wird: Andrew Stershic und Kritee Gujral, »Arbitrage in Political Prediction Markets«, *Journal of Prediction Markets* 14, Nr. 1 (2020).

46 DAI ist ein sogenannter »Stablecoin«, der so konzipiert ist, dass er einen mehr oder weniger konstanten Wert im Verhältnis zum US-Dollar aufrechterhält. Er wird von einer DAO namens MakerDAO gesteuert.

47 Damit ist selbstverständlich der Milliardär Elon Musk gemeint, dessen Tweets über Kryptowährungen das Potenzial haben, den Anstoß zu einer weitreichenden Neubewertung zu geben.

48 Ethereum Classic ist der Zweig der Ethereum-Blockchain, der den »Hard Fork« nicht übernahm und den Hack von The DAO daher nicht beseitigte. Vor diesem Ereignis ist es mit Ethereum identisch, danach zweigt es davon ab.

49 ENS steht für Ethereum Name Service, das Register für .eth-Domains, das im Ethereum-Ökosystem weit verbreitet ist. Eine »Root MultiSig« ist eine Ethereum-Wallet, die einen bestimmten Kontrakt kontrolliert – in diesem Fall jenen, der das ENS-System regelt.

50 Namen, die mit .eth enden, gehören zum Ethereum Name System, einer Domain Registry, die einen Domain-Namen mit einer Ethereum-Adresse verknüpft. Uniswap ist eine Token-Umtauschplattform, die als ein Smart-Contract-Protokoll auf der Ethereum-Blockchain betrieben wird; es ist eine quelloffene Software, die von allen kopiert und modifiziert werden kann, die das tun möchten.

51 DeFi steht für »decentralized finance« (dezentrale Finanzdienste): Finanzinstrumente und -anwendungen, die auf Blockchain-Netzwerken ablaufen.

52 Wie oben beiläufig erwähnt, erhielt MolochDAO, die Mutter von DAI, frühzeitige finanzielle Unterstützung von dem Gitcoin-Grant-Programm, das sich auf öffentliche Güter konzentriert.

53 Eine Figur aus den Marvel-Comics, die die Hälfte aller Bewohner:innen des Universums umbrachte, um Mistress Death zu beeindrucken.

54 Ein neo-monarchistischer Blogger, der Urbit, eine Peer-to-Peer-Serverplattform, entwickelte.

55 Das war eine anlässlich der Verabschiedung restriktiver Gesetze durch den US-Kongress vom Weltwirtschaftsforum in Davos herausgegebene Erklärung des frühen Internetaktivisten und Grateful-Dead-Texters John Perry Barlow.

56 Dem DAO-Hack.

57 Dies bezieht sich auf ein »Ethereum Improvement Proposal« aus dem Jahr 2021, das die Marktstruktur für Gasgebühren änderte.

58 CPI steht für Verbraucherpreisindex. RAI ist ein Stablecoin, aber (anders als DAI und USDT) nicht an eine »Fiatwährung« wie den US-Dollar gebunden. RAI bemüht sich um größere Stabilität, spiegelt aber noch immer Veränderungen in den zugrunde liegenden Krypto-Märkten wider.

59 Während »On-Chain«-Governance sich auf Abstimmungen und andere Entscheidungsfindungsprozesse durch Blockchain-Protokolle direkt bezieht, kann sich »Off-Chain« auf Mechanismen wie Stiftungen und Unternehmen, oligarchische Kontrolle über eine DAO, informelle charismatische Autorität, Flüsternetzwerke und mehr beziehen.

60 Sam Hart, Lauta Lotti und Toby Shorin, »Positive Sum Worlds: Remaking Public Goods«, Other Internet (2. Juli 2021).

61 Die unten aufgelisteten Modelle sind Systeme, die auf einer »Layer 1«-Blockchain wie Ethereum oder Bitcoin basieren, während sie diese mit erweiterten Fähigkeiten in der einen oder anderen Form versehen.

62 Bedingungsloses Grundeinkommen bedeutet, dass alle Bewohner:innen in regelmäßigen Abständen ein gleich hohes, bedingungsloses Einkommen erhalten.

63 Das bezieht sich wieder auf das gleichlautende Buch (und dessen Konzepte) von Eric Posner und E. Glen Weyl.

64 »Proof of Humanity« ist ein Projekt, das auf einer Blockchain einzigartige menschliche Identitäten nachweisen soll, ohne sich dabei auf zentrale Autoritäten wie Behörden oder Unternehmen zu stützen. Es wird von anderen Krypto-Projekten genutzt, die die menschliche Identität von Teilnehmenden bestätigen müssen.

65 Während eine Blockchain wie Ethereum normalerweise die Sender:innen und Empfänger:innen aller Transaktionen veröffentlicht, ermöglicht das Protokoll Tornado Cash private Transaktionen, indem es den Link zwischen beiden Parteien verdeckt.

66 Hash-Bäume sind eine kryptografische Technik, die für das Design von Ethereum von zentraler Bedeutung sind und mit deren Hilfe verifiziert wird, dass ein Datensatz nicht manipuliert wurde. Ein Ast ist ein Teil eines Hash-Baums.

67 ZK-SNARK steht für »Zero-Knowledge Succinct Non-Interactive Argument of Knowledge«. Es ist eine Technik zur Erbringung eines kryptografischen Beweises, dass eine Partei gewisse Informationen besitzt, ohne preiszugeben, worin diese bestehen.

Kai-Fu Lee
Qiufan Chen
KI 2041
Zehn Zukunftsvisionen

Ausgezeichnet mit dem Deutschen Wirtschaftsbuchpreis 2022!

2022. 534 Seiten. Gebunden

Auch als E-Book erhältlich

Science und Fiction

Eine Chinesin, die es wagt, ihren brasilianischen Freund nicht mehr länger nur in einer virussicheren, virtuellen Realität zu treffen. Ein junger Mann in Sri Lanka, der mittels autonomer Fahrzeuge Leben rettet. Ein Münchner Quantencomputerprofi, der die Welt mit KI-gesteuerten Waffen ins Chaos stürzen will ...

In KI 2041 haben sich der international bekannteste KI-Experte und ein führender Science-Fiction-Autor zusammengetan, um eine zwingende Frage zu beantworten: Wie wird künstliche Intelligenz unser Leben in zwanzig Jahren verändert haben? Zehn Geschichten führen uns um die Welt und in einen neuen KI-geprägten Alltag, jeweils gefolgt von einem Realitätscheck durch Kai-Fu Lee. Ein Muss für alle, die das Potenzial künstlicher Intelligenz erleben und verstehen wollen.

campus.de

Frankfurt. New York

Alexander Karp, Jan Hiesserich, Paula Cipierre

Von Artificial zu Augmented Intelligence

Was wir von der Kunst lernen können, um mit Software die Zukunft zu gestalten

2023. ca. 256 Seiten. Gebunden

Auch als E-Book erhältlich

Von Artificial zu Augmented Intelligence

Palantir ist eines der geheimnisumwittertsten Unternehmen überhaupt. Das liegt vor allem daran, dass sich das weltweit erfolgreiche Unternehmen bislang nur selten zum eigenen Tun geäußert hat. Damit ist nun Schluss: In ihrem Buch stellen die Insider-Autor:innen – darunter auch der Gründer und CEO Alex Karp selbst – erstmals ihre Unternehmensphilosophie der ›Augmented Intelligence‹ vor und teilen ihre Erkenntnisse über den Umgang mit künstlicher Intelligenz in einer zunehmend digitalen Welt. Dabei zeigt das Buch vor allem – wie sich in der praktischen Arbeit von Palantir herausgestellt hat –, dass künstliche Intelligenz alleine nur begrenzt Nutzen bringt. Erst die Interpretation der KI-Daten durch den Menschen ermöglicht sinnvolle und gewinnbringende Ergebnisse.

Überraschend dabei: die Autor:innen nehmen die kreativen Künste in den Blick und plädieren für eine neuartige Form der ›digitalen Bildung‹, um zu zeigen, wie die Vision einer besseren Zukunft, geschaffen von Mensch und KI, gelingen kann. Dazu haben sie namhafte Unternehmer:innen, Akademiker:innen und Künstler:innen in ganz Deutschland interviewt.

campus.de

Frankfurt. New York